大利從小

少錯穩贏的5大選股心法

BIG MONEY THINKS SMALL

Biases, Blind Spots, and Smarter Investing

喬爾・提靈赫斯特
JOEL TILLINGHAST

Geraldine LEE————譯

目錄 CONTENTS

推薦序　一本搖錢樹之書／彼得・林區　　　　　　　　5

第一部　心靈詭計

第 1 章　這是個極度瘋狂的世界　　　　　　　　　12
第 2 章　人類愚蠢的把戲（決策偏誤）　　　　　　30
第 3 章　賭徒、投機者和投資人　　　　　　　　　45
第 4 章　心智凌駕金錢　　　　　　　　　　　　　57

第二部　盲點

第 5 章　真的需要知道嗎？　　　　　　　　　　　68
第 6 章　對我來說的簡單生活　　　　　　　　　　81
第 7 章　從小處思考　　　　　　　　　　　　　　94
第 8 章　中國的牛市：闖入陌生市場的代價　　　115

第三部　誠實、有能力的信託業者

第 9 章　勇於追求卓越！或者，與眾不同　　　　130
第 10 章　物超所值　　　　　　　　　　　　　　139

| 第 11 章 | 壞人不會寫在臉上 | 156 |
| 第 12 章 | 五鬼搬運與其他會計難題 | 173 |

第四部　活久一點，賺多一點

第 13 章	末路近了？	190
第 14 章	油井與油光	207
第 15 章	科技股和科幻小說	223
第 16 章	多少債務才算「太多」？	244

第五部　這值多少錢？

第 17 章	谷底有可能回升嗎？	258
第 18 章	哪一個盈餘數字？	279
第 19 章	估計價值的藝術	294
第 20 章	雙重泡沫困境	313
第 21 章	兩種投資典範	331

致　謝　　　　　　　　　　　　　　　　　　349

推薦序
一本搖錢樹之書

彼得・林區（Peter Lynch）

我終其一生都是個積極的選股人（stock picker），所以每當股市評論家輕率地一竿子打翻一條船，認為「積極經理人的投資報酬率，無法超越他們選定投資的指數」時，就會讓我感到惱怒。我可以在此告訴讀者：這種看法大錯特錯。投資人需要知道，並非所有積極型基金經理人都有投資天賦，而有許多經驗老到的投資專業人士，他們手上的基金報酬率隨著時間推移，已經超越了指數——喬爾・提靈赫斯特（Joel Tillinghast）就是其中之一。時至今日，喬爾成功管理富達低價股票基金的時間，是我管理富達麥哲倫基金的 2 倍以上。

坊間有很多書籍希望幫助讀者成為更好的投資人，但很少有作者將投資與商業中的「人性層面」與「數字層面」結合起來探討；更少人能夠借鑑過去 30 年來，最成功的選股人之一、同時也是活躍的共同基金投資組合經理之從業經驗，來著書立論。無論你是專業投資人還是股市初學者，《大利從小》一書都能夠幫助你避免常見的投資詭計、陷阱和錯誤。

我從事投資已有 50 多年，很榮幸曾與一些業界最偉大的投資人士合作，從馬里奧・蓋博利（Mario Gabelli）、約翰・坦伯

頓爵士（Sir John Templeton）到華倫・巴菲特（Warren Buffett）和威廉・丹諾夫（William Danoff）。簡單來說，喬爾的功力能和這些人並駕齊驅。我可以非常自信地這麼說，不僅因為我認識喬爾30多年，還因為當年是我決定聘用喬爾進入富達的。從那時起，我不斷見證了喬爾作為投資專業人士的成長，至今還為他在投資上的驚人天賦感到驚喜。他能夠一次消化數百家公司的海量資訊，進一步分析提煉，並利用分析結果篩選出市場裡的長期贏家，同時避免許多失敗的風險。

正是喬爾的這種分析能力，再加上他「客戶至上」的態度，讓我在30多年前決定接聽他的「冷電話」（cold call）。喬爾當時正在尋找新的職涯機會，我記得他聯繫了我的助理寶拉・沙利文（Paula Sullivan），寶拉對我說：「你必須和這個人談談。他一直打電話進來，言辭間非常貼心，聽起來像是來自中西部的農民。」我告訴寶拉：「我可以給他5分鐘。」電話接通後，我立刻就對喬爾印象深刻。他是一隻股票獵犬，有很多很棒的點子，例如波多黎各水泥公司，接著他開始談論起我從未聽說過的儲蓄和貸款，這讓我感到興奮。我們隨後討論了更多企業，例如克萊斯勒和阿姆斯壯橡膠，這通電話最後持續了一個多小時。掛斷電話後，我立即打給富達投資部門的負責人並表示：「我們必須僱用這個人，他太令人驚訝了，比我見過的任何人都強大。」當時是1986年9月，之後的事情大家都知道了。雖然基金經理人過去的表現並不能保證未來的業績，但喬爾在近28年的任期內，為他的基金股東闖出了令人驚豔的業績。

在我的帳本上（這只是個比方），喬爾是有史以來最偉大、最成功的選股人之一，是個典範級別、能夠戰勝市場的積極型基

金經理人。如果你要在英文字典中查找「阿爾法」(譯註：alpha〔α〕，是希臘文中的第一個字母，衍生意為優秀者、支配者)這個字，我認為詞條裡應該擺一張喬爾的照片。他是位獨一無二的投資人，因此他的成功沒有任何方法得以複製。喬爾清楚地展現了我認為「偉大投資人」所需的個人特質：他很有耐心、思想開放、處事靈活；他也有能力可以長時間忽視外在世界對市場的憂慮，進而使他的投資獲得成功；他願意進行獨立研究，也同樣願意承認錯誤並認賠殺出；他很執著，但並不固執。優秀的投資人通常會具有上述某些特質，但喬爾身為一個偉大投資人，擁有以上所有特質。

喬爾與其他專業投資人的另一個重要區別在於，他能夠在別人沒注意到（或很少人注意）的地方發現價值。喬爾在他的書中談到了自來水公司股票——水資源類股很無聊，當基金裡列出威爾斯水務公司（Dwr Cymru）、塞文特倫特（Severn Trent）和諾森伯蘭水務公司（Northumbrian）等奇怪的公司名稱時，你幾乎可以肯定不太會有人注意它們，至少絕不可能像大家研究Google或蘋果那麼仔細。而那些有在看水資源類股的人卻通常沒有足夠的耐心和決心，去深入地進行基礎研究、理解公司內部故事並尋找機會。我記得曾經和喬爾談論過這些自來水公司，其中的故事非常吸引人，但除了喬爾之外，還有誰會願意注意這些？

喬爾還有另一項能力，就是在長期成長股大幅上漲之前，能夠發現它們。投資過程中最慘痛的事情，就是錯過這種上升期的成長股。在這本書中，喬爾著重介紹了他在成長初期就發現的幾家公司，這些公司對富達低價股票基金過去的業績有巨大的貢獻，例如羅斯百貨（Ross Stores）、汽車地帶（AutoZone，美國

第二大的連鎖汽車維修公司)、怪物飲料（Monster Beverage，能量飲料公司）、工程模擬軟體公司 Ansys 等。大多數投資人傾向於在股票上漲 10％ 或 15％ 後賣出變現，然後轉而投資其他股票，但一支股票上漲了 10％ 或 15％，並不表示在此之後沒有大幅成長的空間。成功的投資人都是長期持股並持續關注基本面的人，如果這家公司狀況穩定，你就會留下來，如果狀況不好，你就會改持其他股票。喬爾的這個優點和其他投資技巧，使他能夠在職業生涯中成為一位非常成功的投資人。

在本書中，喬爾利用他豐富的積極型共同基金經理人經驗，來說明為何某些投資理論能夠取得成功，或者輸得一敗塗地。雖然喬爾已證明了他在市場中的敏銳度與成功能力，但就像所有投資人一樣，他不可能永遠是對的。選股是一項艱苦的工作，在近 30 年的時間裡，即使是像喬爾這樣最出色的投資人也會犯錯；但真正重要的是你在整個過程中所做的選擇。在這本書中，喬爾精闢地審視了他投資生涯中，失敗後悔的主要原因，並提出具體方法使讀者可以避免犯下同樣的錯誤。

喬爾認為，雖然「偉大的投資人」是學不來的，但讀者可以學會避免錯誤並成為一個「成功的投資人」。舌粲蓮花的股票推銷人可能會導致普通投資人過度自信，並做出魯莽的決定。喬爾寫道：若能謹慎行事、避免錯誤、保持耐心，就會比大膽的投資更有可能獲得報酬。

喬爾在他的書中，向讀者介紹可以「避免投資災難」的 5 個關鍵原則。根據你操作投資的樂觀或悲觀程度，這些原則可以視為煞車或油門：

（1）不要憑藉感性或直覺投資，請運用耐心和理性投資。
（2）不要憑藉自己沒有的知識來投資自己不了解的東西，請投資自己知道的東西。
（3）不要與騙子或白痴合夥投資，請與有能力、誠實的管理者一起投資。
（4）不要投資流行或快速變化、負債累累的商品化企業，請投資具有利基市場、財務體質穩健，且具市場韌性的企業。
（5）不要投資炙手可熱的「故事股」，請投資低價股。

《大利從小》並不是另一本教讀者如何「玩弄市場」的書——這種說法一直讓我感到不舒服，在投資環境中，「玩」是個非常危險的動詞。投資股票並不容易，但也不應該是痛苦的。投資應該簡單明瞭，你需要付出努力，並了解股票往往會隨著時間推移而跟隨公司成長獲利，這其中存在著令人難以置信的相關性。舉例來說，羅斯百貨的公司獲利在過去24年裡成長了71倍，而其同期股價上漲了96倍；怪物飲料的公司獲利，在過去15年中成長了119倍，其同期股價跟著上漲了495倍。值得注意的是，當收益下降時，股價波動也存在著同樣相關性。這在市場歷史上歷歷可考。

市場中絕大多數股票的定價相當合理。我常常說，如果你看10支股票，會發現1檔值得投資；如果看20支，就會發現2檔；看100支，會發現10檔，如此類推。最後，是找到最多寶石的人獲勝。進一步使用這個比喻，喬爾不僅翻出了最多寶石，他還成為了一位偉大的地質學家！

喬爾已經證明了他對這項工作的重視：他不會嘗試在市場中投機，他投入時間和精力研究每支股票，而這項工作不僅是在買進股票之前，同樣重要的是，在持有這些股票的期間也必須持續研究。我認為喬爾和最好的專業投資人一樣努力，他所管理基金的成功也證明了這一點。

　　很多人都有透過股票賺錢的腦力，但不是每個人都有膽量，喬爾兩者兼而有之。他利用明確的指引，巧妙地引導讀者一步步完成投資過程，他向讀者展示如何提出正確的問題，並客觀地分析自己手上的投資組合。

　　這本書裡有很多很棒的資訊，我言盡於此，只能向讀者大力推薦。《大利從小》是本必讀之作，是一本搖錢樹之書！

第一部

心靈詭計

第 1 章
這是個極度瘋狂的世界

「你的信念將成為你的思想，你的思想將成為你的言語，你的言語將成為你的行動，你的行動將成為你的習慣，你的習慣將成為你的價值觀，而你的價值觀將決定你的命運。」

——甘地

你想發大財嗎？經濟學家認為這個問題很荒謬，因為答案顯然是肯定的！如果累積財富這個概念對你來說沒有吸引力，你根本就不會閱讀一本談論投資決策的書。儘管如此，無論對我或對任何人來說，若對動機、信念和決策做出太多假設，都將是不明智的。本書的關鍵主題之一是，投資世界中的現實與表象很不一樣，而最理想的狀況往往與表象、現實都大不相同；且我們實際上也沒有按照自己認為的理性方式做出選擇。我們的選擇並不完美——我們都曾做出讓自己後悔的決定。

本書所講述的是，如何透過「避免錯誤」來進行成功的投資。本書的組織架構分為 5 個部分，如果我們能夠達到以下 5 點，就能夠獲得令人愉悅的投資報酬：

（1）理性做出決策。
（2）投資自己認識的標的。

（3）與誠實、值得信賴的管理者合作。
（4）避免容易被淘汰、出現財務問題的企業。
（5）正確評估股票。

在這本書中，關於我犯下錯誤的故事，對於那些曾在投資上跌過跤的讀者來說，應該會特別有共鳴。不過我也希望，本書能讓更廣泛的讀者群從別人的錯誤中學到一些經驗，並提供一些娛樂價值。

自1989年以來，我一直採用內在價值方法（intrinsic value approach）管理富達低價股票基金（FLPSX），這支基金的表現每年比羅素2000指數和標普500指數高出4個百分點。27年來，投資富達低價股票基金的1美元成長至32美元，而投資指數的1美元僅成長至12美元。

然而，企業和股票的世界變化多端，過去有效的方法如今可能不再管用。更重要的是，投資人是多元的，有不同的情緒結構、才能、知識、動機和目標，我顯然無法提出一體適用的辦法。而有鑑於我們才剛認識，我也不該對你妄下結論。

▍「接下來會發生什麼？」和「這值多少錢？」

大多數投資人希望找到這兩個問題的答案：「接下來會發生什麼？」和「這值多少錢？」即使並非刻意提問，我們的思維很自然地會去處理第一個問題；股價在上漲，所以它接下來還會繼續漲──除非，它開始下跌。如果一家公司公布了慘不忍睹的財報，預期獲利就會被大幅下調，股價會暴跌──除非市場早知道

這將是一場大屠殺,並且因管理階層放出的訊息沒有比預期的慘淡而鬆一口氣。無論接下來發生什麼,在此之後不可避免地還會再發生其他事情,而你可能還沒準備好。「接下來會發生什麼?」這個問題就像一台永無休止的跑步機,逼迫我們不斷地問「然後怎麼辦?」而其中許多答案都是錯誤的。

你能做出預判的時間,其跨度越長,就越有可能領先其他投資人一步。細心的投資人會留意一個事件之後接下來幾次的餘波,「接下來會發生什麼?」這個問題是一系列的,某種程度上第二個答案會取決於第一個答案,第三個則可能取決於第二個,也可能取決於第一個⋯⋯如此一直下去。舉例來說,假設某家公司開發了一種奇特的新產品,通常這會帶來強大的銷售額和高利潤,但高利潤也會吸引競爭對手,因此這表示⋯⋯有時,第一個推出產品的公司就是贏家,能通吃市場;但另一些時候,先鋒卻會成為背後中箭的人,成為後來者的警惕。然而,我並不知道該如何將這些答案轉化為投資決策,無論其正確與否。

「這值多少錢?」則是一個更複雜的問題。很多人乾脆忽略價值這個問題,因為他們覺得太難回答;也有人根本不去問,因為他們理所當然地認為「股價」就是「價值」;他們認為一檔股票的價值就是它當下能賣出(或買進)的價格。如果你必須緊急出售股票,你得到的將是市場價格,而不是股票本身的價值。然而,我所推崇的「價值投資」(value investing)核心理念是:「價格」和「價值」並不總是相等,但兩者在未來的某個時間點應該會相等。由於此時間點未知,因此我們必須耐心等待。

一支股票的價值證明會在幾年後、在做出購買或出售決定很久之後,才緩緩浮現。價值只能間接推斷,而不能精確地顯示,

因為它是根據對未來難以預測的獲利與現金流的推估所建立，而推估永遠只是猜測，而非事實。在很多情況下，最終的結果會越來越取決於時間的推移中發生了什麼事。如果今年的虧損慘不忍睹，公司因此倒閉，那麼我們的確能得到一個「終值」。然而，大多數人沒有耐心去面對估值這種既緩慢又模糊的過程。

想回答「這值多少錢？」需要耐心和維持低周轉率。基於「接下來會發生什麼？」這個問題的邏輯，「不斷買賣」看似是更簡單的途徑，然而對大多數投資人、甚至對專業人士來說，不斷買賣實際上是行不通的。一個投資組合的「周轉率」（turnover rate）被定義為：其資產中每年買進或賣出中較低的一方，占資產的百分比；由此可知，周轉率為100%的投資組合便意味著，每年都會完全改變其持有的資產。美國證券交易委員會（Securities and Exchange Commission／SEC）要求，共同基金必須提交其投資組合的持股明細和營業額數據，因此共同基金的操作行為都是公開可查的紀錄。

整體而言，大多數研究顯示，周轉率越高，基金的表現就越差（見表1.1）。我見過的每一項研究都認為，投資組合周轉率超過200%的共同基金，普遍表現不佳；周轉率高於100%的公司表現稍微好一些，但也好不了多少。對於投資組合究竟應該適度周轉，還是盡可能使周轉率接近零，這些研究並沒有一致的看法，但周轉率低於50%的共同基金，更有可能採理性、耐心的方法——例如價值投資——進行管理。

〔表1.1〕 共同基金周轉率與超額報酬的關係

營業額五分位	平均周轉率	年度超額報酬
高1	128%	－0.24%
2	81%	－0.31%
3	59%	＋0.07%
4	37%	＋0.33%
低5	18%	＋0.10%

※資料來源：Salim Hart（富達投資），晨星上市的積極型股票基金，資產超過5億美元。

坊間傳聞與群眾

　　歷史學家、心理學家和經濟學家對股票市場行為的描述大相逕庭。幾個世紀以來，坊間傳聞將證券交易所描述為擁擠、隱姓埋名的狂歡場所，充滿了大規模的迷幻和混亂，並隱約帶有一絲罪惡氣息。在一個貪婪和嫉妒不斷翻湧的場所中，沒有人期望做出道德上理想的決策。以財務角度而言，最大的危險源於對現實的誤解，這會導致繁榮與蕭條無止境地循環，最著名的例子包括：荷蘭的鬱金香狂熱（Tulip mania）、南海泡沫（譯註：South Sea Bubble，是英國1720年發生的經濟泡沫，因主要進行美洲開發與奴隸貿易的「南海公司」誇大其業務前景並進行舞弊，造成其股價瘋漲10倍，最後泡沫破裂使許多人血本無歸）、華爾街股災、日本資產泡沫等，也包含後來的科技和房地產泡沫。投資人相信他們正在參與一場將重塑世界的冒險活動，然而當泡沫破滅時，投資人將面臨的是資本浪費、詐騙、巨額債務。

　　法國著名社會心理學家、社會學家——古斯塔夫・勒龐

（Gustave Le Bon）於 1895 年撰寫了《烏合之眾：大眾心理的研究》（The Crowd）一書，作為對法國政治的咆哮，但他的觀察同時也能夠描述股市狂熱是如何發生的。在群體的影響下，個體會做出一些奇怪的行為，而這些行為是個人單獨行動時，絕對做出不來的。勒龐提出的關鍵想法是，群眾的精神能夠在「集體無意識」（collective unconscious）最低點、最野蠻的點被統合起來，這個最低點往往是本能、激情和感覺，而與理性絕無關聯。由於失去了推理能力，群眾無法區分事實與虛構，而且會對奇觀、圖像、神話產生深刻的印象。錯誤資訊與誇大其詞會像病毒一樣傳播，那些堅信並反覆強化群體信念的狂熱者，會獲得某種威望；群體會追隨一個幻覺，直到現實將它徹底粉碎為止。

當年的英國投資人無法抗拒新世界黃金城市的形象，進而吹大了南海泡沫。而今天的黃金新世界可能是不需要取血的血液檢測、火星殖民地，或是太陽能無人駕駛汽車。投資人對臉書、亞馬遜、Salesforce.com 或特斯拉等股票的熱情，往往足以媲美對宗教或政治的熱情。與個體戶相比，專業基金經理人照理來說應該更不容易受到群體壓力的影響，但我們每季和每年都會檢討相對績效與偏離基準的情況，而當我們在這場競賽中落後時，就會有客戶撤資。

南海公司於 1711 年成立，其宗旨是將英國政府債務私有化。國王授予南海公司在南美洲進行貿易的專屬權，政府年金（債券）持有者可將其兌換成南海公司的股份，而南海公司將收穫債券利息，且利息收入是南海公司淨利的唯一來源。儘管國際貿易帶來了投機熱潮，但南海公司從未從中獲利，即使後來在其交易項目中添加了奴隸之後，也依然如故。儘管如此，在半年多

的時間裡，南海公司的股價飆升了 8 倍，在 1720 年 6 月達到了接近 1,000 英鎊的峰值。英國國王喬治一世是該公司的名譽董事長，倫敦社會的大部分人都捲入了這股狂熱之中。南海公司的股票以分期付款方式發行，有些人甚至借錢購買。幾個月之後，南海公司的股價暴跌至 150 英鎊，並在隔年跌至 100 英鎊以下，導致許多使用槓桿操作的投資人破產。

在南海泡沫期間，投資人犯了 5 項錯誤，其做法正好與本書的 5 個關鍵原則相反。

第一，**理性做出決策**。投資南海公司的決定，反映了人們對南美洲黃金城市的共同幻想。當時與北美英語系國家的貿易利潤誠然豐厚，但南美洲大部分是西班牙領土；當人們無法輕易確定事實時，往往傾向於接受當權者（通常是錯誤的）判斷，國王在南海公司的股權和地位當然算是一種背書。「錯失恐懼症」（譯註：FOMO，fear of missing out，一種對錯失機會後悔的恐懼，描述的是一種心理狀態：看到別人參與某件事〔例如投資、社交活動、潮流趨勢〕而自己沒參與，就會產生焦慮、害怕自己錯過了什麼重要或有利的機會）乍聽之下或許可笑，但當你親眼目睹周圍的人輕鬆賺進一筆筆不勞而獲的暴利時，那股壓力可是非常強烈的！根據當年的資料文獻，著名物理學家艾薩克・牛頓爵士也在南海泡沫事件中賠了錢，而後感嘆道：「我可以計算天體的運動，但不能計算人們的瘋狂。」

第二，**投資自己認識的標的**。大多數投資南海公司的人，根本沒有相關經驗，無法衡量與南美洲貿易的實際利益。當時的海上航行冗長而緩慢，投資人中很少人去過英格蘭以外的地方，或是通曉西班牙語。投資人很可能沒有意識到，壟斷與殖民地的貿

易，是非常符合西班牙的利益；皇室成員和貴族地主處於社會階級的頂端，在這個階級中，過於熟悉商業被認為是缺點；當時唯一知道前往南美洲的航行是否有利可圖的英國人，可能只有海盜而已。

第三，**與誠實、能幹的管理者合作**。南海公司的創辦人沒有經營航線的經驗，也根本不關心如何營運航線，他們只想從股東身上撈錢，而不是和股東一起賺錢。當時的貿易和現在一樣，政府授予的壟斷消除了市場競爭，因此得到壟斷權的公司通常利潤豐厚，但有些人可能會在其中嗅到犯罪的氣味。統治階級成員得到股票選擇權，包括英王喬治一世、他的德國情婦，以及威爾斯親王、財政大臣和財政部長等。南海公司的創辦人以虛浮的高價發行股票，在其規模最大的一次發行中，南海的股票可以交換名義價值（notional value）3倍的政府年金。在泡沫崩盤後，英國財政大臣約翰・艾斯拉比（John Aislabie）等人遭到彈劾和監禁，另有數十人因此蒙羞。

第四，**避開競爭性產業，尋求穩定的金融結構**。隨著時間推移，南美貿易的性質和圍繞股權的金融結構，使得投資不可避免地走向失敗。英國王室不再能隨意授予壟斷權，因為西班牙決定維持對其殖民地貿易的控制，而英國不是盟友，且法國也有雄心壯志，使得南海航線的長期前景變得不明朗。購買南海股票的資金來源也難以持久，許多政府官員在沒有預先支付現金的情況下獲得股票，這可以被視為一種選擇權或賄賂，因為官員可以不必付出就收取淨收益。南海公司的股票以分期付款的方式公開發行，先付一次頭期款，接著有兩次尾款，而某些投資人甚至借錢購買股票。當借貸到期時，許多人選擇出售股票以籌集現金。

最後，**請將股票價格與其「內在價值」進行比較**。南海公司股票的市場價格，與所有其現實中的價值估計完全脫節。內在價值是股票的「真實」價值，基於股票在其完整剩餘生命周期中預期支付的股利。反對該計畫的議員阿奇博爾德・哈奇森（Archibald Hutcheson），在1720年春天計算出這些股票價值約為150英鎊，而當時市場價格是這個數字的許多倍。哈奇森的價值估計主要基於南海公司的利息收入。在過去幾年中，南海公司的探險活動已造成了損失（且未來將持續虧損），因此可以公平地說，這些探險活動沒有任何價值。1720年，南海公司支付的股利超出了其淨收入，而這種財務狀況是不可持續的，因此它的收益率不能成為可靠的價值指標。

　　群眾的瘋狂可以解釋南海泡沫中的一些誤判行為，但不能全盤概括。以主觀觀點來看，人們常常難以發覺自己有所不知，但作為投資人，我們必須嘗試評估組織的決策和持久性，而這不完全是群體心理學。股票估值的過程需要機率計算和統計的推理，而這裡我們需要一種不同的心理學知識。

▍快思慢想

　　我們該如何思考投資？心理學家丹尼爾・康納曼（Daniel Kahneman）提出了一個簡化的決策模型：人類的思考分成兩個系統——系統一（思考迅速）；系統二（思考緩慢而深入）。系統一（在科普書籍中被稱為「蜥蜴腦」）是那種快速、直覺、自動化的思考方式，它擅長快速辨識模式，幾乎不需努力就能告訴你「接下來會發生什麼」。而系統二則是那種慢速、深思熟慮的

思考模式，它很懶，只有在被迫時才會動用注意力，來處理像是「估算股票內在價值」或「理解康納曼理論」這類複雜的思考任務。雖然我們通常會把選擇、能動性（也可理解為意志）與專注力歸因於系統二，但實際上，我們的許多決策往往都是來自系統一的直覺反應。我們常以為自己的判斷來自有邏輯、步驟清楚的推理過程，但實際上，很可能只是透過情緒驅動的模式辨識，也就是直覺。然而，當這些直覺涉及「機率」或「統計」時，我們則不應輕易相信。

然而，如果沒有蜥蜴腦不斷地暗示因果關係並推斷意圖（即使許多線索後來證明是錯誤的），系統二也無法發揮作用。由於我們的直覺能輕鬆地產生感覺與傾向，它經常帶來真相的錯覺，並對我們的信念提供無根據的安慰。自信往往來自無知，而非知識。

系統一忽略歧義並消除懷疑，以狹隘的視野聚焦於立即可見的證據。康納曼稱其為「所見即所得」或「WYSIATI」（What You See Is All There Is）。一般情況下，在面對一個困難的問題時，我們的大腦不會正面去回答，而是會使用「啟發法」（譯註：heuristics，是在知識有限、資訊不完整、時間有限的情況下，快速得出可能陳述或可行解決方案的方式）或捷徑，來回答一個相對簡單的問題。系統一更關注意外和變化，而非正常、平均、重複的情況，它過度重視低機率的事件，制定狹隘的決策，並且對「損失」比對收益更敏感。

投資人的真實行為究竟為何？

康納曼觀察到，人類的行為並不像經濟學家所假設的「理性

經濟人」（rational economic men）那樣運作。正如「理性」一詞被廣泛使用，所以大多數決定都是「合理」的，經濟學家也增加了「理性」的條件，認為「選擇」必須在邏輯上一致，並最大化經濟福祉。但我認識的任何人，即使是最貪婪的混蛋，也不會一心一意地以邏輯一致的方式，最大化任何事物（痛苦除外）。我認識最理性的人可能是華倫・巴菲特──偉大的價值投資人兼波克夏・海瑟威公司（Berkshire Hathaway）的執行長。事實上大多數人並非單一維度地運作，而是會同時權衡兩個（或多個）相互對立的目標，嘗試將結果最優化，並考慮報酬和風險：經濟人並不厭惡風險，但我卻厭惡風險。當我對別人所做的選擇感到困惑時，我會去思考他們背後的其他動機。

當我看到經濟學家對經濟人行為的假設時，就會想起自己：儘管不斷努力進步，我依然是一個有缺陷、容易犯錯的人。

- **完美的訊息**：每個人都知道所有與證券相關的訊息（即使是隱藏的或私人的），而且其中沒有錯誤資訊。
- **完美的遠見**：我們清楚知道未來會如何發展。
- 人們計算並比較一切事物的可能性和預期效用。
- 每個人都能夠正確解讀新聞。
- 偏好不會改變。（投資青少年零售商品真是再簡單不過了！）
- 所有人都是無限貪婪的。（想得到比實際所需更多的錢，但這真的是理性的嗎？）
- 僱員會做出與「資產所有者」相同的決定。

經濟學家從高處研究投資風險，將各種風險統整為一鍋大雜燴。他們從外部角度看待市場，對所有統計對象組合進行分類，藉此尋找對整個系統的淨影響，而非得出單一結果。舉例來說，如果油價上漲，而航空公司和卡車司機的利潤下降幅度與石油公司利潤的上升幅度相同，那麼這對系統來說就無關緊要——因此不存在系統性的淨風險，風險已經被分散掉了。根據這種觀點，無論風險來自無能或不誠實的高管、過時的技術，還是過多的債務，都不重要，反正這些都是「市場風險」。

然而投資人面對的是多種類的風險，其中一些比其他風險更具吸引力，且投資人面臨的整體風險比市場風險大。我對「超額償付」（overpay）的風險非常警惕，但以系統觀點來看，這並不重要，因為我的損失就是你的收益。這種外部觀點也是不自然的，因為與大多數證券分析師不同，它忽略了單一案件背後的故事和細節，因此也無法試圖預測其獨特的結果。但外部觀點對於估計適當的基準機率（base rate）、建立適當的統計參考類別（reference class）還是有用的。

「基準機率」是統計總體中，某個特定屬性的頻率。舉例來說，大約 2% 的生物技術研究計畫會發展出一種有利可圖的藥物。回到個體案例的特性上，我可能會將其參考類別重新定義為資金充足、在食品藥物管理局審查流程上有所進展的生物技術公司。但若使用過於廣泛的參考類別，外部觀點可以將一切事物——包括網球、國際象棋或投資等，需要「機運」和「技能」的複雜遊戲——變成純粹的機會遊戲。

▎市場難道不是有效率的嗎？

「效率市場假說」（efficient market hypothesis／EMH）是建立在一系列「真實」行為的假設之上。在現實世界中，沒有人能掌握市場上所有證券的完美資訊，且每個人得到的資訊也不盡相同，但對於那些積極的人而言，基本上都可以得到相當可信的消息。雖然每個人對資訊的解釋都不盡相同，但還是會有一個大方向；雖然沒人能夠進行完美的預測，但市場上卻會有大致的預期。投資人確實試圖理性地評估股票價值，但並非所有買家都是投資人。除非股票的價值與其價格脫節，否則人們不應該進行交易，但很多人依然在買賣。股票市場的交易成本並非為零，但現在已經比以前低，不過任何過於認真對待「無稅假設」的人，都會遇到國稅局來找麻煩。

效率市場假說所得出的結論，基本上是真實的，例如：股票在任何時候都會被公平定價，無所不知地反映所有地方的所有資訊；價格會隨著訊息的到來或利率的變化而隨機波動；經過風險調整計算後，所有股票將提供相同的報酬（那麼為什麼還要挑選股票呢？）；沒有人應該期望任何股票或投資組合能夠擊敗市場；雖然投資收益率無法提高，但可以藉著持有追蹤整個市場的投資組合（也就是指數基金）來分散波動性風險；在有費用和稅收的現實世界中，提高報酬的唯一手段就是避免這些費用。效率市場假說非常引人注目，以至於共同基金巨頭先鋒集團（Vanguard）的創辦人約翰・柏格（John Bogle）推出了第一檔低管理費的標普 500 指數基金。

但我認為效率市場假說是一個警世故事。普通人確實會在其

中獲得平均的結果,但就像在其他任何領域裡一樣,有些人就是比其他人更有技能和興趣。在股票市場的每場競技比賽中,勝利者背後一定都有失敗者——這並不表示這個遊戲不值得玩,但若僅考慮整個類別的平均結果,那麼每個人對指數基金的態度都該是「設定好,然後忘記它」。你的競爭對手和你一樣聰明又勤奮,所以你需要更多才能獲得優勢。

你在做經濟選擇時比一般人更理性、更冷靜嗎?你的財務能力是否會限制你在投資成長時,保持耐心的能力?你是否傾向於加入群眾、做自己不理解的事,還是你會想了解人們為什麼這樣做?你的答案將有助於確定自己是否屬於最廣泛的投資人群體,或者屬於一個不同的類別。

在此,興趣比能力更重要,所以如果你認為選股是一場偉大的技巧遊戲,而股票市場是個比魔術方塊更複雜的迷人習題,那麼你確實具有選股人的特質。相反地,如果投資研究看起來像是一件苦差事,且股市像是一場機會遊戲,那麼指數基金最適合你。

指數基金投資人認為,他們因承擔整體市場風險而獲得報酬;而價值投資人則認為,當其他人表現不佳時,他們因採取相反的行動而獲得報酬。如果你對「什麼是股票市場裡的良好/不良行為」這個問題不感興趣,就不會將其視為利潤來源。所謂好壞並不總是非此即彼;有些人會發現,同時擁有指數基金、積極型管理基金、個人證券,對他們來說,是很有效的投資組合。

▍後悔

無論你是投資個股、積極型管理基金,或是指數基金,都有

可能因落入本書探討的 5 項錯誤而感到後悔：

（1）讓情感來引導決策，而非理性。
（2）自認為知道的很多，實際卻非如此。
（3）將資本託付給錯誤的人。
（4）選擇容易因產品過時、市場競爭、過度負債而失敗的企業。
（5）為那些具有生動故事、引人注目的股票，支付過高的價格。

在本書的第一部分中，我們會探討衝動的蜥蜴腦如何導致可預期的決策偏差。若人們對投資、投機、賭博之間的區別知之甚少，或者投資人無法從錯誤中吸取教訓時，這種偏差就會變得致命。那些在行動前不反思的人將無法注意到，有些領域是他們深刻了解的，有些則不是，而還有一些領域根本沒人擁有確定的答案。

在第二部分中，我們會尋找投資盲點，這可以是投資建議、特殊金融商品（exotic securities）或某些產業動態裡的小細節。它們也可能是關於跨文化誤解，或是經濟統計數據如何與特定股票相關（或不相關）的巨大問題。請務必研究自己的優勢和侷限性，這樣你就能順便了解你資金的代理人其優點和限制。

第三部分，則是關於如何評估管理階層的誠信和能力。熟練的管理者可以讓企業專注於只做對客戶有價值的事，並將資金運用在能獲得最佳報酬的地方。騙子確實會留下蛛絲馬跡，許多線索往往藏身於公司帳戶資料中。

然而，即使是有能力的管理者，也會在艱難的產業中苦苦掙扎，因此第四部分我們將探討，為什麼某些產業比其他產業更持久、更有彈性。專利產品、稀少的競爭對手、漸進式變革、降低債務等，都可以延長企業的壽命。

一份資產的價值是其收入、成長、壽命和確定性的函數，因此在第五部分中，我們會將各部分放在一起進行總覽。為了估算折現率，我們會檢視股票的歷史報酬模式；為了確保我們正確地將現金流折現，我們會探討獲利品質。然而，即使經過研究，我們判定一支股票的價值被低估，它通常還是會繼續走低。

分散投資與指數基金

那麼，你究竟該選擇投資股票，還是為了分散風險而投資基金呢？分散投資可以分散、減少、轉換風險——這對於與公司相關的風險來說很有用，但對於與你相關的風險卻不那麼管用。雖然標普 500 指數基金提供非常全面的分散投資，但積極型管理基金和個股投資組合也同樣具備分散效果。但如果你像旋轉的陀螺一樣衝動地進行交易，那麼無論選擇標普 500 還是特定的股票都不重要了。分散投資在此雖然無濟於事，但至少可以避免集中在自己不了解的領域中投資。與選股人相比，指數投資人可以更加依賴一般性規則和常規經濟知識，而選股人則需要了解特定產業／企業的成長和競爭狀況。

指數基金能夠從外部角度看待企業詐欺的風險——浪費、產品過時、破產、錯誤的股票估值；有些公司的管理團隊裡則會存在白痴或騙子。平均來說，無論企業遇到糟糕管理者的機率有多

小，都一定會包含在指數基金裡；而同樣地，根據基準機率，你也會在指數基金裡找到出色的創新者和模範管理者。有的產業日漸式微，有的企業資金緊俏，指數基金會按照其市場價值的比例持股；指數基金裡也有能賺錢的新興公司和搖錢樹企業，不過也是按比例持股。指數基金的投資人因此不需要擔心細節，只需關心整體的平衡是否較為有利。除非一個國家的整體經濟體系腐敗或過時，否則指數基金的淨值通常是正值。

指數基金的估值和報酬，基本上也是整體股票類別的群體平均值，撿到便宜的個股抵消不小心買高的部分——也就是說，如果你承認撿便宜股和泡沫股的存在，因為效率市場假說否認這一點。對於我們這些並非效率市場假說真正信徒的人而言，一檔指數本身的售價可能會高於其內在價值，而預期股票報酬率也可能相對不具吸引力。在此我想請你思考一下，一些更廣泛的機會及其預期報酬：你可以將資金投入國內外股票、各類債券、房地產、現金、藝術品、黃金、垃圾 ETF 和軍火。股票通常是（但並非總是）一項明智的選擇。

與選股人不同，指數投資人會盡力減少後悔的機會，他們最大的目標是遏制不必要的活動，並擴大知識基礎，但往往不會過度關注內在價值——雖然我認為這麼做可以進一步減少後悔的機會。對他們來說，信託不當行為和財務失敗都是晴天霹靂。相較之下，集中選股的人可能會在以下層面踩到地雷：情緒化的決定、不對等的資訊、與壞人合作、意外導致計畫中止、債務太多，或者只是價格太高。儘管選股人會希望能夠同時最小化以上所有風險，但實際上卻難以做到。好消息是，選股人只要剔除那些拖累報酬的因素，基本上就能跑贏大盤。他們必須找出自己所

了解的成長型行業中，擁有誠實、有能力的管理階層且股價被低估的企業。

如何思考投資？

在投資的世界裡，一切都始於「決策」。當我們評估他人的決定時，就像站在凡爾賽宮的鏡廳裡一樣眼花撩亂，我們面對的是未知的未來，但事實卻並不清晰。因此人類作為社會性動物，會尋求其他意見，但這些意見可能是錯誤的，有時甚至錯得離譜。作為個人，我們能做的最好的事情，就是用我們的系統二（慢慢思考）謹慎地做出決定，追求「更少」但「更好」的選擇。更直接地說，這意味著避免過度周轉投資組合，並嘗試根據「這值多少錢？」的答案進行投資，而非去追尋「接下來會發生什麼？」的答案。這也意味著，你必須選擇一種適合自己的投資形式──無論是股票、指數基金、積極管理型基金，或是其他投資形式。

第 2 章

人類愚蠢的把戲（決策偏誤）

> 「一個人的情緒與他對事實的了解程度成反比──知道的越少，就越激動。」
>
> ──伯特蘭‧羅素
> （Bertrand Russell，英國哲學家、數學家和邏輯學家）

心理學家聲稱，人類會系統性地犯下可預測的判斷錯誤，尤其是在像股票市場這樣複雜、模糊的環境中，那裡的問題不像賭場一樣結構清晰，答案也被隨機性所籠罩。投資迫使你在數據不足的情況下得出結論，難怪我們會根據眼前的資訊進行選擇，而忽略看不到的證據，或抓住一個講述得很好的故事，而非深入研究其背後的複雜性。故事往往說的是單一獨特事件，而非統計群體，因此我們要麼不計算報酬率，要麼就是使用錯的參考值、錯誤地計算報酬率。本章將介紹「心理偏見」如何誤導人們的投資決策，以及我們如何因某些情緒、行為而必須向股市交學費，並因另一些情緒和行為而得以從中獲利。

我們傾向於根據資訊的「可得性」（也就是易於回憶與否）來衡量訊息，因為我們的「系統一」傾向認為自己所看到的就是全部。這種「所見即所得」的心態（偏誤）表示，跳入我們腦海的往往是最近的、最戲劇性的、出人意料的，以及與個人相關的

圖像；而那些不容易浮現的，是歷史性的、統計性的、理論性的，或是平均的資訊。即使進行了準備工作，股票的價值依然具有不透明性。相反地，系統一給我們的捷徑是：今天新聞說景氣好，所以來買股票吧。這些投資人隨風而行，聲稱他們的行為「有數據佐證」，每個合理的決定當然都基於數據，但問題是：究竟是哪些數據？為什麼要這麼選擇？

在股市崩盤事件後，人們會特別注重風險問題；而在牛市後期，高風險股票的出色報酬則往往成為焦點。根據近幾個月的價格進行推斷，會導致買入昂貴的股票並低價賣出；而同樣的道理，當季表現良好的基金和資產類別也會成為頭條新聞；事實上，在大多數時期裡，股票的獲利通常會超過國庫券，但這種事並不會上新聞。在製造業繁榮時期，景氣循環周期性很強的企業獲利屢創紀錄，卻沒有報導指出，不久前它們還在承受虧損，而且未來還會再次虧損。2016年困擾福斯汽車的排放醜聞和接踵而來的汽車召回，導致其股價暴跌，這個現象或許反映了人們懷疑福斯汽車是否具有良好的市場定位及企業管理，但暴跌的現象是如此驚人，以至於壓過了人們去回答這些問題的嘗試──因為另一個問題更重要：趕快賣出股票！就是現在！

事實上，我們應該反其道而行，去注意那些沉默的證據。潛藏在現象背後的，往往是關於社會和體制的未經檢驗之假設。為了修正「近因偏誤」（譯註：recency bias，人們在判斷事物發展趨勢時，傾向於認為未來事件會和近期體驗高度類似），請研究歷史，而且研究範圍越長、越廣會越好。為了展望未來，投資人必須了解「正常基準」（normal baseline），認知到哪些事物會改變，而哪一些會持續存在。統計數據、機率、外部觀點是關鍵，

而歷史尤其重要，因為人們會重複那些曾經有效的行為模式。然而在股市中，我們往往無法即時獲得決策的回饋——即使有，也大多是噪音。

不過，研究歷史也有其風險，那就是「敘事謬誤」（narrative fallacy）。納西姆·塔雷伯（Nassim Taleb）在《黑天鵝效應》（2010）一書中寫道：

> 「敘事謬誤指的是人類難以單純地看待一連串事實，而不試圖將它們編織成一個故事，或者說，我們會強行在事件之間建立邏輯連結與因果箭頭。『解釋』能夠把事實串連起來，使它們更容易被記住，也讓一切看起來更有道理。但這樣的傾向之所以危險，是因為它會讓我們自以為理解事情的全貌，而實際上可能只是構築了一個表面合理、但經不起推敲的錯誤故事。換句話說，當我們看到不存在的因果關係時，問題就出現了。」

如果我們更傾向於相信可疑的故事，只因為它們脈絡分明、清晰可見、與個人有關、情感上有吸引力、聽起來不尋常，並且證實了自己早已相信的事情，那此時就應該警惕地朝反方向前進。請努力研究更長遠、多樣化的歷史資料、比較歷史、統計歷史，以及其他理論。儘管如此，「資料探勘」（data mining）仍然是個蓬勃發展的行業，時至今日，要找出亞馬遜股價和白銀價格，或是標普 500 指數和斯里蘭卡奶油產量之間虛假相關，可說是再簡單不過。投資人需要的，是一個經得起時間考驗的解釋，再加上數據，以及從頭到尾都持續的懷疑態度。

事情並非不可避免

敘事謬誤的產物之一，是「後見之明偏誤」（譯註：hindsight bias，指人們得知某一事件結果後，誇大原先對這一事件的猜測的傾向，也就是俗話說的「事後諸葛」），修正主義歷史（revisionist history）傾向認為某個結果是不可避免的、早就可預見的；但實際上，所需的資訊在做出決斷的當下往往並不可得。就我個人而言，我透過保存公司文件、間歇性記錄自己交易的原因，來避免這種事後偏見。有些人會撰寫投資日記，其內容可能包括「事前驗屍」（premortem）技巧——也就是在做決策之前，先想像這筆投資最後失敗了，然後推敲可能導致失敗的原因。

我常回頭翻筆記，會發現當初買進某檔股票的原始理由早已被新的理由取代，這個新理由有時更具說服力，有時卻可能反而是賣出訊號。例如，我一開始對怪物飲料感興趣，是因為它的天然果汁飲品；但推升股價的實際主因，卻是其能量飲料的爆炸性成長。相對來說，在油價只有 45 美元時，用 110 美元為能源公司的資產估價，看起來就很愚蠢了。

錯誤錨定：決策中的隱形偏誤

因為故事很吸引人，所以我們經常以錯誤的（統計）參考點進行估值，這被稱為「錯誤錨定」（misplaced anchoring）。人們有時很容易受到暗示，在接收到一個不相關的數字時，選擇錨定它。舉例來說，投資人通常不會以「低於買進價」的價格出售股

票,而會希望能夠損益兩平(但事實上,他們應該根據當下股票的內在價值來做出決定)。對於那些曾經被荒謬地低估、後來價格大幅上漲的股票,富達基金經理人彼得・林區建議,投資人要對自己「錯過的漲幅」進行心理上的清除(mental whiteout),才能專注於眼前是否還有上漲空間的投資機會。

任何一個數字都可能是錯置的錨點,無論是股票的先前高點、歷史估值比率還是預估收益。將小型股或成長型股票目前的本益比,與其5年平均值進行比較通常沒有意義,因為其成長情況和市場動態可能已經發生了根本性變化。相反地,你該關注的是這支股票當下的本益比,根據所了解的情況,你或許可以將它與類似的投資機會進行比較。在評估股票價值時,查看大量數據也很有幫助,記得不要將決策簡化為單一比率。

透過運用「外部視角」來看待正確的統計參照類別,你可以對機率做出更好的估算。所謂正確的統計參照類別,是指那些在投資組合成立時,具有類似配置的所有案例──包括已不再運行的案例。收集更多的數據通常能產生更可靠的預測,但若你知道某個投資組合裡包含了大相逕庭的個股,那麼使用較小的參考類別進行推斷會更準確。我們在此必須避免「倖存者偏誤」或只研究成功渡過難關的例子。稍後的章節中,我們將探討:為何某些產業和公司比其他人更容易失敗。

更廣泛地說,錯誤的錨定和「所見即所得」的思維方式,會讓我們誤以為已經接近結論,而跳過重要的推理過程。成長型公司的價值當然高於「正在融化的冰塊」(比喻前景惡化的企業),優質企業的估值也比劣質商品型公司來得精準可依。但即使你成功辨識出一間優秀、具成長性的藍籌企業,也不代表它在

任何價格下都值得買進。

▌尋求反面證據

「確認偏誤」（confirmation bias）的意思是，當你認為某件事是真的時，會尋求證據來證實它，並傾向於忽略反面事實。蜥蜴腦可以對處於緊急狀況中的身體下命令；但進行投資時，我們需要一個獨立、準確的答案，而不是一個快速的答案。隨著數位媒體、社群網站的發展，我們越來越難跳出同溫層，社交網路和其他媒體明目張膽地向用戶提供他們喜歡、可能贊同的內容。投資管理一直是個俱樂部式的職業——資產管理者有著相似的背景、共同的思考習慣。當我買進一支股票後價格上漲、同事們祝賀我的成功時，我很難不將此視為對自己判斷的肯定。但其實我應該反過來思考：問問自己是否犯了錯誤，但幸運地遇到股價被高估的狀況。

　　請主動去尋找能反駁你看法的證據，或是唱衰的版本。反過來想並思考一下：相反的說法是否也有道理？舉例來說，人們常說低利率或負利率可以刺激經濟；但如果反過來看：低利率反而讓經濟更加疲弱，因為它釋放出政府對經濟恐慌的訊號（你也該感到不安）！對於儲蓄者來說，利息收入變少了，為了達到財務目標，他們反而得減少支出。每個現象都有其陰影面，你應該去找出它。除了熊市末期（接近低點）以外，幾乎每項投資都有某種缺點，即便那缺點只是「太貴了」；另外，沒有證據不代表事情沒發生，無法證明欺詐行為，並不代表詐欺沒有發生。

▋牛市的幻象：樂觀偏誤與現實否認

藉由排除反向證據，我們很容易過度樂觀地認為，自己所選的股票將會蓬勃上漲。華爾街鼓勵這種趨勢，因為任何人都可以購買股票，但只有股票所有者才能出售，因此人們往往建議你購買，遠多於建議你出售。然而現實世界中，對於公司一年以後的獲利預測，甚至長期成長率的估算，實際表現幾乎都會低於預期。獲利下滑雖然經常發生，卻很少出現在預測中。不過這不適用於對未來兩季的略低預測，因為企業和分析師常常心照不宣地合謀，創造季度股價的「上行驚喜」。時常保持懷疑，並記得將股價預測與過去的結果進行比較，就能夠抵消過度樂觀的情緒。

有些人無法面對事實，並否認事實，當損失出現時，不成功的投資人會試圖推卸責任。我們每個人或多或少都會這樣：賺錢的時候說是自己厲害，虧錢的時候怪運氣不好。但你必須承認——這是你自己的責任，所以要釐清到底發生了什麼事。不要因為對同事或機構的忠誠，而讓你偏離尋找真相的方向。唯有正確認知並診斷問題，才能解決問題。捫心自問，是否有一些事是你下意識逃避的。如果發現自己不知道問題的答案，而且其他人也不知道答案時，請虛心接受這個事實，並開始尋找自己有能力回答的問題。若無法接受真相，就應該讓別人來管理自己的錢。

▋超級過度自信

投資機構普遍充斥著過度自信，彷彿自己掌握的答案才是正確的。華爾街就像一個磁鐵，吸引著阿爾法男性，以及那些含著

金湯匙出生卻以為是靠自己打出三壘安打的人。說真的，在這裡，自信滿滿反而有助於職涯發展。在那些能力可以明確衡量的領域裡，自信和實力通常是相輔相成的；但在投資領域裡，真正的能力往往會被市場的雜訊與短期表現的起伏干擾，使人難以判斷誰才是真正有實力的投資人。儘管如此，投資人還是會被那些講得頭頭是道、信心滿滿的說法所吸引。某種程度上來說，過度自信甚至可能是「理性」的行為，因為經濟人模型中的理性人，會毫無畏懼地承擔一切有助於財富極大化的風險。但像我這種膽小派，就只會在有合理報酬的前提下才願意承擔風險。從局外人的角度來看，有些勇敢冒險、成功出線的人，其實只是運氣好而已。

若你嚴重地錯誤估計了成功的可能性，並因此承擔了令人不舒服的風險時，所謂的信心就會變質成為過度自信。投資人需要信心，去相信自己的分析是正確的、市場是錯的，但如果沒有正當理由，這份信心就成為傲慢。無論當下市場給出什麼訊號，你應該按照比例原則，對自己的技能、知識、前後連貫性和耐心保持信心，這麼做有助於理解自己知識和技能的界限。舉例來說，我自己對股票比債券更有信心，也比較相信長期投資勝過短期操作。與此同時，對那些落在自己專業邊緣的領域（像對我來說，是心理學的細節）更應該謹慎以對。

決策也會受到「取捨」（trade-offs）是被包裝成「損失」還是「獲得」的影響。舉例來說，如果保險是被描述成「每年固定會損失一筆保費的支出」，那麼大概沒人會想買保險。但實際上，保險是這樣被銷售的：你可以獲得一種保障，確保自己在發生重大災難時不會遭受巨大損失。當某件事被表達成「獲得」時，人們通常會傾向選擇有保證的、比較安全的選項；但當它被

表述為「損失」，人們則較容易選擇冒險一點的選項。就像上述的例子中，有些人可能會選擇完全不保險，賭自己不會出事，這就是一種風險更高的行為。而投資，其實就是在風險與報酬之間做取捨的過程，而且面對的風險種類很多，包括：委託人不誠實、管理不善、產品或技術過時（被市場淘汰）、財務體質太差導致破產。除非你真的撿到便宜、不需付出任何代價，否則在評估這些選項時，不該用「賺」或「賠」的方式來看待，而應該用「取捨」的角度來思考，才能更理性做出投資決策。

快速認清錯誤

人們常說，投資人是短視且厭惡損失的人，因為他們往往會快速賣出以獲利，但卻不願認賠殺出，就像是拔掉花朵卻為雜草澆水一樣。然而，如果股票的內在價值並沒有改變，那麼持有價格下跌的股票並不是件錯誤的事，我甚至可能會加倍進場購買。

真正的錯誤，是當公司基本面已經嚴重惡化，但你還是固執地以舊的價值為錨，結果股票其實已經被高估了，你卻還不願意賣出。相反地，若一家公司的價值成長速度超過了股價的漲幅，這時賣掉反而是錯的。該迅速承認的是「錯誤」，而不一定是「虧損」。

從他人的錯誤中獲利

鑑於人性有種種弱點，有些人認為，基於規則和數字的投資方式才是解決問題的辦法，我並不完全認同。確實，演算法、機

器人、篩選工具可以把情緒從投資過程中剔除，也因此被所謂的「量化投資人」(quantitative investors／quants)越來越廣泛地使用。這些工具常常像是「書呆子」：在處理複雜任務時表現驚人，在處理簡單事務時反而搞砸。舉例來說，「閃崩事件」(譯註：flash crashes，2010 年美國股票市場崩潰事件，由於一位交易員使用高頻交易，在短時間內大量下單賣出，進而操控指數，使得道瓊指數發生崩盤現象)導致股市價格短暫發生暴跌，跌到遠低於任何常識認知的價格水準。

「系統一」反映了人類早期保有的智慧，使簡單的任務能夠被簡單地完成——但這是對人類而言。我擔心的是，量化投資者忘記了：股票不只是數字，而是對企業的部分所有權，而這些企業是由人經營的。直至當下，我都認為人類更擅長衡量誰值得信任，並能夠想像社會、機構、技術如何相互作用和發展。我的理想典範是史巴克(譯註：Spock，是《星艦迷航記》電視劇的主角之一，其瓦肯人的血統，最著名的就是信仰嚴謹的邏輯推理、去除情感的干擾)：一半是人類，一半是瓦肯人。

拯救(理性)經濟人的最後一搏：我們會因某些情緒和行為而必須向股市交學費，並因另一些情緒和行為而得以從中獲利。消費者願意花錢購買讓他們產生某種「感覺」的商品和服務，即使是像拉斯維加斯豪賭這種荒唐的開銷，消費者依然被視為「國王」。那麼如果一檔股票能帶給投資人類似的刺激感，他們是不是也會願意「多付一點」來換取這種感覺呢？像高波動、亮眼的話題股，給人的快感就像去賭場一樣，甚至還能抵稅。但多數投資人沒有意識到：凡是人類自然渴望的東西——行動感、刺激、趣味、舒適、社會認同、人氣、圈內人的感覺——背後都有隱藏

成本。同時也有一些「潛在收入」：來自耐心、無聊、擔憂、勇氣、痛苦、孤獨、書呆子氣、看起來像笨蛋的勇氣。

最昂貴的情緒是「尋求安慰」和「恐慌」，這兩種情緒會使人做出計畫外的買進和賣出。「喔，天啊！我怎麼可能在一支保守的股票上損失一半的資金？末日論者是對的，我現在必須趕快脫手。」接下來又忍不住想：「我感到恐慌是對的，這一切回不去了。」投資「名人股」（譯註：celebrity stocks，意為股價容易被名人影響的股票）是種很有趣的經驗，如果這些股票持續表現良好的話。反過來說，價值投資人常常懷疑市場是對的，擔心本來以為只是陰天，其實是天黑了。但如果我們的研究證實了原本的想法，那麼當個書呆子也是可以得到報酬的。

雖然我相信，擁有耐心的人比起過度活躍、尋求刺激的人，能做出更好的決定，但由於必須繳稅，即使兩者持有相同的股票，耐心者終究還是會獲勝。佣金和交易費用使這點更為明顯，但我們此處且擱置不談。以 4 名投資人為例，假設短期交易需繳納 35％ 的稅，而持有 1 年（或以上）的交易則需繳納 15％ 的稅，若他們都購買相同的股票，每年複利增值 8％，並且不支付股利。4 個人唯一的差別在於出售股票並立即回購的頻率，第一個人每 6 個月進行一次，第二、三、四個人分別每隔 1 年、10 年、30 年進行一次。30 年之後，幾乎不動的投資人所累積的價值，大約是頻繁交易者的 2 倍（見表 2.1）。

同理可證，隨著時間的推移，交易成本和基金管理費會拖累淨報酬率和複利收益。假設你投資對沖基金，管理費是 2％ 的資產總額和 20％ 的收益，且該基金恰好是上述的 6 個月交易者。假設每年交易成本占資產的 0.03％，扣除稅後，你的年報酬率為

〔表 2.1〕 稅收對 30 年複利報酬率的影響

	交易頻繁程度：			
	每 6 個月交易一次	每 1 年交易一次	每 10 年交易一次	每 30 年交易一次
稅前報酬率	8.0%	8.0%	8.0%	8.0%
1,000 美元複利收入	$4,576	$7,197	$7,822	$8,703
稅後報酬率	5.2%	6.8%	7.1%	7.5%

※ 備註：持有不滿 1 年的股票交易稅率為 35%；長期持有的交易稅率為 15%。

3.1%；30 年後，你的 1,000 美元將成長到 2,499 美元。我的意思是，在投資時無作為，或選擇看似懶散但收費適中的基金經理人，其實是件值得讚揚的事。

持有無聊的股票，更容易保持耐心；當我因忍受無聊而獲得報酬時，這類股票往往是我最愛的。從歷史上看，穩定、低波動性股票的表現，比理論預測的要好；而令人興奮的高風險股票，表現則比較糟。從理論上來說，投資人因接受波動性而獲得報酬，但歷史報酬表明，風險實際上可能是某些投機者的一種享受。股價持續波動的確很有趣，尤其是向上移動時。若你能夠準確計算牛市開始和結束的時間，就一定會希望手上股票的 β 值（Beta 值，相對波動性的衡量標準）越大越好。

然而，對穩定、無聊的股票而言，我懷疑中期未來是否會像過去一樣穩定。量化投資人注意到，低波動性股票表現良好，且此時正在根據低波動性「因素」行銷投資組合，進而推高其價格。這個因素以前曾起作用，因為歷史上這類股票經常被低估；低波動率流行的另一個原因是，平時慣常將現金存入儲蓄帳戶或

貨幣市場基金的儲戶，現在幾乎沒有收入；為了賺取收入，他們必須轉而投資股票，但同時又希望能夠重新獲得儲蓄帳戶的穩定價值。除非股市出現崩盤，否則我預期，低波動股票的報酬會回歸理論：風險高者，應該得到更多報酬。

被社會接納也許是最普遍能使人感到欣慰的方法；但對於那些淨賺數百萬的人而言，被社會接納、受歡迎和得到尊重，肯定是最重要的社會動機。有些公司比其他公司更容易被社會接納、受歡迎和得到尊重，且這點往往會這反映在其所有者身上。最受歡迎、最受尊敬的公司，其股票售價往往比其他公司高出數倍；然而從歷史數字上來看，昂貴的股票在市場上經常表現不佳。一般來說，企業之所以受到歡迎和尊重，是因為它們的業績及股價表現出色；然而，一旦訂下了很高的標準，許多公司無法持續維持表現，對這些公司而言，代價將會非常慘重。

這麼說令人不太舒服，但投資人面對暫時處於困境的股票時，表現會比平常好得多。不受歡迎、不受尊重、甚至不被社會接受的股票，通常會以低迷的價格出售。在80、90年代，菸草股票因為銷售社會不可接受的、有毒的致命產品而受到迴避。即使這些股票的股利很高，但幾十年來，與整個股票市場相比，菸草股票的本益比一直處於折價水準（只有1972～1973年的短暫例外）。若從那時算起，儘管吸菸危害健康，且香菸銷量每年都在減少，但隨著時間的推移，這些股票的表現卻大幅跑贏了市場，而且本益比也有所擴大。

幾乎可以說：巨大的股票定價錯誤背後，一定涉及一個普遍觀點中認為無法克服、明顯且可怕的缺陷。但此時若你能深入研究後得出與市場相反的結論──認為該問題可以解決，或實際上

沒有那麼嚴重——那你將會獲得回報。原則上，人們總是會以便宜的價格購買可以理解的、經營良好的、有存續性的企業；但實際上，市場一定會認為其缺少某些要素，因此一般而言，你作為一個書呆子若能想辦法弄清楚真實情況，就會得到報酬。更重要的是，如果你有勇氣按照不受歡迎的觀點採取行動，即使這會讓你看起來像個笨蛋，但只要你的觀點被證明是正確的，就會得到獎勵。在這之前，你將會經歷無盡的痛苦與焦慮——畢竟，多數時候群眾看起來是對的。

你願意埋頭苦幹，忍受痛苦、孤獨和擔憂，從而獲得豐厚的報酬嗎？經濟人願意，但很多人不願意。就我個人而言，我很能忍受無聊，但並不喜歡承受痛苦。如果這一切對你來說似乎有點沉重，那麼你最好的選擇是投資指數基金，或是選擇一家資源充足、具長期投資眼光且收費合理的基金公司。即便如此，若你自己太急躁、不斷進出場，也可能會抵消這些基金經理人的耐心所帶來的好處。

關於經濟學家，我也有話要說：他們愚蠢、超現實的心理假設，事實上蘊藏著良好的建議。請奠基於優質資訊，選擇投資於你擁有知識優勢的領域；你該考慮市場中流行的說法，但也要考慮不同的觀點；請好好估算股票的價值，並不要因為除了股票價值以外的其他原因進行交易；盡量展望未來；有計畫地大膽嘗試；最大限度地減少稅金、費用和交易成本，最簡單的方法就是減少交易頻率。最重要的是，不要低估你的對手。如果你只是一般人，就不要妄想獲得超額報酬。經濟學中的「完全競爭假設」告訴我們，在競爭激烈的市場中，企業只能賺取合理利潤——所以，要去找競爭較少的地方。

心理學家建議我們擴大視野,去觀看一些較不容易獲得的資訊,包括社會背景、歷史統計數據、基線和常態;如果你認為自己陷入了敘事謬誤,請保持懷疑;若要修正放置錯誤的資料錨點,請採用外部視角;請關注股票當下的價值;為對抗確認偏誤,請主動尋找反面證據,並思考對立的觀點是否也有道理。記住:風險與報酬的抉擇應該是「權衡」,而不是被視為「損失」或「獲利」。

　　請記住:做出有意識、有反思的投資決策,目的是確保重要的事物不會被瑣碎的干擾所操控。透過拓寬視野和自我反思,你可以避免主動失誤(unforced errors)後陷入艱難的選擇。也請記得不以人廢言,讓彼此的想法相互辯證,但不要針對人。

第 3 章

賭徒、投機者和投資人

> 「雷諾局長：我很震驚，很震驚地發現這裡竟然有人在賭博。
>
> 賭場員工：先生，您的獎金。」
>
> ——電影《北非諜影》

▍你是在投資、投機，還是在賭博？

在大眾眼中，股票市場裡的一切看起來都像是賭博，而有時確實是如此。華爾街讓情況變得更混淆，因為它把所有客戶都稱為「投資人」；但事實上，每一項投資多少都涉及對未來事件的某種推測。更危險的是，許多自以為在投資的人，其實是在投機。這兩者的區別很重要，因為投資人與投機者在收集資訊、管理風險與不確定性的方法上截然不同。

本章的目的是警告讀者，不要進行無意識的賭博，不要對價格、心理和不可推知的主題進行投機。與賭場不同，大多數在華爾街賭博的人並不知道他們在做什麼。某些類型的投機活動理應享有惡名；而另一些類型的投機活動，則是維繫整個資本主義體系存在的必要條件。當重要資訊有所缺失甚至無法取得時，人們為了對未來做好準備，會進行投機活動。在我看來，若你將投機

的對象聚焦在影響企業獲利來源的因素上,而非市場價格或群眾心理,你將獲得更高的投資報酬。

分析投資的光譜有兩個維度:首先,是看單一事件還是看整體?你是否想要尋找一種可識別的觸發因素或催化劑,來促成一筆成功的交易?或者更確切地說,是尋找一種全面、長期的資本和收入安全的整體感?其次,你的投資是否經過充分研究?你做的是徹底的研究、草率的研究,或者根本沒有進行過研究?

表 3.1 列出了基於事件的交易,與充分研究、草率研究、不經研究之間的組合,並計算其報酬率。我將基於事件並經過仔細研究的交易,稱為精明的投機;如果只是草率研究,那就是魯莽的投機;完全沒研究,就等於是在賭博。同樣的研究深度,也可以套用在整體觀點的交易上。所謂的「投資」,是基於詳細研究所得出的結論——資本大致安全,並可望獲得適當報酬。若研究草率,即便採整體觀點,也只能算是高風險投資;而如果只是憑空相信一切都會變好,卻沒有任何佐證,那就根本是賭博。

〔表3.1〕 研究深度和投資模式的可能組合

	基於事件的交易	基於整體的交易
充分研究	精明的投機	投資
草率研究	魯莽的投機	有風險的投資
不經過研究	賭博	賭博

▌了解報酬率

一旦你掌握了機率和統計的原理，賭博通常就會失去它的吸引力。麻省理工學院有一個很有名的算牌團隊，但這些人並不是在賭博，因為他們徹底分析了自己輸贏的機會。當你不知道自己的報酬率或並不關心報酬率時，賭博就會迫使你繳交智商稅。舉例來說，假設彩券玩家總共只能收回彩券銷售收入的65％，那麼只要購買了彩券之後，你基本上就已經損失了35％的資金，而最終的結果通常是輸得一敗塗地。

我曾經在金融市場賭博過，但當時我以為自己不過是在對利率進行投機而已。我確信大多數股市賭徒都在不知不覺中這樣做，就像我一樣。正如我稍後將探討的，我很快就賺到了錢，然後又輸掉了當時對我來說是天文數字的錢，因為我固執地認為，初期的勝利證明了我的理論是對的。有些跡象可以看出你是不是在賭博，包括：把賭注放在離散事件（discrete events）、期望在極短時間內出現結果、使用槓桿操作、對單一故事過度投入、無法衡量報酬率是否有利。

▌不明智的投機

投機如果做得正確，就不是賭博。與性一樣，投機行為在社會上的名聲也不太好，但卻是普遍存在、經常被人們所享受的，如果沒有它，我們就不會存在。回到拉丁詞根，「投機」（speculare）一詞的意思是「從瞭望塔上觀察或向外看」；我們能為命運所帶來的一切做好準備並塑造命運的唯一方法，就是觀

察它並嘗試想像它。企業必須以某種方式預測客戶可能想要什麼、原料來自哪裡及所需的數量。投資也不可能不去思考：資本什麼時候、在哪些情況下可能有風險？又在哪些地方能產生最大效益？設想和創造未來的過程，永遠不可能遵循完美的邏輯，但如果沒有這個過程，理性的經濟人就沒有計算的基礎。

投資人不可避免地會進行投機，但許多最熱門的投機主題，卻難以從研究上證明他們的優勢。最危險的投機是針對股票價格、商品價格、大眾心理的投機──除非你可以找到某種參考物，例如公允價值的概念，藉此檢視自己是否有誤。如果市場是有效率的，那麼過去的價格變動就不會告訴你未來價格的趨勢──而且這個想法在相當程度上是真的，這表示對歷史價格變化的研究將不會為你帶來報酬。

價格動能（momentum）的邏輯是變化無常的，大量研究顯示，在短期內，股票價格上漲確實能準確預測進一步的收益，而價格下跌則準確地預測了進一步的損失，有時甚至比股票的價值指標還有力。但若把眼光放在 1 年以上的長期投資，動能傾向反轉，因此操作者必須非常靈活。在網路時代，若人們還認為動能反映了資訊傳播太慢或市場反應遲緩，聽起來就有點荒謬。更可能的解釋是：動能反映的是市場對新聞的過度反應、社會認同及從眾行為。雖是這麼說，但企業還是常常傳出壞消息，而且導致其利潤下降的問題往往很難解決，因此價值型的買家必須確保自己充分降低期望。

價格動能是一款節奏快速的遊戲，你能看得多遠和群眾能看得多遠之間，有著複雜的交互作用。請想像一場遊戲，其中每個參與者輸入 0 到 100 之間的一個整數，將所有人猜測的數字平均

之後再除以2，無條件捨去小數點，猜得最靠近的人就是獲勝者。你會選幾號呢？有些人可能會選50，因為那是0到100的平均數。但如果目標是猜「平均值的一半」，那你可能會選25。再進一步推想，別人也可能這樣想，那也許你該猜12。這樣一層層推演下去，答案會是6、3、1……數學家會說：這個極限值是0。

當這個遊戲在現實生活中進行時，獲勝者是能夠多往前看1、2步的人，但並不會再進一步。回答50或25的人沒有充分考慮第二層次的效應，即人們對事件的反應。舉例來說，大宗商品價格大幅上漲將刺激市場增加供給，但這可能會削弱價格動能。若我們稍微向前看並思考：面對這些是顯而易見的事實，其他人可能會如何反應？這是一場遊戲，其中的互動取決於其他玩家是誰；不過0在現實遊戲中永遠不會獲勝，因為其他參與者很少考慮到遊戲的終局。但對我來說，光是猜測其他人會往前推算幾步的行為，就算得上是賭博了。

對群體行為進行研究可以得到報酬，但通常不會得到投機者尋求的確切日期和數字。當交易者抓住一個令人信服的初始前提，並將邏輯延伸得太遠時，股市泡沫就會產生。投機者把不斷上漲的價格視為支持自己理論的證據，而只有到了時機成熟時，他們的錯誤才會變得顯而易見。人們在嘗試過所有其他方法之前，都會迴避理性。如果你天真地相信，股市泡沫總會出現明確的警訊（就像多數投機者一樣），那你最終一定也會被捲進那群瘋狂奔跑的羊群中（羊群效應），儘管你早知道這場遊戲的結局。

另一種幾乎無解的推測，則是在遙遠未來的迷霧中。舉例來說，標普500指數目前的股利殖利率為2%，按照這個速度，需

要 50 年的時間才能從股利中回本，那麼我們是不是根本就不用在意未來幾十年經濟是繁榮、緩慢發展還是蕭條？我不知道該怎麼回答這個問題。相對來說，我會去尋找一些可以稍微預測遙遠未來的投資機會，並避開那些在幾十年後（如果我的確可以預測未來的話）有可能翻船的投機活動。

企業的投機行為

在觀看企業的投機行為時，值得思考的議題包括：管理階層是否能在時機成熟時做出正確的決策；特定產業是否容易因商品化、產品過時或財務過度擴張而失敗；其證券的價值可能是多少。由於在投機行為中，我們期待對尚未出現的挑戰和機會做出反應，所以沒有人能真正知道結果；然而，對企業高階主管和產業進行追蹤研究，還是能提供有用的線索。舉例來說，傳統實體零售業者如果不積極投入網路銷售，最終就會被亞馬遜這類電商徹底淘汰。我的投機重點會放在：哪些商品類別轉向網路的速度較慢？線上與實體交易之間可能怎麼整合？又有哪些連鎖品牌擁有系統能力與應變能力，可以同時在兩種銷售通路中滿足顧客？

若想要成功地在早期階段投資生技或網路公司，就必須對他們的科學方法是否有效、產品是否令客戶喜歡、潛在市場有多大等因素進行投機。如果你對 β 激動藥（beta agonists）或 B2B CRM 波浪分析（wave analytics）一無所知，也不了解客戶為何需要它們，但還是購買了這些股票，那就只是在賭博而已。但對那些對產業了解深入的內部人士來說，這類投機的報酬可能非常驚人。若沒有那些被稱為創投家（venture capitalists）的極端投

機者，許多這類「科學計畫」根本無法拿到把點子變成產品所需的資金。進步仰賴的，正是這種類型的投機——而收益與對未來的確定性，往往只是事後才考慮的事。

投資人關注的是企業在其整個生命周期中，可以作為股利支付的現金；而投機者則關注離散事件。當有人把某檔股票當成「某個主題的投機工具」來推銷時，請停止跟風交易，因為這只是一種投機行為；只有當其他因素的決定性不如宣傳中所強調的因素那般強大時，這種投機才可能會成功。舉例來說，航空股被包裝為能夠利用油價下跌而獲利，但同時也可能會因客流量疲軟、壓低票價戰、勞資糾紛、管理不善而失敗。我們在賭場裡選擇的是可識別的風險，但對於股票市場來說，有吸引力的風險往往與吸引力較小的風險捆綁在一起。

保證資金安全、報酬充足的確定性

價值投資之父班傑明・葛拉漢（Benjamin Graham）曾寫道：「所謂的投資行為，必須經過徹底分析，能夠保障本金安全，並提供足夠的報酬。」這個說法可以引導出下列問題：（a）什麼是足夠的報酬？（b）我們如何判斷本金是安全的？（c）要進行多少分析才算足夠？

「足夠的報酬」通常指的是，市場上現有的報酬率與你個人認為可接受的報酬率之間的較高者。雖然債券的預期收益率很容易被拿來當作基準，但股票收益率卻沒那麼明確，它往往是被推斷出來的，而且誤差範圍很大。大家都想要更高的投資報酬，但只是「想要」並不會使夢想成真。2017 年，日本和歐洲的一些

債券殖利率為負值，這表示債券持有人未來收回的日圓或歐元將少於其初始投資，真是令人沮喪！另一項投資選擇是持有現金或其他資產，但這也可能帶來糟糕的報酬。一項投資永遠與價格和當前環境相互纏繞；如今某些投資等級債券（儘管有「投資」標籤）已不再是投資工具。

如果股票的報酬來源是企業的部分利益，而不僅僅是螢幕上跳動的數字，那麼我們所尋求的確定性就必須來自於企業本體。投資人應該訓練自己的思維朝企業體質而非股票價格進行思考，才能朝著正確的方向前進。每個人分析證券或產業的能力不同，但只要專注於我們熟悉的領域，就能更加確定自己是否正確地整合各種證據。投資人應該只將資本委託給誠實且有能力的高階主管，這樣一來可以降低瀆職風險。有些行業競爭殘酷、變化無情，有些公司又過度依賴銀行的好意——對這些情況，最好敬而遠之。

比起債券，股票本金價值安全的確定性更隱晦一些，但在這兩種投資選擇的本金都是定量的。比起支付 80 美分，用 60 美分購買 1 美元的證券將提供更大的安全邊際。然而價值只是一個預測，所以我的 1 美元可能只值你的 70 美分。除了現金之外，許多會計數字都只是估計值，因此一家公司的 1 美元收益，可能在其他地方的報告裡會轉變為不同的數字。對於股票來說，本金的安全性包括根據保守的會計準則對公司進行審慎預測，而計算出的充足安全邊際。

透徹的研究可以增加你對投資的把握，不管是實際上的、還是心理上的，但這其中也會有收益遞減（diminishing returns）的效果：重複接觸同一消息的不同版本，可能會導致我們誇大其重

要性；有些資訊的有效期很短，在我們做出投資決定之前可能就已經過時；我們的大腦只能同時處理有限數量的事實（學界共識大約為 7 個），因此更多的資訊並不能改善決策的品質。投資決策比較像是識別模式，而非求解多項方程式，最重要的是，由於我們試圖預見遙遠的未來，所以必須有讓某些答案保持模糊的空間。

太多的投資人沒有對視線以外的資訊進行足夠思考，卻花太多時間在那些早已被瘋狂轉推的新聞上。我長期閱讀某間公司的季度財報後，就會逐漸掌握哪些因素才是真正關鍵；但如果你只是等財報出來才讀一遍，而沒有回頭研究過往紀錄，這種「直覺判斷力」就會累積得很慢。當然，新聞是每周 7 天、24 小時不間斷的，而歷史則需要挖掘。對於注重當下的人來說，一個不誠實或無能的主管，只有在最近做出令人髮指的事情時，才具有新聞價值，而過度擴張、遭受時代變化或對手競爭影響的企業，也只有在嚴重崩潰時才會引起人們的注意。

你可以查看更長時間範圍內的數據，並透過大型統計進行分析，來增加自己的勝算。舉例來說，我無法提前 1 年預測股票市場每天的日常波動，但我發現了一項有用的資訊：從每天的高點到低點進行衡量，自 1928 年以來，有 25 個跌幅超過 20％ 的熊市。很令人不安吧！奇怪的是，至 2015 年，標普 500 指數的年報酬率實際下跌超過 20％ 的，只有 6 次。許多熊市來臨之前都會出現大幅上漲，或是之後會出現急劇反彈，因而抵消了 1 年內最嚴重的損失。從統計上來說，隨著觀察次數的增加（或觀察的範圍變大），就可能推斷出某些集中的趨勢。我向來不進行單點估計，而是思考整體範圍。

分散投資可以增加確定性，使不可預期的事件不會破壞你的投資組合。有些產業（如航空公司）的財富上升的同時，其他產業（如石油生產商）的財富則下降，如果你不想對油價投機，就可以同時購買航空公司和石油生產商的股票。雖然分散投資可以降低風險，但即使你已將資金分散到整個市場中，風險也不會消失。標普500指數基金的投資人雖然不承擔特定股票的特殊風險，但會承擔不可避免的市場風險。只要你善於判斷股票的內在價值，隨著時間的推移，你應該就能擊敗市場，因為透過在一組被低估的股票中進行分散投資，可以降低整體投資組合遭遇重大損失的風險。

偏離價值

科技是人類行為的延伸，在某些方面讓我們成為更好的投資人，但它對賭博行為的助力更大，也更容易把我們拉向投機與衝動交易。先來談好消息：現代的搜尋與篩選軟體，能大幅節省時間，幫助我們找出在統計上具吸引力的投資標的。Google可以更輕鬆地找到新聞文章、行業資訊和市場競爭分析；EDGAR系統等於是企業年報的聯邦線上圖書館，是一個神奇且未充分利用的資源；而現在的企業法說會幾乎全部開放給大眾上網收聽，無論你身在何處。

網路也是一種廣告和新聞媒體，常常藉由吸引你的蜥蜴腦來爭取注意力。網路的商業手法是透過廣告來分散你的注意力，內容來源可疑、聳動誇張的標題最能吸引點擊，而這些使人分心的資訊會導致你開啟多工處理模式──如果你同時做很多件事，就

會落入無意識的陷阱。這裡有一個極為生動但可能是杜撰的故事：某位紐約的投資分析師，在滑 iPhone 時走入車陣，結果被車撞死了。千萬不要邊投資邊分心！

再來看一個現象：紐約證交所股票的平均持有期間，從 1960 年的 7 年縮短到 2016 年的 4 個月。這些統計數據無疑是許多活躍的交易者不斷買進賣出的結果，但我懷疑如今持有期的中位數也比從前更短。高速的網路連線讓線上交易變得較便宜、超簡單，現在的市場已進入演算法交易的軍備競賽，借助專用的交易所伺服器和數據線，高速交易者已將交易執行的時間縮短至毫秒等級。現在股票交易的便利性、高速度、低成本都非常正面，但也促使人們很容易隨著心情起落買賣證券；即便是美國國債這種傳統穩健的資產，也平均每年被交易好幾次。

保持思考能力

「投機」之所以對人有吸引力，是因為它通常包含了明確的催化因素、具體的事件，以及可預期的時間表──但這些特性同時也可能是缺點。以股票來說，像是「油價下跌有利航空股」這種明確的操作題材，有時會被一些原本忽略的因素所打亂。而當你讓自己的投資失去耐心等待結果的空間時，這些投資本身就變得更加偏向投機了。舉例來說，選擇權有固定的到期日，融資買股票則必須償還借款與利息，這些都會被動地縮短你的投資視野。

以下是一個簡易清單，可以檢驗你是否確實在投資，而不是在賭博：

（1）你有在思考這間企業長期整體的獲利能力嗎？
（2）你是否進行了足夠的研究，以肯定自己的結論？
（3）企業的業務是否足夠穩定，足以保證你的資金是安全的？
（4）你的投資是否可以期望獲得足夠的報酬？

　　指數基金投資人對這些問題的解釋與選股人不同，對指數公司來說，利潤是標普 500 中所有 500 家公司的集合獲利，而不是特定企業的利潤，因此需要進行不同類型的研究。許多個股中的不確定性來源──包括不正當或無能的管理、產品過時、財務失敗──都可以藉由投資組合的分散來減少風險。雖然該指數是一個非常完整的投資形式，但你也可以透過個股進行分散投資。本書的第五部分將著重探討指數和特定股票的預期報酬。

第 4 章

心智凌駕金錢

> 「我們所欣賞的那些人性特質——善良、慷慨、開放、誠實、體貼、感情豐沛——在我們這個社會體系中,往往是導致失敗的伴隨條件;而那些我們所厭惡的特質——銳利、貪婪、需索無度、卑劣、自負、自私——卻往往是通往成功的性格。雖然人們口頭上讚美前者的品格,但他們真正愛的,卻是後者所產出的結果。」
>
> ——約翰・史坦貝克(John Steinbeck,美國作家)

▍商人和投資人

《富比士》雜誌「全球 400 大富豪榜」上的創業家幾乎全都是創辦了長期高速成長的企業,例如:微軟的比爾・蓋茲、字母控股(Alphabet)的拉里・佩奇(Larry Page)和沃爾瑪的山姆・沃爾頓(Sam Walton)。而榜上的頂尖投資人,多數是從「價值投資」起家,後來轉變為實際的企業經營者,像是華倫・巴菲特、查理・蒙格(Charlie Munger)和卡爾・伊坎(Carl Icahn)。但這看起來有些矛盾。投資人投資於企業,那麼創業家和投資人是否都應該能從成長或價值中受益?然而,成長與價值並不互相

衝突；事實上，「未來的成長」是價值的一部分。投資人雖然可以從像企業家一樣的思維中受益，但他們遵循的是不同的遊戲規則，有不同的機會定義，也具備截然不同的特質。本章將探討成功投資人的心理特質。

企業家通常會將所有資本和精力集中在單一企業上，當一項事業蓬勃發展時，所有的光環都集中其上。而投資人可以自行實現投資組合的分散，也可以透過被授權持有至少 20 種證券的共同基金經理人來實現分散投資。任何登上《富比士》富豪榜的人都必須擁有卓越的才能和非凡的運氣（或投胎投得好）；而將投資組合分散，則可減少投資人運氣的影響成分。若要放大投資技巧的效果，投資人必須仔細選擇擁有極高報酬率的股票，並且在這些機會上投注大量資金，同時擱置平庸的機會；這種集中型投資組合會放大運氣的影響，但同時也是一把雙面刃。

巴菲特將集中型投資組合的概念發揮到了極致，他提出了一種投資「打孔卡」（punchcard）的概念：一人一生只能擁有 20 次投資機會。擁有一家企業就像締結婚姻一樣，是一種持久的承諾，如果投資也必須以同樣的方式進行，投資人就會設定崇高的標準，並耐心等待適當的投資機會；而共同基金經理人在上班的第一天，就必須用完 20 個機會。不過我覺得，打孔卡還是有點作弊概念的：除非你認為他的波克夏·海瑟威公司整體只算是一個孔，否則巴菲特早已用數十億美元買下了更多的卡片。

市場的自然法則顯示，財富最突出的極端值，多數是集中投資於單一項目的企業家；但也有一些專注於單一投資標的的投資人遭遇了重大失敗。舉例來說，耶魯大學的捐贈基金在 1825 年幾乎將全部資金都投入老鷹銀行（Eagle Bank），結果賠得一敗

塗地。

股票投資人需要了解企業家如何思考、為何行動，因為投資人同時對牌面和玩家下注，但自己並不持有這一手牌。專業投資人某種程度上也是企業家，因為我們出售投資建議和資產管理服務；我們也像影評人──批評電影，自己卻不一定拍得出來。但最優秀的評論家，看過夠多優秀作品，自然具備合適的判斷力。當企業家尋找被競爭對手忽略的客戶時，投資人則會尋找其他人錯過的價值，此兩者有時可能是同一件事，但往往並非如此。

當然並非所有成功的投資人都是價值投資人。在股票市場上賺錢的方法有無數種，而每種方法都適合不同的性格。幸運且魯莽的投機者和賭徒也能賺得豐厚財富，但這又能持續多久呢？有利於價值投資人的特質，往往卻會傷害精明的投機者，反之亦然。除非你是股票市場中罕見的冬季兩項選手，可以一邊滑雪一邊射擊（我就無法），否則我會強烈建議你不要在投資和投機之間跳躍，因為一個人不能一邊下棋一邊打網球。但我也不強迫你採用價值投資的方法論，如果價值投資不適合你，那就去找一個適合你的方法。

「耐心」對投資人來說是一種美德，但投機者必須時刻憂慮自己的點子和資訊會過時。只有在面對具長期競爭優勢的企業時，耐心才真正值得投入──這個主題我們之後還會再深入探討。情緒上能保持冷靜與抽離，有助於投資人做出穩健的決策；但投機者反而能將情緒的敏感與焦慮轉化為優勢。投資人需要的是一種徹底而穩固的決斷力，而投機者則需要的是更靈活、隨機應變的決策能力。

訓練有素的直覺

在商業世界中,每種性格類型都有各自賺錢的方法,但在成功的投資人中,有兩項特徵很突出:心理學家所說的思考型(thinking)和直覺型(intuitive),或稱為「理性分析者」(rational analysts)。請注意,此處所談論的「直覺型」並不是流行意義上「相信你的直覺」的那種直覺;直覺指的是對於模式識別、意義、抽象理論和不可見事物(包括不可見的未來)保持敏感且專注。

思考型的人傾向於基於邏輯做出決定(即使用「系統二」來做決定);相對地,情感型(feeling)的人則會根據人事、情感做決定。而股市的一切本質都是抽象的,人們試圖猜測未來會發生什麼、這些變化代表什麼意義,若沒有理論可循,你將一事無成。我會把「思考」與「直覺」的結合——也就是用邏輯一致的方式去處理那些看不見的事物——稱作「訓練有素的直覺」。

意識到情緒,但讓理性決定

優秀的分析師傾向於使用理性思考,而非依靠感覺。他們對本書第 2 章所描述的那種偏見和扭曲保持警惕,並努力不選擇性地看待事實、不過度強調事實的重要性,也不過度簡化事實。分析師只要有機會就會檢驗自己的假設,他們並不認為自己的預測是絕對事實。

若能擁有禁欲式的超然,以及對情緒的敏感度,就非常適合投資股票:感受恐懼,但讓理性來做決定。股票市場裡最常見的

錯誤，往往來自於一切都相信直覺的人；而最大的災難則來自於那些情緒不敏感，因而沒意識到自己的直覺正大聲咆哮著警告的人。如果你不是那種容易壓力過大或感覺強烈的人，那麼適度的憂慮可能是件好事。身為價值投資人，我喜歡在事情尚未出錯時擔心，因為這麼做的情感成本比較低。最重要的是，只有當憂慮能幫你度過難關、選擇更好的道路時，才值得去憂慮；當天塌下來而你無力挽救時，就放鬆一下吧，少看點新聞，開心最重要。

好奇的懷疑論者

我所遇過的每位優秀投資人，都有一個共同特質：他們充滿好奇心，並且終身學習。在預測未來時，理解「為什麼事情會發生」比單純知道「發生了什麼」還更重要。透過研究歷史案例，我經常發現，有些因素的影響力比我原本以為的大，或者其實沒那麼關鍵。當遇到一些前所未見的狀況時，我會去研究過去別人是怎麼處理那些前所未見的事。

好奇心需要與懷疑主義相互平衡。每個人都需要垃圾郵件過濾器和廢話檢測器，以便分類並刪除冗餘或錯誤的訊息。在金融領域中，事情往往不如表面所見的那麼簡單，請記得保持懷疑，並願意挑戰別人認為理所當然的想法。

獨立思考

一般來說，成績好的學生通常充滿好奇心又勤奮，但也有些人靠耍小聰明、討好教授、講他們愛聽的話來混高分。在投資的

世界裡，什麼都不做往往可以防止犯錯，因此懶惰是有幫助的；但精神上的懶惰則不然，不獨立思考絕對是有害的。「投資」整場遊戲的核心在於：找出別人忽略的東西；那些能夠想得不一樣、方向正確的人，會獲得最大的回報。有些投資想法看起來的確很愚蠢或很瘋狂，其中有些是真的蠢，但如果不嘗試一下，就只能變得平庸。最後，結果會決定你是被稱為「有遠見的勇者」，還是「自大又愚蠢的賭徒」。犯下錯誤本身不需感到羞愧，但不願修正錯誤才是真正該羞愧的事。雖然在大學裡，一門課的成績可能就是考三次試、交一篇學期論文，但股票市場永遠不會告訴你要解決哪些問題、如何解決這些問題，或者你的球是否在左外野出局。

對解決方案持樂觀態度

「樂觀」對創業家來說是非常強大的盟友，但對投資人而言，只有一種特定類型的樂觀才真正有幫助——相信只要努力，就能學習、成長，並找到眼前困境的解方。只要你的努力能夠影響結果，那麼樂觀精神都會是你最好的盟友。如果賈伯斯沒有貫徹他的「現實扭曲力場」（譯註：reality distortion field，是一個蘋果公司內部發明的詞彙，用於描述賈伯斯的激勵策略在麥金塔產品開發上的影響力），那麼他就不會成為我們所熟知的賈伯斯。如果你相信問題可以解決、解決方案可以實施，那麼你就會成功。

投資人在許多層面上無法控制自己的命運，因此過度樂觀只會讓他們對風險和不確定性視而不見，並扭曲對報酬的相對估

計。投資人可以決定購買或出售股票的時間和數量，卻不能決定價格，除非逆向操作。過度悲觀會導致人錯失良機，而且會使人筋疲力盡。價值投資人那種典型的「樂觀」，通常是這樣的：「這檔股票的前景雖然陰沉，但價格卻反映得像末日已到。」反而當市場陷入恐慌、大家絕望到不行的時候，對價值投資人來說，天氣才真正放晴。

紀律——你選擇不做的事

紀律可以表現在你不做的事，也可以表現在你必須做的事；投資人需要前者，而投機者則需要後者。若採用巴菲特的「20個機會」投資法則，代表你得對許多看起來相當有吸引力的機會不採取行動。

若將成年人的平均壽命除以 20，投資人會有數年的時間無所事事，而這對客戶或雇主來說往往難以接受，就像是分析能力被癱瘓了一樣——對於投機者來說，確實如此。由於投機者基於事件進行交易，若他們預期的事件未能實現，則必須將股票賣出。對於動能交易者來說也是如此，他們的規則是只要股票價值下跌 12％，就必須賣出。這麼做與價值投資大相逕庭。

要有容言的雅量

成功的投資人無法認同「以言廢人」的社會習俗。若人們窩在同溫層裡，社交生活通常會更順利圓滿。然而在投資和科學中，發現真相是最重要的，因此當事實不言自明時，友誼並不會

因不同的看法而受到損害。

你也應該知道，那些心胸開放、善於分析的人，經常會嘗試各種古怪的想法，雖然當中很多最後被證明是錯的，但他們最終還是會回歸真相。

▍接受錯誤

你可以將其稱之為謙虛，或對自己誠實，但一個人若不承認投資錯誤，就意味著投資失敗。當你能夠將運氣與實力區分開來，你的實力就會進步。實際上表現好比看起來好更重要。從某個角度來看，每位投資人其實常常都在犯錯。當我堅持持有某檔長期投資標的，即使明知它短期內會下跌，我也得承認，眼明手快的靈活投機者可能早就看出我的錯誤。雖然投機者的邏輯通常是短期導向，但有時卻可能在長期上是正確的。在投資領域裡，投資世界中的精神病態者（psychopath）因為完全不在乎別人而獲得利益，但他們的致命缺點，通常是無法意識到自己的錯誤。一個人承認錯誤的能力，某種程度上也是一種衡量誠實程度的指標。

精明的投機者、投資人會對自己的經驗進行研究，以便了解自己的成功和失敗來自何處、為什麼整體看來可能獲勝。以我為例，曾經太冒險去碰我不熟悉的產業，現在我會直接避開這些產業，只持有某些行業的一小部分股票，直到我有更深入的了解為止。我的直覺常常對太多人有戒心，覺得他們有問題；但當我實際去研究他們的公司帳目、報表後，我才能更準確地識別出真正有問題的壞蛋。

曾經擔任煤炭產業分析師，讓我學會避開那些容易陷入激烈競爭或快速被淘汰的生意。在投資的世界中，做個小氣鬼、不掏錢出來是很有用的一件事。所以我的投資策略是，專注於簡單的生意、具誠實的管理階層、擁有專利性產品且價格便宜的標的。只是，在那種主題明確、氣勢如虹的動能牛市裡，我的績效就會被遠遠甩在後面。

學會面對失敗

富達通常會聘用非常聰明、努力、有企圖心、具分析能力，而且過去表現優異的人才；因此當分析師撐不下去離開時，通常不是因為技術能力的問題，而是因為他們尚未學會如何面對失敗。股市不是大學，即便有成績膨脹的現象，55分在學校也不算及格；但在股市中，正確預測率達到55％已經是極限了。

股票常常在應該上漲時下跌、該下跌時卻上漲。對我來說，每個交易日都有像被蚊子叮一樣的小小失敗，有些日子甚至會像嚴重大失血。我曾建議公司可以考慮錄用那些有失敗紀錄的人，但他們卻認為有更好的方式來挑選真正有韌性、有毅力的人。

坦然接受模糊性

優秀的投資人能接受自己經常處於資訊模糊不清的情境中。除了少數天賦異稟的金融學教授之外，沒人能擁有完美的資訊。有人買進一檔股票，就代表有人在賣，賣的人多半是因為覺得這檔股票有問題。那誰才是對的？

在牛市期間，這種神祕朦朧感可能會讓人著迷、上癮；但當市場暴跌時，我們往往會做最壞的假設。要能在面對不確定性時保持穩定，甚至逆勢而行，是件非常困難的事。當你因為曖昧不明的情勢而受挫，並希望儘快擺脫風險時，絕佳的投資機會往往會披著神祕面紗現身。而當那些輕率冒險的投資獲利遠超過你應得的時候，也該收斂你的熱情，轉向那些獲利模式清晰的標的。

對的事物

雖然投資人必須了解企業與經營者，且本身往往也是做生意的人，但他們會將資金分散在多項持股上，因此必須具備機率思維。最成功的投資人通常是理性、善於分析的人——在心理學類型中屬於「直覺＋思考」型。未來尚未發生，只能透過理論去理解，因此理性比情緒更適合作為投資決策的依據。情緒上保持抽離但具備覺察力，是最有效的態度。

投資人必須保持韌性，因為股市經常讓人遭遇失敗。他們必須具備獨立思考的能力，勇於站在群體之外，也願意接受「保留不同意見」。當市場上容忍不確定性／模糊性的能力最為稀缺時，市場反而會給予那樣的投資人最多回報，因此投資人應該努力維持一種穩定、甚至是逆勢的模糊容忍度。

第二部

盲點

第 5 章

真的需要知道嗎？

「知之為知之，不知為不知，是知也。」

―― 孔子

我們的大腦非常擅長在資訊不足的情況下迅速做出判斷，若沒有這種能力，我們會陷入無止盡的研究之中，無法及時做決策。但這種效率的代價，是我們往往會略過那些日後才發現其實至關重要的細節。舉例來說，潛在報酬很容易吸引我們的注意力，但像風險控管、激勵機制、成本這類議題卻常常被忽略。我們也會將某個特定產業或國家有效的經驗法則，直接套用到新的情境中，但這並不總是成功的。有些人相信自己能準確預測經濟數據，進而掌握利率、股市波動，甚至個股價格――祝你好運！在跨國投資時，除非真正遇到「翻譯錯誤」，我們往往忽略了文化與制度上的差異，天真地以為「金錢是共通語言」。

我們會忽略一些要點，只因它們不符合我們原本預期的故事，解方之一是拓展視野。我會從大方向思考，再縮小聚焦，從宏觀理論切換到精細的細節，這麼一來，我們不僅可以了解事實，也可以了解人或事情運作的方式。有些真理是客觀的，有些則是主觀的。讓逆向投資人沮喪的是，在金融領域，有很多事情其實是「共識」――只要足夠多的人相信，它就成為「事實」。

但要釐清這些，需要時間來反思。

讓我以弗雷德的故事為例：他不太清楚自己的目標，也不太理解投資顧問的工作方式，或者ETF（指數股票型基金）等複雜的證券機制。

「我的投資組合裡全是ETF。」弗雷德抱怨道。大約4年前，弗雷德聘請了一位財務顧問，將資金主要投資於ETF中。ETF是像共同基金一樣的投資組合，可以不斷增設和贖回，並在交易所作為股票進行交易。弗雷德知道他的財務顧問表現不佳，因為這個投資組合的報酬率低於他持有的標普500指數基金，它甚至還落後於巴克萊債券指數（Barclay's Bond Index）。一定有什麼東西出了問題，但弗雷德無法確定到底是哪裡不對。

▋投資目標和風險承受能力

影響你財務規計畫的一些因素是客觀的，例如年齡、收入和資產；但其他像是風險承受度與財務目標，則只有你自己最清楚。在你聘請昂貴的專業人士之前，必須先明確知道自己想要達成什麼目標。顧問的工作是幫你想出達成目標的合理計畫，並且協助你堅持執行，而不是替你決定你的目標是什麼。就我個人偏見來說，我認為你是個聰明人，應該自己思考；同時，也要認清自己不是萬事通，願意尋求協助，這能幫你減少很多痛苦。

當人們思考自己的目標時，很少會設想自己身處與現狀不同的情境。舉例來說，年輕人在換工作或失業時，經常會把個人退休帳戶結清，甚至花掉積蓄。而人們最容易失業的時候，往往也是景氣衰退、股價低迷的時候，一件不幸的事會引發另一件不幸

的事。也許，我們根本無法真正為「意外」做好萬全準備，唯一能做的好像只有存更多錢。困難之處在於，要在經濟景氣的時候，挑選出一種在你未來收入減少時仍能派上用場的資產組合。以弗雷德為例，他如果不持有股票，就無法達成退休後的收入目標，但他又不喜歡太刺激的投資。

成本和行為誘因

弗雷德一心只在意理財顧問能替他的財務做些什麼，但他沒想到的是，顧問其實更在意弗雷德能替自己的收入帶來什麼好處；投資人付出的成本會是其他人的誘因。我建議弗雷德多想想：「究竟是誰付錢給顧問？金額多少？為了什麼？」顧問能把弗雷德的利益放在第一位嗎？還是有利益衝突之處？凡是帶有高額銷售手續費的投資標的，都要小心，因為顧問所屬公司除了依帳戶資產價值收取顧問費外，還會針對交易收取佣金，而其中一部分會回饋給顧問。換句話說，顧問在弗雷德帳戶中操作得越頻繁，他賺得就越多。果不其然，翻閱弗雷德的對帳單後，我們發現他每8個月就把持股全部換一輪，費用與佣金大大侵蝕了弗雷德的報酬。

投資人難免要把資本交給別人運用，因此當然會偏好值得信任的人選；而財務顧問往往只是整個信任網絡中的第一層，顧問依賴他所任職的公司高層之誠實和能力，這些高層依賴他們所持股的企業其領導人的才能，而這些領導人又依賴下屬和業務合作夥伴。一般情況下，這些顧問會積極地提供其能力證明（儘管其中有可以解釋的空間）；企業管理者則應該能夠清楚解釋自己有

哪些獨到做法、為何奏效,並提出數據佐證。但他們的動機與道德操守仍得由我們自己猜測。我會透過研究他們的獎酬制度及選擇的會計準則,試圖尋找線索。本書稍後還會再次探討,如何避開無賴與無能管理者的背叛。

▍為什麼這項策略有效?

除非你能指出某項投資策略是如何打敗市場的、為什麼市場沒有使用這些決策規則,並能提出其成效的證據,否則不應期望投資策略能夠擊敗市場。指數型投資人只求達到平均水準的收益,這其實很容易做到(扣除費用外)。弗雷德的顧問當時進行所謂的「主題性產業輪動」(thematic sector rotation)和「因子投資」(factor investing),但「為什麼這樣做」始終讓人霧裡看花。顧問聲稱能掌握經濟動能的轉變,並快速切入最具活力的因子與最熱門的產業,但他卻無法清楚列出操作 ETF 的決策邏輯,也拿不出證明該策略有效的實證資料。

我自己是用比我認為其內在價值還低的價格買進股票,並持有到價格合理時才賣出,這通常需要好幾年的時間。但如果我挑選得當,這些公司的內在價值在這段期間也會成長,最終我不只能賺到平均報酬,還能賺到價格與價值之間的落差。便宜的股票之所以會出現,往往是因為投資人不考慮公司價值就拋售股票,也許是因為對短期前景灰心失望,或者單純覺得無聊。我的理論無法直接證明,因為「價值」是主觀的預測。但大多數估值是建立在歷史財報數據上;而依據盈餘、現金流、資產衡量的實證資料都壓倒性地支持:廉價股票的表現都優於大盤。但若一項事件

迅速且出乎意料地發生,或者我未能將預測中較不確定的因素與較為確定的因素區分開來,就會出現失誤。

▋風險控管:分散投資

基金經理人和財務顧問通常是依照報酬表現來聘用,但他們的核心工作其實是辨識並管理風險。投資人無法控制報酬率,但可以決定接受哪些風險,以及能接受的買進／賣出價格。控制投資風險主要有兩種方式——分散投資與謹慎選股,而這兩種方法是相反的。持有性質相反、風險互不相關的股票,可以降低整體投資結果的波動性,尤其是與指標相比。分散投資中最便宜、最簡單的方式是指數化投資,但選股人也可以透過選擇不同類型的風險來達成分散。「選股」則可以剔除不吸引人的風險(尤其是超額支付的風險),以及選擇有吸引力的風險,以降低整體風險。在報酬差異很大的市場中,選股是更強大的工具。

現實情況是,投資人不可能深入理解每一檔持股,而且也不必如此,但他們該了解的是如何選擇證券,以及其經理人的操作策略有多大彈性。有些基金目標是追蹤指數,而積極型管理基金則期望超越指數。對於指數基金,應該知道用什麼標準或公式來決定指數成分股?為何會選用這個指數或公式?對於積極型管理基金,經理人為何認為自己能跑贏大盤?他的知識優勢是否可以簡化成交易演算法?他是順勢操作還是採取長期投資觀點?

因為標普 500 指數被廣泛視為美國市場的基準,所以追蹤該指數的基金常被認為是最佳分散投資的代表。如果你認為落後於基準的可能性算是一種風險,那麼標普指數基金從定義上來說,

是非常安全的一種投資，因為它基本上可以準確地追蹤指數報酬率，你只要額外多付出一些低額的費用。不過，指數化投資無法透過避免高估證券和你不想承擔的特定風險，來進行風險管理。當整體市場崩盤時，一個投資組合報酬率的絕對值（而非相對於指數的數值）就變得很重要，此時跟著指數只會輸一大票。

分散型投資者的主要研究焦點，是對該類別或指數股票的預期報酬之外部觀點。對選股人來說，這只是研究的第一步而已。無論是分散型投資人還是選股人，都需要提出理論敘述，來解釋數據並提供投資理由；兩者也都依賴大數據來模擬重複過去出現過的模式。想要為整個市場或單向投資策略定義正確的統計參考類別，並指出應該參考的時間段，這不是件直觀或容易的事。標普 500 指數對美國主要股票相當有代表性，但依然不足以代表所有股票。若在研究時採用不同的起點和終點，就常會發現歷史的中心趨勢是自相矛盾的。

如果以廣泛的外部角度思考，並且考量到全球所有股票（無論其規模大小），那我們可以說，投資標普 500 指數就是積極「剔除」小型股和國際股的決定。事實上除了股票之外，還有許多其他資產類別：英國的富時 100 指數（FTSE）、MSCI 已開發國家指數，或許還有多種其他類型的 ETF 等，也為大公司提供了低成本、廣泛分散的投資機會。若投資標普 500 指數基金加上富時 100 指數基金，會比單獨追蹤標普 500 指數的分散程度更高。在一個投資組合中，追求廣泛的主要市場指數基金之目的，是為了在全球股票市場中賺取平均報酬，而不是試圖在奇怪的地方下注。務必避免涉入自己不了解的投資項目，包括：外國專業產業、外幣資產及商品型 ETF。

比較多國股市長期報酬的歷史數據，股票的收益普遍高於債券，其價格波動更大，而美國的表現比許多其他國家要好。事實似乎證實了這樣的理論：股票之所以能獲得更高的報酬，是因為它們的風險更大。那麼在預測美國股票報酬率時，我們應該要參考全球所有已開發市場的交易紀錄，還是認為美國在某種程度上是個例外？我的猜測是，由於美國擁有良好的法治、民主制度、相對自由的市場和優秀的大學，所以的確比較占便宜，但某些優勢也許是純粹運氣或暫時因素。

弗雷德的顧問買進中國大型股 ETF，作為對中國經濟蓬勃發展的投資，但他錯過了一些資訊：該 ETF 以富時中國 50 指數為基礎，取樣嚴重偏向國營企業（SOE），該指數中一半以上的企業屬於銀行和金融業，使其分散程度遠低於人們的想像。在中國，充分就業優先於獲利，因此銀行會向效率低、財務有問題的國有企業提供貸款。而中國成長故事中最賺錢、最有活力的部分──小型私人企業和技術股──幾乎沒有在該指數中反映出來。

當某個類別的整體結果由異常值驅動時，指數就無法產生其預期的效果。在某些資產類別中，如創投、垃圾債券（高收益債券）和生物技術等，其報酬的分布看起來與統計常態分布的鐘形曲線完全不同，而根據指數中包含了多少輸家與贏家的組合，這些資產類別將在慘不忍睹和大發利市之間不停擺盪。因此我認為弗雷德更適合選擇積極型管理基金，而非高收益債券指數 ETF，因為該指數中最重要的公司，是那些負債最多的公司，隨著債券殖利率下降，其價格會節節上漲，從而提高其在指數中的權重。相較之下，對於同等的報酬率而言，任何人都會更喜歡信用更好的投資方式。

選股：小心沒有數字的投資主題

選股最有效的方式，是專注在那些預測未來不至於太過自大、自滿的領域。通常，你在某些細節上的知識優勢，往往不是來自那些宏觀的、令人興奮的或變化快速的事物。除非你能認清哪些預測毫無價值，或只是跟市場共識一樣，並且停止去做那些預測，否則你難以成功。舉例來說，巴菲特就拒絕買進他不了解的企業、擁有平庸經營團隊的企業，也拒絕投資周期性、商品化和快速變化的產業，以及價格不便宜的股票。這樣篩選下來，能投資的標的所剩無幾，但巴菲特已經替自己排除了嚴重失望的可能性。

大多數ETF都是為了鎖定特定小範圍族群的交易工具，而不是能讓投資組合分散的產品；ETF常被認為是擺脫單一股票風險的方法，但要結合各種股票背後的事實是一門藝術。假設兩支股票組成一個指數，兩支股票的交易價格都是50美元，其中一支股票獲利5美元，另一支股票每股虧損4美元。若只計算獲利的公司，其股票平均本益比為10，但兩者一起看的時候，平均本益比就是100。舉另一個例子，一家擁有主導競爭地位的公司跟一家表現平庸的公司，這樣平均出來的競爭力是否真的能算是「平均」？競爭往往是一個行業最大的風險，只有透過研究所有主要參與者，才能充分理解這一點。

弗雷德的顧問對智慧型手機ETF的宣傳是「每個人都會擁有一支」，但沒有數據支撐的投資主題是很危險的，因為沒有數字你就無法評估價值。有個現象很奇怪：蘋果和三星的供應商，在智慧型手機指數中所占的比重，遠高於蘋果和三星本身；但許

多供應商向大客戶銷售產品時，本身是處於弱勢位置的。同樣奇怪的是，在這個指數中，虧損的宏達電（HTC）和黑莓機所占的權重，竟比盈利數十億美元的三星還要大。智慧型手機產業的成長，大部分來自在亞洲銷售的廉價手機，這些手機通常是由華為製造的，而華為並不在 ETF 之中。定價壓力（pricing pressure）意味著，即使銷售成長，產業利潤有時也會下降。在認定了某個行業的贏家之後，我只想以合適的價格投資這些股票。

無法理解的數據

因子投資，也就是所謂的「智慧貝塔」（smart beta），是財務顧問和 ETF 銷售員當前追捧的趨勢。他們並不將股票的各個層面視為一組不可分割的風險，而是建構了投資組合，其中包含了在市值、股價波動性、股價動能，以及成長或價值衡量指標等各方面，得分非常高或非常低的個股。研究顯示，低市值、低波動性、高動能和高價值的股票表現出色，缺點是有時表現不穩定。至於成長股方面，證據則比較零碎且沒有定論。這些因素早前曾被用來創建基金和股票的分類法，包括著名的共同基金投資「風格箱」方法（譯註：style box，是一種幫助投資人分析基金投資風格的方法，由於不同的投資風格往往形成不同的風險和收益水準，因此對投資人而言，了解和考察其資產的投資風格非常重要）。我操盤的基金一直傾向於購買小型股、價值股和低波動性股票。

對於這些因素為何有效、該如何判斷先前對某個因素的判斷是否錯誤，或是如何確定買賣的決策法則，業界專家們意見不

一。儘管小型股在國內和國外的長期表現優於大盤股,但它們也曾有多年表現落後的時期。也許小型股會被折價是因為資訊和分析更難獲得,但我認為近期這個趨勢有所改變。小型股確實可能風險更高,因為它們的分散程度較低、周期性更強、商品化程度更高,而且客戶往往更集中。但我無法反駁這樣的說法:「小型股效應」可能只是發生在全球化與反壟斷規範放寬之前的產物。

弗雷德對TVIX(短期波動率指數)的指數投資證券(Exchange Traded Note／ETN)感到困惑,不明白為什麼他的財務顧問要買這個東西。TVIX的全名是 Shares 2X Long VIX Short term Exchange Notes,是基於VIX(波動率指數)為基礎的衍生性金融商品。短期而言,VIX是華爾街的恐慌指標,它是未來一個月股票指數選擇權隱含波動率的指數。由於交易者無法直接觀察市場對未來股價波動的預期,於是必須從選擇權的價格上進行推斷。法律上來說,TVIX是一種基於滾動式遠期契約變異數交換交易(rolling forward start variance swap)的結構化票據。然而波動性並沒有內在價值,除了注意VIX指數有沒有回歸之外,我們無法對它發展出長期的看法。此處儘管數據豐富,但無法分析,而更糟的情況發生了:TVIX已被槓桿化。

債券的惡魔細節

三倍槓桿基金(Triple-levered funds)如其名稱,上漲和下跌的速度是一般的3倍,但投資人可能不明白其中的涵義。ETF會持續借入相當於投資人資金2倍的金額,使其能夠達到基礎指數(例如VIX)3倍的金額。因此,如果基礎指數下跌25%,三

〔圖5.1〕 反向型和三倍槓桿 ETF

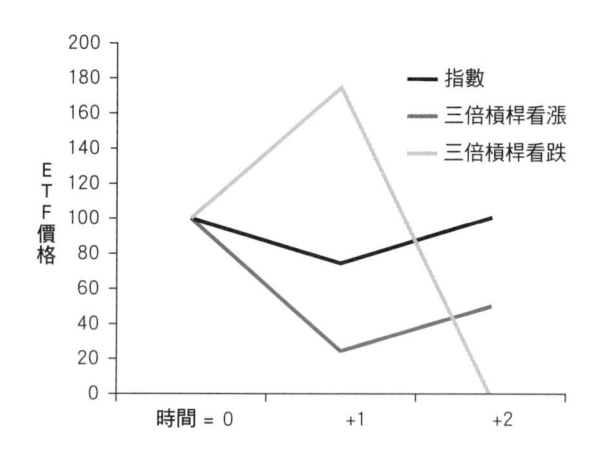

倍槓桿 ETF 將下跌 75％。每當 ETF 價值下跌時，就必須出售足夠的指數，以將其借款減少至 ETF 價值的 2 倍。那麼假設該指數立即上漲 33.3％，回到原來的水準，如圖 5.1 所示，三倍槓桿 ETF 的價值將翻倍，但由於先前下跌了 75％，其最終價值只會有初始價值的一半。

借錢投資會縮短投資人的投資期限，且透過保持恆定的槓桿率，這種基金嵌入了一種有害的演算法：高買低賣。在上述的例子中，指數雖有漲跌，但最後價格回到了起始點，但三倍槓桿 ETF 的價值卻將損失一半。漲跌的時間順序並不重要，先反彈、後崩盤也會產生相同的最終結果。無論是做多還是做空，隨著事情進展順利而加碼投資（而且還是使用借來的錢）肯定會出現上述的折損。你會被迫在最不適當的時候認賠殺出。

與此同時，看跌型（bearish，或稱「反向型」〔inverse〕）ETF 是做空某個指數，但不必透過借入股票賣空的機制。賣空事

實上是一個危險的提議，大多數長期投資都有無限的上漲空間，而下跌空間則限制在 -100%。當你賣空時，你的上漲空間就被限制為 100%，但潛在的損失卻是無限的。思考一下先前的例子，其中指數從 100 波動到 75，然後又回到 100，其百分比變化分別為 -25% 和 +33.3%。對於賣空者來說，結果將反過來變成 +25% 和 -33.3%。三倍槓桿做空 ETF 會產生可怕的結果，33.3% 的損失會被放大 3 倍，導致基金幾乎歸零，即使指數前後相比其實並沒有變化。

「他們為什麼要發明這樣的 ETF？」弗雷德憤怒地問。

衍生性金融商品和債券事實上是一種契約，而不是對一家企業的「部分所有權」；你的法律義務和保障（如果有的話）都藏在密密麻麻的合約細節裡。與股票所對應的企業高層不同，衍生性金融商品的發行人沒有義務以投資人的最佳利益行事。但華爾街總是發明出一些複雜到買家無法充分評估的金融工具；對那些理解這些工具的人來說，這些市場「效率不彰」正是一種可以從中套利的機會，因為有人會因此上當。客戶可能知道基金是槓桿化的，但沒有意識到這個特徵將使其血本無歸。最適合成為被收割對象的，就是那些只會聽故事、不關心數據、不懂如何評估一個投資標的價值的投資人。相對地，真正理解這些金融工具如何運作的參與者，會利用那些不懂的人之錯誤交易來獲利。

本章的目的，是要提醒你注意那些你選擇忽略細節、無意間接受錯誤假設的情況。弗雷德的盲點與錯誤推論也許跟你我不同，但彼此之間可能仍有共通之處。如果我們自己都不清楚投資的目標，別人就更不可能幫你做到。很多人不願去問一個策略是怎麼運作、為什麼能成功，像是成本、激勵機制、該信任誰、如

何控制風險,這些常被視為與追求報酬無關的干擾,實際上卻是投資成功的核心。

　　最值得承擔的投資風險,是那些你已經意識到、能夠分析,並且具備良好勝率的風險;對於規模較小、結構簡單、營運穩定的企業而言,這類風險也比較容易評估。如果你沒花時間去了解細節,那麼複雜性就是你的敵人。分散投資可以保護你免受那些你未察覺、無法分析的風險影響。兩全其美的做法是,在具備優越勝算的股票間進行分散投資;任何妨礙你採取長期觀點的因素,例如財務槓桿,都應該避免。

第 6 章

對我來說的簡單生活

「那些自以為無所不知的人，對我們這些真的知道一切的人來說，實在非常惱人。」

——艾薩克・艾西莫夫（Isaac Asimov，科幻作家）

「投資你了解且熟知的企業。」這是一項很好的建議，但我們需要進一步解釋。要了解一家企業，你必須了解每個細部市場的業務，以及它們如何賺錢。你必須辨認出能產生未來收益的因素，並能夠或多或少準確地預測它們。並非所有產業都同樣容易理解，舉例來說，生物技術對於大多數外行人來說，是不可能研究透徹的。經過一些研究，你會發現有些行業競爭激烈、獲利困難，而有些產業則長期穩定獲利。

Google 對我們最大貢獻之一，就是讓任何主題的資訊即時可得，但這也帶來一個問題：它助長了「我們知道的比實際還多」的錯覺。你可能缺乏一些關鍵的知識，卻自信地認為自己可以在幾秒內查到。人們一直都容易產生這種錯覺，尤其是那些聰明又有好奇心的人。事實上，你能立刻查到的資訊，通常比較有助於回答「接下來會發生什麼？」這類投資問題，而不是「它值多少錢？」這類問題。這種情況會在投資上導致一個危險組合：過度自信加上短期思維。

「熟悉」並不等同於「知識」，但兩者常常是相輔相成的。富達投資公司的彼得・林區提出了一個著名的建議，即觀察他的妻子卡洛琳的購物習慣，為股票研究提供了一個很好的起點。卡洛琳知道為什麼 L'eggs 絲襪優於其他競爭品牌，也知道競爭對手是否（以及何時）推出了更好的產品。要了解一家公司，你需要知道客戶為什麼購買其產品。如果你不確定自己最了解哪些產業，彼得和我都建議從消費品開始。

然而，「熟悉感」也可能會對投資人有所不利。如果你在 1972～2016 年間，持續持有當時標普 500 中市值最大的股票，你的複合報酬率將低於 4%，而同期整體指數的報酬率超過 10%。對於標普 500 指數中前 10 大市值股票，情況類似但影響較小。市值較大的公司並非總是大型企業，也不總是投資人所熟悉的，但多半時候都是如此。2016 年，臉書的市值大幅超過沃爾瑪，儘管收入還不到沃爾瑪的 1/20，也許這正是因為大家對沃爾瑪太熟悉了，廣為人知的名字更讓人感覺安全。而這種熟悉感，或至少是規模，也會反映在債券評等與殖利率上。規模較小、知名度較低的公司，即使信貸比率相當，借款利率也會以比大型知名公司更高。

▍你需要了解什麼？

除非你是哲學系畢業的，不然你大概從來沒花時間去思考自己不知道的事。美國前國防部長唐納德・倫斯斐（Donald Rumsfeld）在談到「已知的未知」和「未知的未知」時，探討了一些重要的想法，但對於從未思考過這些事情的人來說，這一切

聽起來就像是胡言亂語。我所受到的教育中，並沒有一種方法可以快速找出自己知道什麼、不知道什麼。哲學家可能會喜歡這個悖論：如果我知道自己不知道哪些事情，那我其實就是知道了。但這對於我作為一個投資人並沒有幫助，我只想避開我不太了解的領域。

當我說「知道」和「理解」時，我心裡有一些非常明確的標準：我是否理解客戶為什麼購買這間公司的產品？又為什麼他們可能會停止購買，或轉向競爭對手的產品？具體來說，是什麼讓這間公司比競爭對手更好？這檔生意如何賺錢？為什麼這間公司的獲利能力會上升／下降？是什麼推動其成長？這種生意會以什麼樣的方式失敗？我是否了解公司 5 年後的狀況，以及決定其結果的因素？我能在這個行業中發現一個優秀的機會嗎？我會在這個領域做出明智的決定嗎？

有些投資人稱這些思考為了解自己的「能力圈」（circle of competence），我非常同意這個想法，並且想用最強烈的措辭來表達：選擇 1 支股票，就像是你可以擁有 4,000 個臉書好友，但只會有 2、3 個一生的摯友──這不是數量的差異，而是本質的不同。你不會希望因為必須招呼點頭之交，而錯過與好友相處的時間。我的觀點是，「能力圈」應該表達的是具有特殊技能或洞察力的圈子。我或許有能力操作所有行業的股票，但對某些行業會特別擅長、在某些領域比其他領域做得更好。這種能力的排序非常重要。

成功的人懂得透過聚焦在最重要的事實與行動上，來簡化自己的生活；如果沒這樣做，你很可能會像倉鼠在輪子上跑個不停，或是困在一堆瑣事裡無法前進。最困難的部分，是要保持對

新訊息、矛盾資訊的開放態度——尤其是那些會影響你目標的資訊——同時又要能排除噪音。你可以用這個問題來判斷一則資訊是不是噪音：它在 1、2 年後是否還有用？這可以幫你過濾掉大量關於季度財報的繁瑣細節。

我所追求的事實，往往看起來像是陳年的背景資訊；它們的確在很長一段時間內都是如此，並將繼續維持這種狀態。我在尋找的是那些「保存期限很長」的重要事實，舉例來說，一家公司的競爭地位描述，或是它的管理階層過去如何運用現金流。你幾乎不會在福斯新聞或全國廣播公司商業頻道（CNBC）這類媒體上聽到這些內容，因為這些資訊並不是「新聞」；但對我來說，深入思考這些事實，比看 6 份關於最近一季財報的分析報告還要有價值。

避開困難產業

儘管我曾多次犯錯，但我至今還是「能力圈」的真誠擁護者。我操盤的基金通常持有約 800 檔股票，努力在「能力圈」和「廣撒網」兩種策略中取得平衡。對我來說，開展無限可能性是工作的樂趣所在，我非常不喜歡畫地自限；然而，如果在明確目標面前沒能展現自制力，最終一定會出事。

市場中有數以千計的股票可供選擇，即使將範圍縮小到自己的「能力圈」內，大多數投資人依然擁有充足的選擇機會。我必須拒絕大部分的投資機會，包括許多非常好的投資機會。有些方法，例如只購買財經電視節目中精選的股票，實際上反而會將你導向不太有吸引力的機會，因為這些節目選股的大多數方法都有

些隨機，比如從 A 開始照字母順序篩選公司。專注在你熟悉的股票上，可能會幫你篩選出一批更好的選擇；至少，你會更容易辨識出真正值得出手的好機會。

你要研究哪些產業、忽略哪些產業，應該根據你現有的知識、你的投資目標，以及這些產業的吸引力來決定。如果你本身就在某個產業工作，顯然你比其他人更了解它。如果你需要穩定的收入，就該關注那些殖利率高、現金流穩定的產業，並避開不發股利的產業。經過一些研究後，大多數投資人會發現，有些產業對長期投資人來說充滿機會，有些則幾乎沒有。短期交易者可以透過價格波動在那些起起落落的產業中賺錢，例如企業由虧轉盈的階段，但長期投資人最終的報酬會趨近於該產業的平均獲利水準；因此，如果那水準很普通，你的投資報酬也只會是普通。

我在評估產業時，會使用紙本的《價值線投資調查》（*Value Line Investment Survey*），現在也有線上版本。它提供兩種服務，各涵蓋約 1,700 檔股票，按產業群組分類。每 3 個月會有 1 頁的公司報告，內容包括約 15 年的歷史財務數據和最新評論。此外，也會有產業報告，總結每個產業群組的財務表現。當我翻閱鋼鐵或航空業的資料時，很容易看到多數公司在某些年分都曾虧損。在個別企業頁面上，我看到美國航空、達美航空、聯合航空、全美航空都曾破產過，有些甚至多次破產。如果我沒發現任何一家賺錢能力強又能顛覆整個產業的公司，我就會直接跳過。

根據「效率市場假說」，即便某個產業的長期獲利預期低迷、成長性差，也不代表它的報酬率將落後於市場。理論上，這些負面預期應該早已反映在極低的股價中，因此還是有可能拿到合理的報酬。股票之所以便宜，通常是因為短期前景看起來乏善

可陳。平均來說，廉價股票的實際獲利成長雖然落後於市場，但其報酬卻跑贏了大盤，這表示大家預期的股價太低了。但這不代表你應該專找那種「前景展望很爛」的公司，從整體來看，虧損中的公司普遍落後市場表現，這顯示市場對它們的預期其實還不夠低。

當你縮小自己的投資範圍，就是在替自己提高勝率。根據效率市場假說，所有股票與產業類別的風險調整後報酬應該是一樣的。如果這是真的，那麼剔除掉某些產業雖然會讓投資組合變得更集中、多元化程度降低，但不應該會影響預期報酬。我認為，排除掉某個自己完全不了解的產業，並不會損害我的勝算，反而可能提升結果。基金經理人是因為「知識」而受聘的，所以他們往往避免承認自己在某些產業的表現很糟糕；我自己也會避免使用那些會把我認為有潛力的股票排除在外的選股規則，例如低本益比或小型股。

▎Dendreon 難以預測的旅程

無法獲利的生技股票一直讓我望而卻步，但這並沒有阻止我嘗試從社會上有名氣的醫師身上學習。醫學絕對是在他們的能力圈內，而不是我的，所以當魯賓醫師（一位受過醫學訓練的精神科醫生，為癌症患者提供服務）在 Dendreon 股價只有 4 美元時感到興奮，我就特別留意了。Dendreon 當時正在研發 Provenge （一種治療前列腺癌的免疫療法），我和魯賓醫師一樣，對開發一種新的、更人道的癌症治療方法著迷，但我並沒有購買 Dendreon 的股票。我無法參透 FDA（美國食品藥物管理局）的

審核機率,因此也無法預測該企業的未來收入。

若要預測 Dendreon 在 5 年後的獲利能力,顯然得先了解 Provenge 通過 FDA 核准並成功上市的機率,接著還要估算其市場規模。FDA 的新藥審查流程分為三個階段,而每個階段通過的機率都不高。Provenge 從研發到核准總共花了 10 年時間:7 年讓 FDA 認定初期試驗證實該藥安全且有效;再 2 年進行第二階段臨床試驗;最後 1 年才獲得最終核准。獲准上市後,Dendreon 的股價飆升至 56 美元,1 年內漲幅超過 10 倍,讓魯賓醫師帳面上賺進一筆可觀的財富。有些分析師甚至預估,Provenge 到 2020 年的銷售額將可達到 40 億美元。

在結果出來之前,我永遠無法預料到在 Provenge 的研發過程中,會經歷這麼多曲折。對於年輕的企業來說,投資人通常會認為,一旦達成了一個重要的里程碑(例如 FDA 的許可),一切就萬事具備了;但對 Dendreon 來說,拿到許可並不是康莊大道的終點。Provenge 獲得上市許可 6 周之後,醫療保險提出了前列腺癌藥物的報銷上限。Provenge 一個療程的費用為 9 萬 3,000 美元,但其他一些抗癌藥物的價格甚至更高,而私人保險公司也拒絕報銷。每位使用 Provenge 的患者都會接受針對其免疫系統量身定制的藥物,因此藥物產量的成長緩慢。一位研究人員發表了一份報告,顯示有關疫苗存活效益的臨床數據,其會因為患者年齡而有偏差。而與任何藥物一樣,有些患者會出現副作用。

Dendreon 不得不撤回第一年的銷售預測,因為其實際銷售額僅為先前預測 4 億美元的一半左右。嬌生公司(Johnson & Johnson)隨後推出了 Zytiga,它可與 Provenge 搭配使用,也可當作替代療法。Zytiga 和另一個競爭者 Medivation 提出的的療法

Xtandi 均為口服藥物，而 Provenge 則需注射；許多患者更偏好口服療法。Provenge 在科學上取得了成功，但在商業上卻失敗了。2014 年，在原本打算公布獲利狀況的會議上，Dendreon 宣布已申請破產。

當事實改變時，投資人也應該改變自己的觀點；但如果你很了解一家公司及其產業，這種情況應該不會經常發生。即使現在，我也說不清楚魯賓醫師所看重的那份科學價值，到底回答的是「接下來會發生什麼？」還是「它值多少錢？」即使是天才級的分析師，也無法預見 Dendreon 的所有起起落落。如果有人真能預見一切，那他們會得出這家公司「最終價值是零」的結論——但在很多年裡，這樣的判斷看起來根本就是錯的。

壽險產業

我早期追蹤的產業之一是「壽險業」，它看起來無聊得要命，但卻異常可預測。保險運作的原理在於，只要承保大量類似但彼此無關的風險，最終結果就會趨近理論平均值，也就是所謂的常態值。定期壽險在原則上是一門相當簡單的生意，舉例來說，假設一間壽險公司承保 100 萬人，每人年繳保費 1,000 美元，那就等於年收保費 10 億美元。精算師可能預估每年有 1% 的被保險人會死亡；除非發生流行病或戰爭，單一個體的死亡風險大多在統計上是獨立的。100 萬人是一個足夠大的樣本，因此預測會有 1 萬人死亡是合理的。假設每張保單的理賠金是 6.5 萬美元，加上保單銷售與行政成本約占保費的 25％，這間保險公司每年的總支出會是 9 億美元，那麼就會有約 1 億美元的承保利

潤，外加資金運用的投資收益。

對於保守經營的壽險公司，你可以合理預估它 5 年、10 年後會長什麼樣子，畢竟財報本身就依賴對未來的假設；但這樣的預測，說穿了很無聊。壽險這行不太可能被取代或過時，但它也是個成長性很低的市場，利潤不會太差，因為大家用的死亡率計算表都差不多，對成本掌握也很精準；但它的獲利也不會令人興奮，因為基本型壽險商品大同小異，各家只能靠價格競爭。若有公司為了搶市占率打價格戰，等於就是犧牲獲利空間，因此大部分公司會走中庸路線。至於投資收益，則會隨著股價與利率波動而變化。如果你真的能預測股市與利率變化，那其實不該把那預測用在壽險的盈餘模型上。

對於發行年金與其他收入型保單的壽險公司來說，這些投資收益的假設就至關重要。理性經營的保險公司通常不會試圖預測市場走向，而是會將債券投資組合的現金流，與保戶領取年金的時間進行匹配。由於年金保戶本身就是風險趨避型，保守的保險公司自然只會投資高評等債券。但保單持有人可以選擇提前解約等彈性選項，而這些人為行為可能會打破平衡。死亡率是可預測的，但人性（人類行為）卻是變動的，也很難完全預測。此外，有些保險公司會為了追求更高利率，冒險投資垃圾債券，或者期限錯配（譯註：mismatch maturities，指的是現金流錯誤配置導致周轉困難的債券）。

財產與意外傷害保險（Property and casualty ／ P&C）所處理的，與其說是風險，不如說更多是「不確定性」。尤其是在災害再保險方面，根本沒有所謂的「正常年分」可言；大多數年分會表現良好，但少數幾年會帶來巨額損失。一家承保少量、價值

極高、集中在特定地理區域的保險公司，其理賠金額將會非常不穩定且難以預測。短期內，保險公司無法確定自己訂出的保費是否真正反映了未來的真實風險機率，而這似乎也沒那麼重要。最終，平均法則會發揮作用，但季報或年報的結果根本無法預測。如果你的公司對邁阿密的建築物承作了數十億美元的風災保險，那麼在颶風季節，你一定會整天盯著天氣預報。

保險公司的倒閉通常源於保險風險、投資風險的高度集中，而且結果不如預期。首席執行保險公司（First Executive）在1991年倒閉，原因是該公司大量投資於交易不活躍的垃圾債券，在被迫拋售這些債券時遭受了巨大損失。佛里蒙保險公司（Fremont Indemnity）則在2003年破產，因為它在加州承作了過多的勞工保險業務。90年代的勞保市場競爭激烈，導致保費定價過低，隨後福利法規的修法更引發了濫用性申請與訴訟潮。對財產與意外保險公司來說，未來真實風險機率與過往歷史數據並不一致，它們是未知且不穩定的。這種保險公司最大的潛在危機在於，當風險發生頻率極低且呈現集中性，又已經有一段時間沒有發生時，核保人員很容易把保費訂得太低。

AIG（美國國際集團）

憑藉我對AIG（美國國際集團）部分保險業務的了解，以及其AAA信用評級和聲譽，我在2007年認為這間公司在我的能力圈範圍內；然而，不知不覺中，我已悄然離它遠去。幾十年來，AIG幾乎不間斷的成長紀錄無人能及，使其成為世界上最大的保險公司（按市值計算）。AIG於1919年在上海成立，是亞

洲的保險業先驅，在全球市場也占有一席之地，尤其在亞洲保險業仍持續蓬勃發展的期間裡。AIG 提供所有種類的業務保險、工傷補償、再保險、汽車保險、抵押貸款保險、個人／團體壽險、意外傷害與健康保險、固定與變額年金保險、飛機租賃、金融產品、財務擔保、投資合約擔保等。由於業務範圍遍及全球、線別多元，理應在某個領域出現問題時，能由其他領域的表現來彌補。

2007 年期間，AIG 股價從高點下跌了約 20％，部分原因是其 AIGFP（金融產品部門）引發爭議。我當時錯誤地以為自己了解一些情況，因為該部門是由我的前同事霍華德·索森（Howard Sosin）於 1987 年創立的。在加入 AIG 之前，索森曾在德崇證券（Drexel Burnham Lambert）工作，負責金融交換業務部門，但這種個人關係與 AIG 在 2007 年的情況無關，因為索森於 1993 年離開了 AIG。雖然德崇證券的交換業務部門主要充當經紀人的角色（撮合買家和賣家並收取費用），但 AIG 在金融交換中卻採取了一個有風險立場，將交換業務視為一種保險。

AIGFP 因此開始處理日益複雜的交換交易，這與我曾經從外圍了解的交換不同。「信用違約交換」（credit default swap／CDS）為高風險債務違約提供保險，此時已成為 AIGFP 的關鍵產品之一。在人們當時的記憶中，抵押貸款和公司債務違約並不常見，因此保費被訂得太低，年費通常不到承保風險的 1％。許多買家並不是為高風險債券投保，而是押注於違約，結果讓 AIG 慘賠。

事後看來，將「信用違約交換」視為保險產品絕對是個糟糕的主意。債券發行額可能高達數十億美元，所以為它們提供保險

可能會帶來巨大風險。保險的作用是匯集眾多的小風險，而「信用違約交換」更像是災難性保險，然而此處又與財產保險不同，金融災難取決於人類行為，而非自然事件。更糟的是，信用風暴與景氣循環密切相關，甚至彼此連動，違約可能具有「傳染性」！

由於為高風險信貸提供保險，AIG 實際上擁有大量可能會同時惡化的投資風險。隨著「信用違約交換」負債激增，AIG 不得不提供更多抵押品，因此近一步導致其流動性吃緊。為了止血，AIG 在不利時機強制平倉部分互換交易，使本可能只是暫時性的損失變成永久損失。2007 年，AIG 公布虧損達 997 億美元，其股票從高點暴跌 98%，美國政府只好緊急介入以避免破產。

投資簡單的公司有個好處：如果外部投資人能辨識出問題，那麼具備能力的經營團隊通常也知道該如何解決這些問題。很明顯，我已經遠遠偏離我的能力圈，不只是我，甚至連 AIG 的管理階層也可能搞不清楚狀況。我安慰自己，並不是只有我根據「信用違約交換」的短期歷史做出錯誤判斷，而忽略了其實這就像是在用極低保費承擔一大堆彼此關聯的災難性風險。究竟 AIG 內部是否真的理解這點，只有他們自己知道，但我就這樣安慰自己。當自己不是唯一一個蠢蛋時，心裡多少還是有點安慰。

我始終渴望學習新事物，因此要始終堅守自己的能力圈（甚至專業知識圈）並不容易。儘管我以為自己對保險業有相當了解，但 AIG 已經演變成截然不同的樣子。我忽略了那些在熟悉情境中早已見過的災難來源，只因為這次出現在我不熟悉的脈絡裡。我讓過往的經驗、信念逐漸陷入我根本不理解的領域。現在，我傾向投資規模較小、業務較單純的公司；與其投資像 AIG 這種擁有十多個事業部（其中兩個甚至是不透明的黑箱）的複雜

集團，我更傾向持有 10 檔較小、資訊透明的個股。

奇怪的是，我仍然被生技領域廣大的潛力所吸引，但我知道自己無法改變投資失敗的頻率。由於期貨交易的災難性經歷，我現在充分認知到自己無法預測總體經濟變數（或整個市場），我們將在下一章討論這點。在經歷海外投資後，我也意識到，若未充分理解當地制度，甚至連語言都不懂，所帶來的風險非常大。如果你能緊守自己的優勢領域，就不會犯這類錯誤。

第 7 章

從小處思考

「經濟學的奇特任務,是要向人們證明,他們對於自己以為能夠設計出來的東西,其實知道得少之又少。」
──弗里德利希・海耶克(Friedrich von Hayek,經濟學家)

「我之所以富有,只是因為我知道──自己什麼時候錯了。」
──喬治・索羅斯(George Soros)

▌大問題

　　GDP(國內生產毛額)反映了整個經濟體中商業的銷售額,顯示了企業獲利的方向,而獲利的方向又與股票價格相關──但總體經濟學在預測股票市場方面,卻意外出奇地無效。每天都會有新的經濟數據發布,而這往往會使我們的視野變得短淺;更關鍵的是,不同的總體數據、個別公司和股價之間的連結,往往是薄弱的、動態的,而且很難被理解。數據反映的是過去,但股票價格反映的則是未來的預期。這條斷斷續續的連結鏈,使我們很難發現哪裡出了問題,甚至很難知道自己犯了錯。大多數經濟預測的目的是用來暗示股價走勢,卻很少真正停下來去估算股價的

公允價值。

除了求知欲之外,「大局投資」(big-picture investing)的誘人之處在於,它看起來很容易,因為每天新聞都有大量相關資訊湧入。總體經濟調查所花費的研究心力,甚至可能比研究一支具體股票需要的更少。此外,相較於個股的預測,對GDP或標普500指數變化的完美預測,更能帶來巨大價值。總體投資人在龐大的流動性市場中進行交易,因此不必擔心快速進入(或退出)一個部位所需的規模。部位可以擴大,因為股票指數、債券、大宗商品和外幣的期貨與衍生性商品等,其所需的保證金要求,與個股相比微乎其微。與股票不同,在衍生性商品市場上賣空並不麻煩。

雖然大多數投資人採用自上而下的方法進行投資,但也有一些人能透過大局決策賺得滿載而歸。羅傑·巴布森(Roger Babson)正確預測了1929年股市崩盤,並留下一筆財富,捐給巴布森學院(Babson College)。喬治·索羅斯與約翰·保爾森(John Paulson)透過做空英鎊和次級抵押貸款,分別賺了數十億美元。我在年輕的時候相信,總體投資專家的頭腦中,一定有一個偉大的、關於一切經濟事物的普遍理論;但我現在認為,這些人的共同特徵是:首先,對矛盾訊息持開放態度;其次,用某種方法來測試它們是否正確;第三,願意改變想法。

經濟學家幾乎從一開始就將經濟學視為一種機器。經濟學家威廉·菲利普斯(William Phillips)建造了一座經濟機器的模型雕塑,將其命名為「國民貨幣收入類比計算機」(Monetary National Income Analogue Computer／MONIAC)。我的祖父威廉很擅長拆解汽車並重新組裝成可運作的狀態,我曾經想對經濟

做同樣的事情,但現在很懷疑自己能否拆解經濟,更別說重新組裝它了。

問題在於:經濟學的每個部分都是抽象的。到底是什麼構成了經濟或市場(或其中的任何部分),取決於你的定義。「市場」可以定義為在美國上市的約 4,000 支股票,或者只是標普 500 指數中的 500 支股票,又或者是道瓊工業指數中的 30 支股票。經濟只由股票指數中的公司所組成嗎?那私人公司、其他組織,甚至是自營商與個體戶該不該算在內?

只要改變定義,數字也會變。在 2009 年全球金融危機期間,部分歐洲國家為了實現以 GDP 為基礎的國債目標,因而改變了 GDP 的定義,將性交易、非法藥物等地下經濟收入納入計算,使 GDP 表面上上升了幾個百分點。在這樣抽象且不斷變動的定義基礎上發展出的經濟知識,要建立一套完美模型來預測未來,簡直是天方夜譚。

在美國經濟大蕭條期間,約翰‧梅納德‧凱因斯(John Maynard Keynes)撰寫了《就業、利息和貨幣的一般理論》(*The General Theory of Employment*),這是有史以來最著名的總體經濟學著作,多數大學都教授這個理論,許多政府也實踐這個理論。儘管凱因斯理論有其缺陷,但學界尚無其他完整的替代方案,此處便出現了一個問題:究竟是被錯誤地引導更好,還是根本不受引導更好?凱因斯創造了總體經濟學中使用的大部分關鍵性定義,例如:GDP =消費+資本投資+政府支出+(出口-進口)。

這其中最不穩定的組成元素是資本投資,它通常領先於其他元素,而其波動往往能引發繁榮或衰退。只有當需求成長時,企

業才需要擴充產能;當需求下滑時,不但不會新增產能,甚至連舊設備都不更換。當企業決定投資時,必須考慮設備整個生命周期中的預期利潤,而不僅僅是未來 1 年的利潤;但未來的獲利只是預測,並未成為事實,因此投資行為很大程度上取決於企業主的整體觀感,凱因斯稱這種預判為「動物精神」(animal spirits)。由於動物精神的高漲或低落,預測可能會出錯。凱因斯的經濟模型,聽起來更像是一個有生命的東西而不是機器。

人們進行預測的理由,往往並不是為了準確預測未來;在華爾街,預測主要是為了銷售產品,而且從不回頭檢驗。例如:預測網路貨幣將會被廣泛接受,目的可能是刺激人們採取行動,使這個預測成真。反過來說,艾爾・高爾(Al Gore)曾坦承他的全球暖化的預測,是為了激發人們採取行動以避免災難。凱因斯的模型也是為了影響政府政策,而非單純進行預測;他認為當「動物精神」低迷時,政府應該擴大預算赤字,經濟表現才會改善,而各國政府也的確如此操作。

經濟學家彌爾頓・傅利曼(Milton Friedman)聲稱,經濟模型不需要使用看起來與現實世界完全相似的假設,它們只需要能夠準確預測就好。真的是這樣嗎?科學家首先盡可能精確地觀察、描述一切,特別是系統中的各個部分如何組合成整體;隨後,他們開發出一個模型來解釋事物,如果不能解釋正在發生的事情,科學家不會(也不能)做出預測。儘管物理學家經常從簡單的模型、理想的假設開始,但他們也知道,這些模型和假設是不切實際的,因此後面會添加之前忽略的摩擦力和複雜度等。

重點是:物理學模型必須要能準確預測;而經濟學的證明門檻則低得多。愛因斯坦在測試廣義相對論時曾說:「只要有一個

結論是錯的，整個理論就必須被放棄。」只要有一個反例就足以推翻一個科學理論，但經濟學家並不這麼做，因為如果照這個標準來看，總體經濟學早就蕩然無存。不過，若向我展示一個具可笑假設但卻能完美預測的模型，那我也願意接受這個荒謬的假設。

經濟學和投資中所談的，無非是趨勢、機率和情況，沒有任何事物是無所不在或永遠存在的，大多數經濟事件反映的只是一長串事件和機率。我能夠遵循這條長鏈的唯一方法，是精確地描述現實，並盡可能以現實的假設為基準來進行預測。描述簡單行為和交易的經濟理論，通常比描述複雜系統的經濟理論更加可靠。即使是穩健的理論也存在反例，因此經濟學家往往還是會堅守那些預測紀錄極差的理論，因為沒辦法證明它們到底是對還是錯。

若想要透過總體經濟學解釋股票價格，往往會失去線索。經濟學的邏輯讓我想起兒時的「傳話遊戲」，其中像「杜波瓦小姐在她家附近種了一株天竺葵」這樣簡單的陳述，可能會被扭曲成「我看到夏皮羅先生和杜波瓦小姐在她的房子裡接吻」。同樣的道理，經濟和金融事件鏈中，每個環節都存在扭曲和滑移，最終結果往往與起點完全不同，特別是因為一些經濟行為者著眼於短期，而另一些經濟行為者則著眼於長期。投資人必須想像許多可能發生的故事，而非僅著眼於實際發生的事實。

瓦西里・列昂季耶夫（Wassily Leontief）的GDP投入產出模型，是我所知最精確的複雜經濟模型，其「投入－產出」矩陣詳細記錄了生產經濟中所有產品所需的各種投入。例如：一輛汽車平均使用2,400磅鋼材、325磅鋁材等，而每輛車的製造設備

可能還另外需要 600 磅鋼材。若汽車年產量為 1,600 萬輛，便可計算出需要多少百萬噸的鐵礦石。按理說，預測 GDP 應該很簡單，對吧？

但商業經濟學家並不會用這個「投入－產出」模型來預測 GDP。一個經濟體所生產的東西不斷變化，企業總是會尋找方法，試圖以更少的投入，生產出相同的產量，並採用舊的投入要素，生產出新的產品。「投入－產出」模型對於軟體、電影、製藥等知識產業的預測成效不佳，因為這些產業的瓶頸和成本都在研發初期，一旦研發成功，接下來複製的成本非常低廉。由於現今多數經濟成長來自知識產業，「投入－產出」模型已成為估算 GDP 成長的糟糕方法。（不過別完全否定這個模型，隨著大數據時代來臨，或許它可能會被賦予新的生命。）

在德崇工作

當我在 80 年代擔任德崇的經濟研究員時，客戶對那些複雜的模型或什麼萬用理論一點興趣也沒有；他們只想知道「數字」，也就是某個關鍵經濟數據公布前的預測值，或者至少也要有個合理的解釋，告訴他們市場中近期發生的事情。

我們從來不會看得太遠，也不會冒險去預測太久之後的事；交易員關注的，是下個月（或下一季）即將公布的統計數據，精準猜中數字是當時（至今仍是）市場上的熱門遊戲。我的老闆諾曼・梅恩斯（Norman Mains）博士指派我負責分析經濟數據時，還告誡我，千萬不要在同一句話裡同時講出數字與時間。我猜他是在開玩笑，但他真正想表達的是，這些頻繁發布的數據

裡，夾雜了很多噪音，而我們能掌握的，其實有限。有些經濟政策決策者或投資人，自認能夠預測並掌控短期的發展；但也有人追求的是長期整體的正向結果，願意接受過程中出現隨機性變化，甚至是陣痛期。

要能準確地猜出不會太離譜的經濟數據，我得先搞清楚這些數據是怎麼來的。很多統計數據是以已經公布的資料為基礎，再加上一些最新資訊去推算出來的。舉例來說，工業生產數據會被用來推估 GDP 成長率，但工業生產數據本身會比較早公布，讓人可以稍微猜到 GDP 的方向；此外，政府會以用電量來估算工業生產，而「冷暖日數」則可以在用電數據出來前就先算出，天氣越熱或越冷，用電就會越多。但每一步推估之間都會有些誤差，所以你不能直接從冷暖日數跳到 GDP 成長，更別說影響到市場表現了。

我通常會抓過去一年的平均變化，來大致預估每月的數據。如果消費者物價平均每月上漲 0.2％，那我就抓 0.2％ 來當預估值；如果企業獲利年增率是 10％，而去年同期的每股盈餘是 50 美分，那我就預測本季是 55 美分。有時候資料怪怪的，或某段期間出現了特殊事件，我就會稍微調整一下數字，也會把那些已經公布的相關組成項目納入考量。為了確認自己沒遺漏什麼，我也會參考其他經濟學家的預測。

後來梅恩斯博士鼓勵我把自己的預測分享給記者、客戶，但有一位客戶告訴我，他從來不看我的每日評論，因為那對他賺錢一點幫助都沒有。他說我的預測準歸準，但跟其他人的一樣，都是大同小異的跟風；他只在意市場反應的幅度，根本不在意數據本身，所以像產能利用率等次要統計數據，以及市場共識預測，

對他來說都是干擾。一個有用的預測,除了要準確,還必須是「重要」且「出乎意料」的。這位客戶偏好那些立場強烈、態度鮮明的經濟學家,尤其當對方的觀點剛好跟他自己的看法一致時更是如此。但經濟學家不是因為自己想預測才去做預測,而是因為大家都在問他們。

高稅收＝強勁的經濟？

我在德崇做過最令人沮喪的專案,是試圖告訴眾人,雷根總統的減稅政策對經濟來說是一個巨大的福音(譯註:雷根於80年代推行的經濟政策,將所得稅降低了25%,他的想法是,當有錢人手裡有更多閒錢時,就更能夠進行投資,因此整體經濟與中下階層的人也將因此獲益)。

德崇的許多客戶和所有高階主管,幾乎都是繳最高級距所得稅的人,所以這個專案想要得出的結論其實早就預設好了。雖然我自己離最高稅率還差得遠,也對經濟學與政治立場的交會地帶保持戒心,但我當時的確相信,我們「想要」的(支持的)那個答案其實是正確的。多數經濟學家都會告訴你,減稅會讓人更願意努力工作,因為他們可以留住更多自己賺的錢。

稅負提高會削弱工作誘因,理論上應該會拖慢GDP成長,但數據並無法配合這個推論。我把所有最高邊際稅率超過80%的年分整理出來:1941年調高至81%;1942年升到88%;1944年達到94%;然後1946年稍微降到91%,一直維持到1964年才降到77%。在這23年間,以2009年美元計算的實質GDP從1.27兆成長到3.59兆,年複合成長率為4.6%。這其實是美國有

統計資料以來，表現最強的一段時期。

　　為了要解釋為什麼在高稅負的情況下，經濟依然能強勁成長，我只好另找說法。當時美國正從大蕭條中復甦，很多人連基本生活都有困難，增加稅收可能會迫使人們增加工時，以維持相同的生活水準；再加上為了支援戰爭，大家把出力當成是一種愛國義務。不過這些煩人的證據年代久遠，沒人真的在乎。

　　1981～1990年之間，美國最高稅率從70％降到28％。這段期間，實質GDP的年均成長是3.4％，表現也不錯，但沒有先前那麼亮眼。如果你硬要證明降稅的好處，就會把這段時間拿去跟之前9年那段慘淡的時期相比，但那樣的比較恐怕也不公平。1972～1981年之間，油價大漲，而在雷根執政期間則大幅回跌。1981年的利率飆到歷史新高，之後又回穩。而在那之前，美國正經歷越戰的收尾期，而尼克森成為唯一辭職下台的總統。

　　原以為雷根減稅是一個清楚明瞭的案例，結果我開始懷疑，在因果關係這麼難釐清的情況下，經濟學真的能用來做出明智的投資判斷嗎？在經濟學裡，各種因素從來都不是平等的，你無法只單看一個因素，因為背景裡永遠都還有：經濟衰退、戰爭、領導人的風格、油價劇變與股市崩盤。創新常常是成群爆發，不會按表操課地出現。每一項經濟政策都會引發一連串你當下看不到的間接效果與前因，很多時候，連最直接的影響都很難釐清。就像稅率與GDP成長在1941～1964年一起變動一樣，但這只能說它們有關聯，卻完全無法證明哪一個導致了哪一個——相關性並不能證明因果關係。

▎用經濟學理論進行交易

在德崇，證明我的判斷具有市場價值的最佳方法，就是「交易」。

投資人跟交易員總是在追求一種微妙的平衡——要能接受新的資訊，但不被重複性的雜訊淹沒；對自己的事實與邏輯既不能過度自信，也不能太沒把握。當時的我，常常對自己一知半解的事情表現得自信滿滿，說穿了就是年輕氣盛、虛張聲勢，靠一股初生之犢的自信衝一波，然後隨著新聞一來又風向轉變、吹破牛皮。說到底，我的風險承受態度，還是被現實環境所決定的。那時我還在念商學院二年級，戶頭裡的存款少得可憐，還被學費帳單和龐大的學貸壓著，所以我必須開始理財，因此我選擇從小額開始，買了一份期貨合約。

只要存入約 1,500 美元的小額存款，我就可以「控管」一張面額 100 萬美元的國庫券合約，或是 10 萬美元的國債合約，剩下的資金等於是「槓桿放大」借來的。當時市面上還有很多其他種類的期貨交易，但我作為研究型經濟學家，無法把自己的專業知識應用到那些商品上。如果國債價格變動一個「點」——也就是面額的 1%——合約就會賺或賠 1,000 美元。每天根據價格的波動，都會以現金結算損益。如果你押錯了寶，可能會在 1、2 天內失去初始保證金；但如果方向對了，獲利就會快速累積。

每天我都感覺到經濟在轉強。1983 年 1 月的失業率是 11.4%，到了 5 月跌至 9.8%，12 月又降到 8%。我當然非常希望就業市場繼續走強，這也能帶動股市；但通常經濟加速成長時，利率也會上升，因為債券持有人會開始擔心通膨。德崇的期

貨業務有很大一部分來自為了對抗利率上升而做避險的客戶，只要利率上升（甚至只是擔憂），避險需求就會湧進來。我心裡期望的那些事，剛好全都兜在一起，變成我相信的整套邏輯。

我當時深信，經濟反彈一定會讓利率回升，所以我就照這個邏輯在期貨市場下注。剛開始3個月一切都很順利，我很快就賺到足夠的錢，可以加碼再簽一份期貨合約。有時我也會做「價差交易」，例如買進長期國庫券、短期定存單這類組合，這類「價差交易」的保證金需求比單一合約還低。

那3個月我覺得自己簡直有「神之手」，我開始帶著強烈信念去做投機，當市場對我有利時，就加碼再加碼。就像酒精一樣，財務槓桿會讓人過度樂觀、過度自信。當我累積到持有25份合約時，我意識到每一次數字閃爍，可能都會讓我賺／賠625美元，我幾乎離不開螢幕，只要累積對我有利的3次閃爍，天上就會掉下足夠的現金，讓我可以再多買一份合約。這種獲利速度，比買股票快得多。短短十幾周，我就賺了超過4萬美元，比我一整年的薪水還多。我一度還幻想自己可以華麗轉身，成為一名頂尖交易員。

不到1個月的時間，一切就全軍覆沒。經濟還在持續強勁成長，但通膨莫名其妙地趨緩，利率反而跌得比之前升得還快。我除了知道自己賠了錢，根本搞不清到底是判斷錯了、選錯數據，還是漏看了什麼。一些統計數據肯定是僥倖；也許我沒充分關注正確的經濟統計數據；也或許我只是錯過了什麼。此時我的個人帳戶、期末考、特許金融分析師考試，還有工作，都在搶奪我的注意力。

我那4萬美元消失的速度比出現的速度還要快。結算保證金

的業務員看到我的帳戶餘額是零，而持倉的部位價值卻是我年收入的數百倍，臉色都變了。我告訴他那就是我所有財產，並沒有提到我還背著學生貸款和帳單。他最後把我整個帳戶強制出場清算。

股市預期

這次追加保證金通知，也毀了我研發股票市場時機系統的努力。我曾涉足股票指數期貨，但失去了所有的初期投資還倒賠，以致於不得不停下來。我的目標是將經濟統計數據與利率的關聯建立起來，再從利率連結到股價指數，最後或許能從指數推演到個別股票。我已經弄清楚了一些經濟統計數據與其他數據之間的關聯性，但根本無法將經濟數據、利率、股票市場以及最終的交易利潤相互連接。

大多數投資人認為，經濟的波動會告訴你股市的走勢，但他們搞反了；事實上，股市會告訴你經濟如何發展。世界大型企業聯合會（The Conference Board）編制了一個領先指標指數，目的是在整體經濟轉折前先發出訊號，在該指數的 10 個先行指標中，最有效、最穩定的就是標普 500 股票指數。投資人的眼光通常會比採購經理人還要超前，因此可以說，股市下跌會抑制動物精神並進而導致經濟衰退。

因為經濟數據會影響利率，所以很多投資人會想要透過利率來預測股市。有時候股價跟債券價格會同漲或同跌，有時則會走向相反。當利率上升、債券價格下降時，通常代表經濟景氣、企業獲利正在成長。那麼，對市場影響較大的，到底是利率還是獲

利?這就得看情況而定。

關注利率水準的投資人,以及關注利率變動幅度的投資人,兩者會得出完全不同的結論。多數投資人認為,利率下滑會刺激經濟成長與企業獲利,並進一步合理化更高的本益比,這一切對股價來說都是利多。但實際上,當通膨調整後的實質利率處在非常低的水準時,其他金融資產的報酬率通常也很差。

長期來看,股價反映了盈利,因此許多市場觀察者都關注企業利潤。就像前面提到的,有些人注重觀察於一段時間內的利潤水準;其他人則注重利率的變化。當獲利看似即將大幅上漲時,大多數「市場擇時者」(譯註:market-timer,指的是試圖掌握投資進場時機、預測整個證券市場的投資人)都會轉而看漲。但通常他們並不關注這些獲利數字的內在價值。

企業獲利成長的預測中,的確有一個市場時機訊號,但它可能不是你想的那樣。所有人都試圖向前看,但只有當你的賭注是正確的,並且與其他人預期的不同時,下的賭注才會有報酬。當利潤明顯疲軟或下降時,股市已經下跌,正是買入的好時機;反之亦然。

截至 2015 年的 40 年裡,在標普 500 指數盈利成長最快的年分中,本益比平均來說都下修了,而且修正幅度往往非常大,以至於總體報酬率為負。相反地,當標普 500 指數利潤下降時,平均本益比往往大幅上升,導致股價上漲。

▌認識自己,從研究別人的錯誤開始

自從我的交易失敗以來的幾十年裡,我看到許多投資人使用

自上而下的投資方式，摧毀了自己的投資組合，基本上這是犯了兩種具有相關性的錯誤：（1）在沒有「公允價值」概念的情況下進行投資；（2）無法吸收與消化新的資訊。總體交易者使用的外幣、大宗商品和許多其他工具並沒有內在價值，但貨幣具有購買力平價所隱含的公允價值。如果你沒有任何內在價值的概念，就不可能判斷市場是否按照自己所洞察的方向走。要診斷交易在哪裡出錯，你要麼需要追蹤因果關係間的所有聯結（這對於總體交易來說，大概是做不到的），要麼需要一些計算公允價值的基礎。

投資人不斷尋找被忽視的獨特觀察，這些資訊如果被廣泛傳播，將引發市場價格的大幅波動，但評估公共領域的內容只能以間接的方式進行。對於簡單的情況，投資人可以追蹤因果關係，找出市場尚未掌握的要素，而這對複雜的大局問題來說，幾乎是不可能的。公平或內在價值的概念，沒辦法告訴你到底哪個觀點錯了，它只能提示你，當前價格可能出現了偏差。當市場價格與你計算出的內在價值之間出現明顯落差時，就代表：不是你看錯了，就是市場錯了。

內在價值也能幫助你判斷投資想法本身是否出錯，甚至作為行動的依據。如果你唯一的風險警訊是「賠錢」，那你就麻煩就大了。動能投資人買進上漲的股票、賣出下跌的股票；依這個邏輯，他們可能會在一檔股票漲到 40 美元時買進、跌到 35 美元時停損賣出，然後等它再漲回 41 美元時又買回來。而如果我認為一檔股票的內在價值是 50 美元，然後我用 40 美元買進，那當它跌到 35 美元時，只要我的價值評估沒變，我反而會更願意加碼。但如果導致股價下跌的消息，將我對公允價值的估計降低至

30美元，那我就會賣出、認賠離場。

　　在宗教、政治和愛情中，無論證據顯示什麼，真正的信徒都應該保持堅定。投資人追求自然科學家的理性，但卻永遠無法做到，因為企業和經濟在本質上都是人類社會的結構。隨著經濟學問題變得廣泛、多層面，往往會進一步演變成政治與哲學信念。舉例來說，當富裕的債權國無法從貧窮國家收回欠款時，人們會做出與企業失敗時不同的道德和政治判斷。當我思考這類與個人價值有關的社會制度時，很難不受群體思維的影響；所以在那種狀況下，我不太相信自己能冷靜客觀地只根據「我理性預期會發生的事」來做投資，而不是根據「我希望會發生的事」或「我覺得什麼才是對的」來做決定。

　　有兩種常見的投資人，常常未能考慮投資的內在價值和吸收新資訊：永久熊市者（permanent bears，這些人總是期望股票下跌）和黃金狂熱者（譯註：goldbugs，這些人認為黃金永遠會一直上漲）。這並不是說熊市不會發生，也不是說黃金不能成為有用的保值手段。價值投資人同樣致力於保存資本，但我們會去計算持有僅產生少量收入（如現金）或沒有收入（如黃金）的資產，其背後隱含的機會成本。永久熊市者和黃金狂熱者經常講述戲劇化的故事，認為股災即將來臨，伴隨著因消費者和政府債臺高築且不斷上升而導致的通膨。他們會重新分析解釋每一個數據點，以支持自己的信念。擔心是種明智的行為，但這並不表示最令人擔憂的分析是最明智的。

　　我其實對永久熊市者表示同情，因為1992～2016年間標普500指數的平均本益比高於之前的25年（或者說，自該指數成立以來的任何一個25年）。有些人認為，全球化、壟斷力量的

增強和新科技的出現，證明了更高的本益比是合理的。那些相信市場估值指標仍處於均值回歸的人，看似是永久熊市者，但他們在 2009 年等熊市期間的行為可能會有所不同，當時市場倍數（market multiples）甚至遠低於長期歷史的平均水準。如果他們在那時有進場買股，那他們就不是真正的永久熊市者。

黃金可能是一種保值的手段，但其價值有多少尚不清楚。由於黃金不會替你賺取收入，因此它沒有內在價值；但隨著時間的推移，它似乎確實具有以一籃子消費品衡量的平均價值，且這個數字逐年存在巨大差異。2001 年，黃金交易價格為每盎司 270 美元，2011 年則為每盎司 1,900 美元。即使對消費物價通膨進行大幅調整，2011 年的黃金實際價格仍是 10 年前的 5 倍。此時惡性通膨的災難故事（例如：德國威瑪共和國時期，以及辛巴威）塵囂甚上，而與此平行發生的怪事是，大量的黃金證券化商品（paper gold；紙黃金）被發行。注重內在價值、有能力改變主意的投資人，當時可能已經選擇了減持黃金。

凱因斯：作為投資人的偉大經濟學家

當我得知凱因斯不僅是總體經濟學的創始人，而且還是一位傑出的投資人時，我曾希望他能成為將經濟學應用於投資的典範。他的投資方式隨著時間不斷演進，成果也有所不同。凱因斯最早是以投機者的身分踏入市場，他進行貨幣交易，通常是買進美元、放空像德國馬克這類歐洲貨幣。1919 年，凱因斯寫了一本書，認為德國將無法支付第一次世界大戰的賠款，而若強行要求支付將會重創其經濟。而事情後來也正如他所預測的發展。

由於經濟狀況極為蕭條，德國難以支付賠款，因此陷入了惡性通膨，紙幣馬克在1923年徹底崩潰。如果凱因斯在那之前一直做空馬克，本來應該會獲得驚人的收益，但他是借錢來做這筆交易的。1920年5月，馬克的貶值突然出現強力反彈，凱因斯因此破產，還欠了朋友一屁股債。

當他再次拿到（別人的）錢可以投資時，他回到了商品交易領域。在這次的遊戲中，他擁有我所說的「不公平優勢」：在大宗商品的歷史價格數據尚未廣泛公布的情況下，提前獲得這些訊息，並與政府中的政策制定者保持密切聯繫。但他在大宗商品交易中的整體業績好壞參半，尤其是在大蕭條初期發生了一些慘烈的虧損。

除了操作自己的帳戶，凱因斯還開始管理劍橋大學國王學院的捐贈基金。在最初的幾年裡，他利用經濟和貨幣分析來決定何時在股票、債券、現金之間進行轉換；以現在的行話來說，凱因斯是一個採用動能風格、自上而下的資產配置者，以及產業輪動者。但整體累計起來，他在20年代的成績卻落後於英國大盤（圖7.1）。

凱因斯在提交給國王學院的投資報告中寫道：「我們並未能夠有效掌握景氣循環不同階段中，整體股票市場的系統性進出時機。」他還指出，「信貸循環實際上意味著，必須在市場下跌時出售市場領導股，並在市場上漲時買入。考量到交易費用和利息損失，這需要非凡的投資技能才能從中獲利。」如果連有史以來最偉大的總體經濟學家，在擁有情報優勢與政策關係的情況下，都無法依據信貸與景氣循環的判斷，進而在市場上賺到錢，那我真的不知道誰可以。

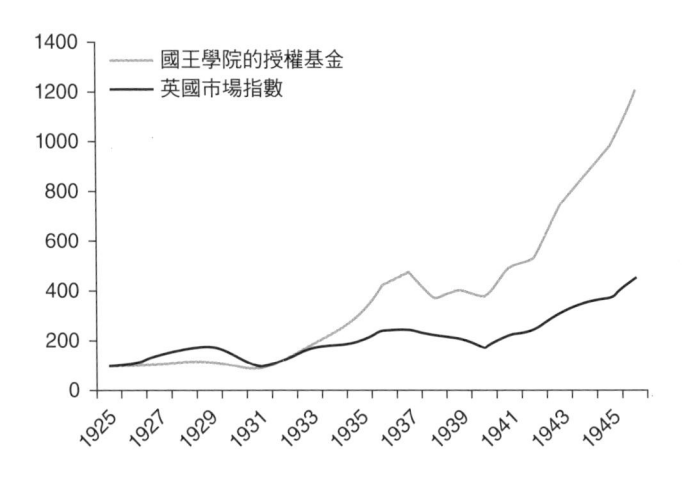

〔圖 7.1〕 凱因斯與指數，1926～1946 年

```
1400
1200    國王學院的授權基金
1000    英國市場指數
 800
 600
 400
 200
   0
     1925 1927 1929 1931 1933 1935 1937 1939 1941 1943 1945
```

　　1929 年的股市崩盤和隨之而來的大蕭條，讓身為經濟學家和投資人的凱因斯感到驚訝。他在〈1930 年大蕭條〉(The Great Slump of 1930)一文中寫道：「我們陷入了一場巨大的混亂，在控制一台我們不了解其工作原理的精密機器時，犯下了錯誤。」凱因斯個人從上到下損失了大約 4/5 的淨資產，部分原因是他從未停止使用借來的錢進行投資。國王學院的投資組合表現得較好，在這個投資組合中，信貸循環起了幫助作用，因為他在市場下跌初期就賣出了股票，而市場後來持續崩跌。

　　他後來認知到自己的方法不起作用，並改變了做法。他並沒有繼續使用總體經濟學的手段，而是轉向專注研究少數幾家他非常熟悉的公司。他不再追逐動能股，而是買進股利豐厚且被低估的股票。平均而言，他買的股票平均股息殖利率為 6%。這一收益率遠高於英國股票或債券的平均收益率，而且凱因斯像從前一樣借資金投資，但此時他的收益率超過了利息支出。他所投資的

大多數是沉悶或不受歡迎行業裡的中小型公司，例如大蕭條時期的採礦業、汽車業。儘管開局不利，他在 20 多年的時間裡，每年以 6%的速度，跑贏了市場平均收益。

▌效率市場假說適用於哪些地方？

雖然我和凱因斯最後都偏好投資於被低估、大多為中小型的公司，但我認為我們對「人類能否預測未來」這件事，抱持著不同的看法。我們兩人最初都曾希望能透過經濟預測來操作市場，但最終都未能穩定賺到大錢並保住那些獲利。凱因斯曾寫道，對於任何一檔股票未來殖利率的認知，其實都非常不穩定、難以把握。而我會進一步擴大這項擔憂：我們對任何複雜經濟系統的未來，其實都難以準確預測。

在本書前面的章節中，我討論了「效率市場假說」，該理論認為市場價格本質上是公平的，並且沒有人應該期望能夠持續擊敗大盤。如果所有資訊都向所有人公開，而且各種資訊平均而言能夠得到正確的解釋，那麼這種情況就會產生。對於普遍且重要到足以在電視或網路上報導，並且能吸引數百萬觀眾的統計數據和趨勢來說，這似乎是對現實的公平描述。

強式效率市場假說指出，即便是私人資訊或內線消息，也會反映在市場價格中；然而我認為這似乎是不正確的，因為大眾依然不時看到利用股票內線消息賺取巨額利潤的新聞報導。但除了電影《你整我，我整你》（*Trading Places*）之外，我很難想到在經濟數據上，進行內線交易的重要實例。根據定義，經濟數據涉及大市場，因此潛在利潤應該是巨大的。但經濟數據幾乎沒有出

現內線交易的醜聞，這暗示對總體經濟資料來說，強式效率市場假說可能是成立的。市場上的總體資訊大多已經廣為人知，或者早就反映在價格裡。

從小處思考

你不可能靠電視或網路上幾百萬人都看過的消息，在短期內賺到錢；若要成功運用總體經濟面來投資，你必須非常謹慎地驗證「某件事是否真的會導致另一件事」，這必須依據歷史案例來判斷，並時時提醒自己：你可能是錯的。你要驗證自己在學校學到的經濟模型到底是否有效，以及這些模型在什麼情況下才成立。這樣的分析結果更像是拼圖，而非單一數據；這完全無助於簡化問題，因為市場消息太多、連結太複雜。不是每則新聞都同等重要，多數資訊其實是重複的。

所以，我選擇「從小處著眼」：一家特定公司的新聞報導，遠比整體經濟的新聞要來得少。分析個股沒那麼複雜，不像分析整體經濟需要那麼多層面的解讀。這不是什麼內線消息，而只是因為大多數人根本沒在關注，特別是當公司規模較小時。每個人在預測未來時都會犯錯，若因果關係更清楚、邏輯更直接，你的預測也比較有可能準確。與處理廣泛的經濟主題不同，研究特定股票更容易察覺自己知識上的盲點。

不管是做總體投資，還是選股投資，每位投資人都需要有一套「公允價值」的概念，作為自己的北極星。公允價值的概念不但可以指出哪些交易機會最具吸引力，也能幫助你判斷新資訊的重要性，進而決定是否加碼、減碼或出場。嚴格來說，索羅斯的

「反身性理論」（譯註：theory of reflexivity，指的是市場情緒的自我強化效應，例如價格上漲吸引買家，買家進場進一步推高價格，直至這個趨勢崩潰為止）可以解釋：為什麼英鎊相對於購買力平價被嚴重高估，然後又停止進一步偏離，回到正常值。在這之後，索羅斯最強大的工具，就是「公允價值」的概念。

無論是做總體投資還是選股，投資人都必須毫不畏懼地追求真相；但對我來說，「小錯」更容易承認。只要我一旦建立起某套能解釋重大事件的理論，我就很難改變自己的想法。承認自己不了解整個世界，比承認看錯一個小議題還要更讓人不安。雖然我常調侃那些總認為股市即將崩盤、堅信黃金是唯一安全資產的投資人，但我自己其實也有一套根深蒂固的信念。對我來說，關於某檔個股的投資想法判斷，終究只是眾多想法中的一個，而我從一開始就知道，其中有一部分註定會是失敗的投資。小錯通常比較容易補救，「從小處著眼」不但能降低錯誤的嚴重性與頻率，還能讓你更有心理準備去面對錯誤，並做出修正。

第 8 章

中國的牛市：闖入陌生市場的代價

「邦有道，貧且賤焉，恥也；邦無道，富且貴焉，恥也。」

——孔子

當面對國外的投資機會時，有些我不了解的事情會特別明顯，例如語言。是的，我確實偏好那些以英語作為商業語言的國家，但各國的法律和社會制度也各不相同，「財產」的定義也不一樣，而且並非在任何地方都受到平等的保護，特別是針對外國人持有的資產。某些國家的法院遵循法治；其他國家則不然。稅率（以及課稅對象）尚未有一個全球統一的標準，各國的通貨膨脹率參差不齊，會計數字事實上只是種隱喻，其意義會因環境和地點而異。商人的社會地位也各有不同；在某些國家中，一個商人的地位取決於其員工的數量，而在別的國家中，則會與取決於其獲利能力。所有上述因素都會影響企業經理人的行為，而從美國經驗中得出的獲利能力、成長、確定性甚至企業生存動態的直覺，可能換個環境後就完全不能參考。

國際投資的基本邏輯，是提供更大的投資池。加拿大和英國的上市股票比美國還多，百慕達、澳洲、香港和新加坡也是如此，更不用說其他英語系國家了。海外投資確實可以實現更大的資產多元化，但隨著企業逐步全球化，其中的一些優勢已逐步減

少。國際投資也增加了一系列風險，特別是在發展中國家，外國小額投資人的權利往往缺乏保障。千萬不要假設你母國的制度在全世界都通用，面對不同國家的機構和文化，請確定你可以大聲地說出「我都了解！」除非你曾花費時間了解各種文化和制度差異，否則超出舒適圈進行投資是危險的。

在曾屬大英帝國一部分的已開發國家中，多數商業人士都說英語。公司的財務帳目和研究報告可以用英語提供足夠的技術性資訊，而不會出現因翻譯造成的微妙差異。在許多國家中（尤其是北歐），英語是一種商業語言；一些公司（尤其是大型跨國公司）會以多種語言發布新聞稿。雖然新聞稿的電腦翻譯基本上能做到大致正確，但有時還是會出現重大缺失，而且相同的字詞在不同語言中，往往會有截然不同的意思。墨西哥和西班牙最知名的麵包品牌是「賓堡」（Bimbo，譯註：在英語中的意思是，外表亮眼但頭腦簡單的人），並非在批評人；我也從來沒想過「Sara Lee」（莎莉公司）是個外表亮眼但頭腦簡單的人，但它的確是賓堡旗下的品牌之一。

海外投資將以外幣計價，而這會增加風險。某些國家的貨幣因政府政策的關係，其匯率會與美元掛鉤，這通常是因為該國與美國有大量貿易。例如：百慕達元與美元等值，而且這兩種貨幣可以在百慕達互換使用；港幣也大致與美元掛鉤；英鎊兌歐元、美元的匯率波動幅度，往往比較大。貨幣變動也會反映該國的通貨膨脹，辛巴威由於與美國的貿易規模不大，而且通膨率很高，因此該國貨幣從1983年與美元等值，到2009年貶值為1美元兌300兆辛巴威元，最後完全退出市場。某些國家的財政政策，甚至限制或禁止資金流出。

一些投資人認為，民主和法治對投資來說並不重要，因為許多經濟體在沒有這些框架的情況下也正在快速成長；但我並不同意。如果我要把資金送到很遠的地方，我望事前了解該國的法律規範及執行方式。作為一個外國人，我更喜歡規則盡可能普遍、平等和確定。即使在法治國家中，熟人和當地人也會得到更好的待遇。

「財產」在不同時空與地點有不同的定義。政府對產權的保護可以追溯到 13 世紀的《大憲章》。英國的《圈地法》（Enclosure Acts）讓原本的公有農地私有化，創造了個人財產權。南北戰爭之前的美國，南部各州有 2/5 的人口被視為財產。相對地，在 1860 年時，智慧財產權幾乎不存在，但如今在美國，創作成果已受到越來越多保護。著作權最初的有效期為 14 年，可續展一次，但現在最長可達 120 年。幾乎所有主要政府都擁有某些土地與企業；但在共產國家中，政府掌控大多數經濟活動。

在 20 世紀的大部分時間裡，英國政府在其國內經濟中扮演越來越重要的角色。許多公司和產業被國有化，包括電話、電力、燃氣和自來水公司；煤炭、鋼鐵等基礎工業，以及公共汽車和鐵路等運輸業也被接管。政府還擁有勞斯萊斯（飛機引擎製造商）、英國利蘭（捷豹等汽車製造商）、Amersham（生技公司）和 BBC（英國廣播公司）。英國累進稅制的最高稅級，其稅率在二戰期間達到了 99.25％的高峰，並在 1966 年披頭四發行歌曲《稅務官》（Taxman）時達到了 95％。

80 年代，英國首相柴契爾夫人啟動了一項大規模計畫，將政府所擁有的產業（包括上述列出的多數公司）私有化。身為富

達的天然氣公用事業分析師，我在1986年英國天然氣公司私有化後，對其營業狀況進行了追蹤。該公司表現良好，而且柴契爾的監管架構似乎比美國更具吸引力。與美國公用事業一樣，英國的監管機構也設定了一定的報酬率，但以通貨膨脹調整後的實質報酬來計算。70年代，美國公用事業因收費標準跟不上通貨膨脹，遭受重創。

當時英國將水利產業私有化時，股票被打包並定價上市；一共有10家水務和汙水處理公司，最初是一起捆綁出售的。投資人只需預先支付一部分款項，餘額分期繳納。水務公司的股利殖利率很有吸引力，我也預期會隨通膨上升。英國政府也投入大量資金，俗稱「綠色嫁妝」（green dowry），以預先資助達成環保與水質標準所需的龐大資本支出。最重要的是，這些股票的本益比都在個位數，低廉的價格反映出投資人擔心水質法規將進一步收緊，從而迫使他們增加支出。水務公司的私有化在政治上並不受歡迎，有些人猜測監管機構會偏袒批評者。

由於輸水管壽命很長（數十年），因此若縮減維護支出（尤其是下水道）與環境支出，便可壓低成本。監管機構認為，自來水廠每年應該能提升效率，進而抑制水費的成長。有些地區像西南水務（South West Water）較偏鄉或沿海，需要投入更多資金以改善水質與清潔作業。對股東來說，主管機關允許的資本報酬率，可能接近英國股市歷來的實質報酬水準。然而水務看起來比一般產業風險更低，還具備抗通膨特性。我最初對10家公司都進行了投資，之後轉向本益比較低、財務體質最穩健的幾家。

到了7年後的1997年，大多數水務公司的股票價格已接近私有化時全額支付價格的3倍。這是一個驚人的結果，但事實證

明，美國的標普500指數和英國的富時100指數在同期的漲幅也差不多。雖然這些水務公司是不錯的股票，但它們並不是牛市裡那種表現特別亮眼的標的。如果說我在那段時間跑贏了大盤，那主要是因為水務公司股票的殖利率遠高於一般股票；此外，透過分期付款買進股票也有一些好處，我以相對低的風險取得了不錯的報酬。

我原本擔心英國可能不是個值得投資的地方；但現在我相信，英語系國家是海外投資的最佳起點之一。在過去一個世紀裡，英國的人均GDP成長速度比許多其他國家都慢，一般來說，投資人會湧向那些預期經濟成長最旺盛的國家；但國際投資的一大驚奇是：人均GDP成長快速的國家，往往不是股東實質報酬率最好的國家。日本與義大利是人均GDP在過去一個世紀裡成長最快的國家，但日本的股票報酬率僅為平均水準，而義大利則相對更低；戰爭對這兩個國家及其股市，都造成了災難性的影響。

在整個20世紀中，澳洲、瑞典、南非、美國、加拿大和英國，是股票報酬率最好的國家（圖8.1）。這些國家的人均GDP成長速度並沒有特別快，但有幾個國家的人口成長確實高於平均值。法治國家容易吸引移民和資本，有法治的地方，對業務關係的信任也比較高。英語系國家往往要求企業向投資人提供更完整的訊息，這使選擇特定股票變得更容易。當你更熟悉當地的語言和文化時，就能更好地處理不熟悉的事情。在10年的投資視野中，在法治國家之間做選擇，比較好的選項是「本益比較低」的市場，而不是近期經濟快速成長的市場。

〔圖 8.1〕　1900～2015 年的實質股權報酬率與
　　　　　人均實質 GDP 成長率

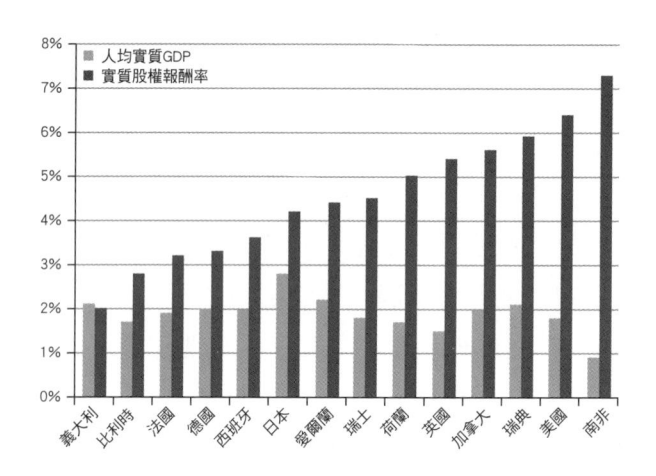

向日本學習

　　日本是一個安全、民主、法治、尊重財產權的資本主義國家，社會主義在日本從來不受歡迎。保守的自民黨自 1955 年以來幾乎一直執政，中間僅有短暫的中斷。日本國有化的公司數量少於美國。根據可得的研究資料顯示，除了受到黑道（如暴力集團）滲透的營建業之外，日本的詐欺與貪腐現象相當罕見。

　　2011 年，日本是投資人尋找價值的絕佳之地，我很高興地發現許多管理良好、資金充足的公司，其股價以低於帳面價值出售，且本益比只有個位數。我安排了一趟行程，在一周內盡可能拜訪最多的公司。由於可供選擇的股票眾多且價格低廉，我認為下行空間不大，而上行空間可觀。也就在那一周，我經歷了規模 9 級的東北大地震，這可能是造成當時社會情緒普遍低迷的原因

之一。

我在一周內很有效率地辦了許多事。在一次日本小型企業會議，以及參觀富達辦公室的行程之間，我會見了 20 多位潛在投資公司的高階主管。整體而言，這些公司都充滿活力且具創業精神。有些執行長本身就是創辦人，持有大筆股份，這在日本並不常見，即使沒有翻譯，我也看得出來這些經理人對自己的事業充滿熱情。

在美國，每位主管都會被告知，他們工作的首要目標是增加股東手裡的股票價值；當我在日本提出這個想法時，大多數商人（在日本多數是男性）不知道我在說什麼。也許是因為在日本，能夠養很多員工、擁有龐大市占率，比賺取高利潤更具社會地位。有些人認為，日本人的眼光比美國更加長遠，因為在理論上，市占率夠高最終也會轉化為獲利。不過平均而言，日本企業的股東權益報酬率（ROE）低於全球其他企業，這是因為日本對社會關係與責任的看法與西方不同。

「要把突出的釘子錘下去」——這句日本諺語道盡其文化心態。如果賺太多錢會讓一間企業變得太顯眼，他們寧願不去賺。日本企業執行長的薪資是一般員工的數倍，但這個倍數遠低於美國的水準；當內部薪資差距不那麼懸殊時，員工可能會對公司產生更強的歸屬感與忠誠心。這也或許可以解釋，為什麼日本的政治兩極化程度較低。但如今，終身僱用的「薪資族」制度其實只存在於大公司，許多公司試圖透過持有大量現金和避免舉債，來防止遭受打擊。

80 年代，東京曾是全球股市的寵兒。日經指數在 1989 年 12 月創下 3 萬 8,916 點的高峰，本益比接近 70。當時有些人認為，

資產價值比企業獲利更重要，而企業確實擁有大量資產；但其實，房地產泡沫比股市還更嚴重。東京銀座的指標物件，每平方公尺高達 100 萬美元；若換算成一間美國中型住宅的面積，那價格約等於 2 億美元。當時甚至出現「百年房貸」這種極端做法來融資這些房產。批評者指出，「財術」（譯註：zaitech，是一種特殊的財務策略，興起於日本，利用各種金融工具來實現短期利潤或資產增值。然而這種策略往往伴隨著高風險，並在日本經濟泡沫破裂後受到了限制）的收益被誇大了，因為財術經常必須借錢來進行投機交易。20 年後，日經指數跌到 1 萬點左右，與之前的最高點相比下跌約 3/4，至今都未重返高峰。走在東京街頭，你永遠不會想到它的股市在 1/4 個世紀以來，一直慘淡無光。東京給人的感覺是一個生活水準非常高的地方，日本的人均 GDP 成長速度與美國一樣快，而且失業率較低。在東京市中心，皇居周圍的區域給人一種平靜、莊嚴、安全的感覺。

作為一名投資人，我希望企業的利潤能夠持續成長，而不是迅速下降。「零售業」是我最常發現日本人變得「很不日本」、極度渴望脫穎而出的領域，而它對我來說確實是傑出的投資標的。科摩思藥妝公司（Cosmos Pharmaceutical）是位於九州的折扣藥局連鎖店，九州是日本西南角的一個小島，距離東京遙遠。為了向消費者提供非常優惠的價格，科摩思嚴格地控制營運成本，其管銷費用（SG&A）僅占營業額的 14％，這個數字非常驚人；就連以精打細算著稱的沃爾瑪，其管銷費用占比也達到 19％。

科摩思藥妝公司成立於 1983 年，由執行長宇野正晃創辦，並在之後快速成長。或許因為科摩思的據點位於人口較少的區

域，店面選址更容易、租金成本也較低。藥妝店在自有品牌商品上，通常擁有較高的利潤率；而科摩思自有品牌的銷量非常好，其庫存周轉速度甚至比美國兩大連鎖藥局 CVS 與沃爾格林（Walgreens）還快。日本人的平均壽命比美國多出 4 年，因此人口結構正在老化，這似乎對藥妝通路是利多；然而在 2011 年時，該公司的股票本益比卻只有 10 倍（代表股價相對偏低）。不過，接下來 5 年內，這檔股票飆漲 6 倍，因為銷售持續成長，本益比也同步擴張。

中國

對超級富豪來說，香港是自由主義的天堂。在香港做生意很容易，那裡貿易很自由、監管很少，法院會保障財產權並執行合約。如果你從事國際投資，這些制度因素對投資報酬率的影響，往往會比 GDP 的成長更為重要。中國在傳統基金會（Heritage foundation）的經濟自由度指數中，排名第 139 名，因此人們會去香港、澳門從事在中國做不到的生意。然而這個經濟自由度的差異是有歷史根源的，幾個世紀以來，中國將對外貿易限制在指定城市。英國東印度公司非法進口鴉片，造成社會浩劫並引發了 1839～1842 年的鴉片戰爭，而這加深了中國對自由貿易及外國人的疑慮。

1993 年，我第一次造訪中國，參觀的是香港上市公司的工廠和辦公室。中國股市才剛開放數年，直到 2014 年才允許「鬼佬」（粵語中對外國白人的蔑稱）在股市上交易，而許多國有企業顯然並不急著與外國人談生意。這是我第一次訪問發展中國

家,所以我不確定會遇到什麼。

社會環境直接影響中國企業的獲利能力和成長動力。與美國不同,中國勞工成本低廉,即使是在現代化的電子工廠裡,仍有大量人力以目視的方式,檢查電路板上的細微缺陷。很多公司提供簡陋的員工宿舍和膳食,這也影響成本結構。移工必須取得當地戶口(居住許可),才能享受醫療、教育、福利等社會服務,這可能會影響勞動力供應或將勞工綁定於雇主。環境與產品安全法規執行不一,這可能降低成本。在中國做生意,一切都取決於政府官員。在美國,貪腐意味著有錢人收買政客;在中國,共產黨官員在現代化的過程中,漸漸變得富有。

每個人對未知事物的接受程度不同。我在中國勇於嘗試,也學到了很多,但感覺自己對中國文化、制度的認識仍很膚淺。巴菲特之所以極為成功,很大程度是因為他專注於自己熟悉、了解透徹的領域。儘管中國行是我最難忘的旅程之一,但我在香港只買了少量股票,且持股部位不大。其中包括裕元集團,這家公司為Nike、愛迪達等公司生產鞋子,業績成長快速,且提供高額股利。但我還需要了解更多資訊,尤其是個別公司的內部細節。

根據中國法律,外國人不被允許擁有某些中國技術或通訊公司。儘管你可以投資像阿里巴巴、百度、攜程這類炙手可熱的中國網路股,但你擁有的只是「可變權益實體」(variable interest entity)。所有敏感行業的經營執照和許可證,均由中國公司合法持有,外國人購買控股公司的股份,該公司可以註冊在中國境外,並從中國公司收取費用和權利金(特許權使用費),但並不真的「擁有」該公司。這個架構的權利義務到底該怎麼分配,最終由共產黨決定。

見樹不見林

大約在 2000 年，一位券商分析師告訴我，中國是加拿大林產品成長最快的市場之一，而有一家中國的林業種植公司在多倫多掛牌上市，名叫嘉漢林業。該公司成長迅速，股價大約是每股 1 美元，約為帳面價值的一半，且本益比為 3 倍左右。嘉漢林業有些負債，包括可轉換債務和一些認股權證，但這些因素也沒有改變我對這檔股票的看法。該股曾連續 3 年停滯不前，直到 2003 年 6 月突然翻倍。嘉漢林業把握這個機會，透過增資發行新股來籌措資金。

當一家公司的本益比與資產價值評價都偏低時，卻仍選擇增資發行股票，我總會懷疑「為什麼」。有時是因為公司高層不清楚，這麼做會對既有股東產生稀釋效應。但當我見到嘉漢林業的管理團隊時，他們似乎並非有意忽略股東價值。他們並非因為銀行逼迫才增資；反而聲稱，是因為有極具潛力的資本運用機會，所以即便在不利的估值下也要募資。

我不太清楚嘉漢林業的業務到底是什麼。我猜想，他們從政府那裡購買了採伐木材的權利，但它同時也出售了砍伐權——我不知道賣給了誰。嘉漢林業聲稱，他們透過無法揭露的行銷代理商進行銷售，而這些代理商將產品賣給了未知的客戶。

那麼，嘉漢林業到底擁有什麼？在中國，沒有人真正擁有土地；土地全部屬於政府所有。毛澤東在 1956 年徹底國有化了私有財產，這在中國歷史上也屢見不鮮——早在明朝時，皇帝就會徵用田產，然後再轉租。即使是在香港，唯一真正擁有永久業權的土地的是「聖約翰座堂」（St. John's Cathedral），那是一座聖

公會教堂。在中國，所謂的「擁有權」指的是土地使用權、開發權或租賃權，通常期限是 30～70 年。特別是在北京、上海以外的地區，土地登記制度缺乏一致性，因此我始終無法核實嘉漢林業的財產。他們堅稱，其租賃合約與交易對象的資料，屬於保密資訊。

儘管我有這些疑慮，但嘉漢林業的股價卻像搭上火箭，一路飆升。從 2002～2007 年，它的每股盈餘翻倍成長，同時股本大幅擴張，股價衝上每股 18 美元，本益比達到 20 倍。投資人普遍相信，中國將會吞掉全世界的自然資源。

但我始終無法忽視對中國財產權制度的懷疑。一位中國分析師曾問我：「如果中國真的是遍地機會，那為什麼大家都把錢和家人遷出？」我心中祈禱嘉漢林業的業務不會太依賴政治支持。後來，嘉漢林業的共同創辦人與部分高層陸續減碼持股，我也跟著出場。接下來 4 年，他們宣稱其經營的林地面積、營收、獲利都再度翻倍。該股在全球金融危機期間下跌，但後來又反彈回升。

到了 2011 年，加拿大渾水研究公司（Muddy Waters）發表報告，指出嘉漢林業偽造了財務報表。與美國大多數美化現實的詐欺行為不同，它的所有資訊幾乎都是編造出來的。報告指出，嘉漢林業利用「授權中介機構」買賣林業產品，並繳納稅金和費用，因此審計線索會減少。這其中還有些交易疑似涉及高層自肥，而這是發展中國家詐欺行為中常見的特徵。

渾水的研究揭露了太多我不知道的細節：嘉漢林業沒有資金購買原木或製造木片，也沒有從買家那裡獲得現金；一切都是透過中間人發生的。2010 年，嘉漢林業聲稱，其在雲南的採伐量

是法定配額的 6 倍之多；雲南是中國西南部的一個偏遠省分，道路建設比較差，92％都是山區。

對我來說，最震撼的發現是：原來中國企業必須向「國家工商行政管理總局」（SAIC）提交財務報表，而渾水能夠取得這些文件，但其數據和嘉漢林業提交給投資人的完全不同。而且，我之前不知道「國家工商行政管理總局」的資料可對外開放查詢，於是我立刻申請了所有具詐欺嫌疑的中國公司資料。但很快地，共產黨便關閉了這個管道，以保護其體制內的人。

2012 年，嘉漢林業在加拿大申請破產。

選擇有法治保障的市場

在進行國際投資之前，你應該先評估自己的舒適圈，以及學習新知的意願。對大多數投資人來說，前大英帝國的已開發國家是最適合的起點和終點，在這些國家，法治體系完善，投資人權益較能受到保障，語言、法律體系、商業慣例與會計準則彼此相近，給定一組事實時，投資結論與在美國所做的判斷幾乎一致。願意研究外國文化的投資人，除非有充分的研究資源，否則仍應堅持投資在有法治保障的國家。此外，他們還必須了解，在世界許多地方，社會地位不一定與企業的獲利能力相關，而且在商業決策中，社會地位往往比利潤更具影響力。

第三部
誠實、有能力的信託業者

第 9 章

勇於追求卓越！或者，與眾不同

「如果能找到別人不能做或不會做的事，就不要去做別人能做、願意做的事。」

——愛蜜莉亞・艾爾哈特

（Amelia Earhart，第一位獨自飛越大西洋的女性飛行員）

一家企業的價值，取決於其經營團隊的品質，而優秀的經理人必須兼具能力與誠信。如果沒有能力，他們會浪費你的資本；如果缺乏誠信，他們會監守自盜。那麼，要怎麼檢驗經營者的能力？即使有可能忽略領導力這類關鍵技能，我還是會聚焦在兩個指標：獨特的經營能力，以及資本配置的效率。

在本章中，我將向讀者展示：如果一家公司沒有持續努力為客戶提供更獨特的價值，那它的經營就稱不上良好。除非客戶會在這家公司消失後感到損失並想念它，否則它最終將會被市場淘汰。企業需要擁有足夠獨特的產品，來證明高利潤率的合理性，並且還需要有一道「護城河」（競爭障礙）來保護這些高額利潤。缺乏差異化的企業，在部署資本以獲利的機會就會減少。作為價值投資人，我尋找的是那些內在價值高於帳面價值的公司，而這種差異稱為「經濟商譽」（economic goodwill）。

在下一章，我會說明我是如何尋找那些資本運用得當的優質

企業。相較於投入的資本，它們能創造出高額的獲利；如果進行併購，也會找理念相符的夥伴，並避免支付過高的價格。當缺乏值得投入的好標的時，他們會選擇將資金返還給股東，例如發放股利或回購股票。

企業性格鮮明

你可能會好奇，為什麼我專注於「企業性格」而非「商業策略」或「市場定位」。簡單來說，性格是不會改變的，而定位則會改變。一家公司一路走到今天的歷程，正是塑造其性格的關鍵。一家公司當然必須對新機會保持開放，但它會比其他公司更適合某些特定的機會。當一家公司試圖採取違背其歷史的策略時，我通常都會預期它很快就會走回過去的老路，就像百貨業的傑西潘尼（J. C. Penney）企圖取消折扣與優惠券，想要轉型進入高端市場時的失敗。能夠接受自身限制的管理團隊，反而更可能找到辦法，將劣勢轉化為優勢，進而獲得成功。從分析師的角度來看，這樣的方式不僅審慎，也更方便。企業性格只需評估一次；但企業策略與戰術則需要持續地追蹤與更新。大多數公司並沒有明確強烈的性格，這並不表示它們會是糟糕的投資標的——只是它們較不容易成為出色的公司。

當我要了解一家公司的性格時，我會假裝自己是一位潛在客戶。我會瀏覽公司的行銷網站、廣告文宣，甚至親自走訪門市；只要是試圖向客戶證明它的商品較好，或至少價格較便宜的場合，都可以作為觀察的場域。有時候，年報與券商的基本研究報告也能派上用場，但在評估企業性格時，我完全不理會季報的內

容。對我來說，蘋果給人的感覺是聰明、優雅，有時帶點古怪，但整體上容易親近；汽車保險公司蓋可（GEICO）則是誠實、節儉又平易近人。許多公司的性格是平淡無奇的，如果你研究了1小時後還是一頭霧水，也別太在意，那就直接進入公司的策略分析階段。

企業經營與投資成功的祕訣在於：去做別人沒做過的，而且真正有價值的事。優秀的經理人職責，就是保護並擴展這項獨特性。一旦被其他競爭者模仿，原先的光環就會褪色。有些企業靠獨特創新的產品脫穎而出，有些企業擁有獨特的組織營運方式，還有一些企業則擁有深得人心的品牌價值。競爭對手會複製他們所能模仿的一切，因此曾經獨特的東西，最終也會變得平淡無奇。客戶的品味也會發生變化，所以企業必須不斷演進、保持與眾不同。雖然我認為研究競爭對手的製程管理或財務實務很有價值，但商業策略的本質在於「把那些競爭對手『沒有做』或『做得不好』的事做好」。而一家企業的性格，正是提供我們判斷其獨特優勢的線索。

▎策略：做別人做不到的事

哈佛商學院的策略大師麥可・波特（Michael Porter）認為，成功的商業策略來自兩組選擇中各自的極端：
（1）要麼致力主導整個產業，要麼專注在少數自己能夠表現卓越的細分市場；
（2）要麼靠行銷優質產品致勝，要麼透過提供超低價格來取勝。

當企業不清楚自己是在服務整個市場，還是只聚焦在特定的利基市場時，就容易遇到麻煩。此外，「高品質產品」和「低價策略」不能成為同等重要的目標，否則公司將陷入困境。波特認為，如果你無法判斷這家公司是想做到市場主導還是專注利基市場、是以品質取勝還是以價格取勝，那這家公司多半沒有一套可行的策略。策略模糊也暗示，公司對自身能力圈沒有深思熟慮。

策略必須符合企業的本質特徵與限制，否則結果只會是格格不入。即使是體質強健的企業，也有其限制；例如市場領導者的成長速度，不太可能遠超過整體產業的成長率。我所投資的許多公司都是規模較小、資源有限的企業，它們不可能在每個品項或地理區域中都推出最好的產品，也不可能是整個產業中成本最低的生產者；因此，它們必須有所取捨，選擇特定市場或尋找利基定位。以水泥為例，運輸成本高，因此競爭者大多是當地業者。露露檸檬（Lululemon Athletica）只銷售與瑜伽相關的服飾，服務的雖是利基市場，卻也不算小，而且這個市場在過去常被大型服飾品牌忽略。

在產品高度同質化的產業中，各家公司提供的商品幾乎完全一樣，因此只能靠低價競爭。有些產業具備顯著的規模經濟，意味著規模最大的公司擁有最低成本；管理供應鏈（包括壓榨供應商）通常也是大型企業的專長。不過，小公司也有壓低成本的方法，例如：刪除消費者不太重視的產品功能。相較於對價格的忠誠，顧客通常對優質產品的忠誠度更高，因此若企業能夠選擇，追求品質通常會是更佳的策略。不過，這也意味著必須不斷領先競爭對手，在變動快速的產業中，這會是一場永無止境的競賽。

如果成功的策略必須在「整個產業」或「特定細分市場」之

間抉擇,並以「品質」或「價格」取勝,則會衍生出4種可能的策略組合。我們來逐一討論,首先是針對整個產業提供優質產品。最令人振奮的差異化方式,就是創造全球前所未有的創新。2004年,某家網路公司在IPO說明書中寫道:「我們相信自己可以為世界提供一項出色的服務──即時傳遞任何主題的相關資訊。」很少有公司會做出如此大膽的聲明,事實上大部分的公司都不該如此狂妄。而這家公司就是Google。

　　Google並不是第一個發明搜尋引擎的公司,而它的創新在於演算法的強大。任何聲稱要「服務全球」的企業,不會只滿足於利基市場,而是瞄準全球主導地位。Google之所以是最優秀的搜尋引擎,部分原因在於它針對某些搜尋類別進行專業化、分門別類地處理──例如:學術、專利、地圖、圖片等,我推測這些分類背後的演算法有重疊的部分。多數技術導向的企業會透過專利來保護競爭優勢,因此專利的數量與品質可以反映其市場地位的強弱。截至2006年底,Google只擁有38項專利;但在2016年,又申請了2,835項新專利。當然,Google如今的品牌知名度與持續創新,可能已經讓專利變得不那麼必要了,它的名字就像Xerox(全錄)和Clorox(高樂氏)一樣,幾乎已成為其產品類別的代名詞。(2015年,Google成立字母控股公司〔Alphabet Inc.〕,作為Google與其「登月計畫」等新事業的母公司。)

　　沃爾瑪是另一家執行良好策略的企業典範:以低價銷售產品給非常廣大的市場。目前它在全球超過20多個國家擁有超過1.1萬間門市。除了整棟房子、汽車與汽油之外,沃爾瑪幾乎販售所有中等收入家庭所需的產品。不過在80年代,你可能還會把沃

爾瑪視為一家利基型零售商，因為它直到 1988 年才開始販售雜貨／生鮮食品，而且早期幾乎所有門市都位於美國南部。若以股東權益報酬率來衡量，其獲利高峰出現在 80 年代；但若以絕對金額來看，沃爾瑪的獲利幾乎年年創新高直到 2013 年。多年來，沃爾瑪的企業性格始終如一：節儉、高效、可靠且以家庭為導向。競爭對手看得出來、但消費者可能沒注意到的是，沃爾瑪一直以來都是積極學習者，它收集各種數據，並研究零售業界所有最聰明的想法。

沃爾瑪一直在跑步機上奔跑——「低價」只有在成本更低時才是一項致勝的商業策略。沃爾瑪和其最初的顧客一樣生性節儉，因為它必須如此，作為一家標準化的大賣場，要從手頭拮据的顧客身上賺錢並不容易。供應商前往沃爾瑪位於阿肯色州本頓維爾的總部時，都心知肚明——價格會被壓得很低；但另一方面，供應商也享有龐大的出貨量，以及沃爾瑪所提供的成本降低建議。為了達到最低成本，製造商會將產品標準化，去除多餘裝飾或奇思妙想，透過條碼系統與即時採購，沃爾瑪與供應商都能維持適當的庫存水準。隨著規模擴大，其管理成本也能攤提到更大的營收之上。沃爾瑪很少選址在高租金地段，多數員工也未加入工會。

汽車保險公司「蓋可」則是另一個價格競爭的範例，它專注於某個不需要特定服務的客戶利基市場。其英文全名「GEICO」原意為「公務員保險公司」（Government Employees Insurance Company），創立初期只提供政府僱員車險，因為從統計數據來看，這群人是風險較低、駕駛安全性高於平均水準的人們。大多數車險是透過銷售代理所販賣的，他們雖然成本高昂，但能在事

故發生時提供諮詢與協助,並有助於保險公司風險評估。蓋可並沒有龐大的代理銷售團隊,而且其企業個性節儉,也不太願意砸錢招募銷售人員。因此,蓋可採用不同的營運方式,直接向要保人出售保險。

藉由跳過銷售代理,蓋可取消了一項對於安全駕駛人來說「成本高於其價值」的服務。如果你真的不知該選哪種保險保障內容,或者你預期自己有可能會發生事故,那麼保險業務員確實可能派得上用場;但如果你知道自己要的是什麼,而且從來沒申請過理賠,那你就不需要和業務員建立關係。並不是每個人都是超水準的駕駛者,所以這個利基市場並不適合所有人。就蓋可自身來說,如果你不符合低風險的客戶特徵,它也不太願意承保你的風險。當然,優秀的駕駛也會發生事故,而蓋可並不會在理賠服務上偷工減料。沒人想在撿便宜時看起來寒酸,所以蓋可在廣告上使用幽默的方式來說服我們承認:「是的,我們就是想省錢。」

充滿活力的汽水

對於小型公司來說,我最喜歡的策略是將優質產品與利基市場結合。利基市場本來就不是主流市場,因此你必須睜大眼睛努力尋找,才能發現這些機會;運氣也很重要。在網路泡沫破裂後不久,我參加了一場科技股投資會議,當時許多出席的科技公司股價仍在崩跌。我那時又渴又疲憊,看到一間名為漢森天然(Hansen Naturals)的公司設有投資人攤位與免費飲料吧,讓我眼睛一亮。他們提供的果汁飲料完全不含人工香料、色素或鈉,

跟思樂寶（Snapple）有些類似。

不過除了通路系統之外，漢森並沒有想要仿效思樂寶，而是迎合了加州人更前衛、更冒險的口味。漢森一開始是販售新鮮天然果汁給好萊塢製片廠，後來又加入香料與其他天然成分來提升風味。新時代的茶飲與蘇打水雖然和漢森的背景相符，但思樂寶擁有強大的品牌力與更好的通路。因此，漢森將重心放在所謂的「機能性飲料」──主打的是效益，例如：提供能量、維他命、抗氧化效果，而不是味道。當然也不能忽略口感及味道，尤其是原創的果汁飲料。當時這樣的策略非常獨特，甚至是出乎意料。

漢森出品的「魔爪」能量飲料（Monster energy），其味道比當時領先市場的「紅牛」還要好（紅牛於1997年進入美國市場）。大多數人可能不喜歡人參、瓜拿納（譯註：guarana，又名巴西香可可，其果實含有大量的咖啡因，因其特殊的刺激成分被加工成飲料）和牛磺酸這些味道濃烈的成分；但如果我是在學生時期遇到這款飲料，我應該會很愛。我猜測這可能滿足一個尚未被服務的族群，例如：工程師、夜生活族群、長途卡車司機、輪班工作者或極限運動愛好者。但這個市場到底有多大？當水、咖啡因、糖等基本成分混合成飲料出售時，其成功的關鍵就在於──品牌和行銷。但漢森品牌的主旨是純淨、天然、放鬆、清新，這與能量飲料的形象根本不合。雖然人參、瓜拿納都是植物成分，某種程度上，「魔爪」可說是比百事可樂旗下的「開特力」（Gatorade）更天然，但這種提神飲料的概念與漢森建立的「天然」形象格格不入。因此魔爪只能從零開始打造品牌形象──螢光綠鋸齒狀的 M 標誌搭配黑底，在商店貨架上非常顯眼。

當時漢森是一家非常小的公司，但營收成長快速，幾乎沒有

負債，股價本益比大約是 10 倍。我用每股約 4 美元的價格買進了一些股票，之後經歷多次分割，每股變成了 48 股，所以現在每股的成本基礎相當於 8 美分。出乎意料地，漢森的營收與獲利呈現指數型成長。快轉 16 年後，魔爪的銷售量爆炸性成長，甚至把原本的果汁飲品徹底比了下去，公司也因此改名為「怪物飲料」（Monster Beverage）。可口可樂公司買下了怪物飲料的少數股權，並協議協助其通路鋪貨。股價最高時來到 54 美元，漲幅超過 600 倍。

當我考慮是否從基金中賣出怪物飲料時，我會尋找一間能夠提供顧客「明顯更有價值」產品的替代公司。雖然什麼股票都有合理價位，但我所持有最成功的投資，幾乎都來自具有獨特性、市場定位的企業。有些怪物飲料的愛用者是狂熱粉絲，這在商品同質化嚴重的產業中非常罕見。即使可樂的銷量下滑，但能量飲料的成長卻仍然強勁。當你真的找到一間獨一無二、即使只在小眾市場中也別具特色的公司，隨意把它替換、換成一家普通公司，往往是個錯誤。

我判斷一個管理團隊是否優秀的方法之一，就是看他們是否能打造出具有鮮明特色與獨特能力的事業。最出色的管理者往往本身就是產品愛好者，他們開發的商品，是自己也想買、市面上買不到的。雖然大型公司可能會主導整個類別市場，但大多數公司只有專注在特定利基領域，並在此基礎上再接再厲，才能真正展現優勢與競爭力。要維持高品質產品或將成本壓到最低，從來不是容易的事，但只要管理者懂產品，我更願意下注在「品質導向」的策略。當然，也有例外情況——削減顧客不在乎的產品要素，就能大幅降低成本。

第 10 章
物超所值

> 「這 1,000 萬美元,我一部分花在賭博上,一部分花在酒上,一部分花在了女人身上,剩下的我就隨便花掉了。」
> ——喬治・拉夫特(George Raft,美國演員)

▌資本配置

在投資時,儘管你是證券的合法所有者,但影響證券價值的許多決定,卻是由其他人所做出的,因此為你手上的資產選擇優秀的管理者就非常重要。無論你的基金經理人多麼有能力,他終究也是人,如果發生衝突,他們往往會偏袒自己的利益,因此你必須找到具有「受託人心態」(fiduciary mindset)的人。在極端情況下,正常的自身利益可能會轉變為犯罪行為。你的基金管理人之所以能獲得這份職位,並不是因為他本身能力有多麼出色,而是因為他有雄心壯志與其他方面的成就。企業執行長能登上頂峰,憑藉的常常是強大的意志力,以及卓越的銷售技巧、工廠管理能力、工程背景或會計專業。

由於我既沒有時間也沒有意願派出面試官或調查員,來準確評估基金管理者的能力,因此我更願意從資本配置上下手。說真

的，我比較像是個沙發偵探，試圖從現成的可得資源之下，尋找更加數值化的東西。資本配置是一個笨拙的術語，但卻是一個有用的概念：「追蹤資金的去向」。資金是否流向了正確的地方？在各種情況中，基金管理者是否將其可支配的資本，盡可能用於報酬最高和最佳的用途？

有兩種相關的統計方法，可以衡量一項投資成功與否——報酬率和現值——但這兩種方法都涉及對未來的預測。第一種方法是將預期的投資報酬率與「最低報酬率」進行比較，而最低報酬率與「股本成本」（cost of equity）或長期股東可接受的最低報酬率掛鉤。如果投資人要求報酬率不低於8％，則企業應拒絕報酬率低於8％的資本項目。假設一家公司以8％的股權成本投資於隔年報酬率為13％的項目，那麼它每投資1美元就將創造約1.05美元（1.13／1.08）的現值。而投資的目標本來就是盡可能地增加價值。

我在富達接到的第一個產業任務，是煤炭業和菸草業，當我研究其資本配置時卻一度卡關。我當時缺乏「表外負債」（off-balance sheet liabilities）和「經濟商譽」的概念，而歷史會計數據並無法反映這些行業資本和負債的價值。舉例來說，這兩個行業中的企業都是與黑肺病、肺癌相關訴訟中的被告；可以預見的是，當公司被判決要進行損害賠償時，將不情願地出錢消災，而這種使用資本的方式是沒有報酬前景的。捲菸公司至少因為擁有強大的品牌名稱，能某種程度上抵消這些預期的負債。而此處有一個微妙的地方，1964年，美國衛生局局長對吸菸發出的健康警告，此後竟變成了菸草業的法律免責盾牌。香菸公司的風險敞口（exposure）與它們在1964年的市占率成正比，這對菲利普莫

里斯（Philip Morris）有利，因為該公司自那時以來成長迅速。

另一個難題，是該如何評估品牌等無形資產的價值。像萬寶路這類知名品牌，帳面上的數字並不大，但實際上卻擁有極高的顧客忠誠度，代表著巨大的經濟商譽。菲利普莫里斯公司和RJR（R.J. Reynolds Tobacco Company，雷諾茲菸草公司）收購了擁有麥斯威爾（Maxwell House）和奧利奧（Oreo）等領先品牌的食品公司（如：納貝斯克〔Nabisco〕，合併後集團稱為「RJR納貝斯克」），無形的收購成本在他們的帳目中被註記為商標或商譽。菲利普莫里斯和RJR為旗下的食品品牌花費了數十億美元，卻沒在菸草品牌上花那麼多錢，這不過是歷史的偶然，實際價值與當初的會計成本無關。對品牌估值的一種方法，是使用市場價格而非歷史會計成本。不過，一間公司的盈餘與市值的比例是「盈餘殖利率」，也就是本益比的倒數。雖然這對投資判斷有幫助，但卻無法反映管理層的決策品質。

儘管有這些缺陷，我仍選擇繼續使用會計數字來進行分析。一間公司的「股東權益報酬率」（ROE）是其淨利與股東權益的比例，若數字高，則代表公司有效運用股東投入的資本創造利潤。當時，12％被視為平均水準，但幾乎整個菸草產業都遠遠高出這個標準。製造濕鼻菸（moist snuff）的美國菸草公司（U.S. Tobacco）其數字接近50％，菲利普莫里斯公司約為30％，其他像是RJR納貝斯克、英美菸草（British American Tobacco／BAT）與American Brands則都超過20％。

回顧來看，80年代後期這些公司的「股東權益報酬率」排名，在某種程度上預示了它們未來的報酬表現。我也想進一步了解這些高數據背後的原因。美國菸草公司和菲利普莫里斯公司擁

有最高的報酬率與最具辨識度的品牌。美國菸草公司的「哥本哈根」和菲利普莫里斯公司的「萬寶路」，是當時（甚至至今）濕鼻煙與香菸市場中最頂尖的品牌。而若要更前瞻性地評估資本配置表現，就必須深入分析資金的實際用途。

▌擴大業務還是創造價值？

對於具有潛在成長能力的專案，一切都必須是在增值的基礎上考慮，將銷售額和利潤的成長，與所需的增加資本進行比較。對菸草公司來說，現有工廠銷售增加所帶來的利潤是超現實的。2016 年，奧馳亞（Altria，美國菲利普莫里斯公司和美國菸草公司的母公司）的銷售成本占其銷售額的 30%，菸葉、紙、濾嘴和包裝不到商品成本的一半，而法律解決方案卻占了大部分的成本；行銷、研究、管理和企業部門占了銷售額的另外 10%。即使扣除銷售額 25% 的消費稅，奧馳亞營業利潤率仍維持在 34%（2016 年標普 500 指數的營業利潤率約為 12%）。如果一家公司有閒置產能，並且能生產、銷售更多產品，就可以分攤固定成本，其邊際利潤率（incremental rate of profit）就已經相當驚人，而這麼做之後會將繼續增值。

儘管菸草業的固定資產報酬率非常高，但這種數學方法並不適用於建立新產能。香菸生產只需極少數的工廠，因此若一家工廠生產更多產品，通常表示有另一家工廠必須減產。如果新產能能夠像現有設施一樣充分利用，那麼這些銷售的利潤率可能會達到 34% 的整體平均值；很少有企業的利潤率能達到如此之高，更妙的是，香菸的生產成本很低。2014 年，奧馳亞利用不動產、

廠房和設備實現了 257 億美元的銷售額，折舊成本略低於 20 億美元，其年營業利潤超過其實體工廠價值的 400%。這種投資報酬很明顯是鶴立雞群，高於平均值（大約是 10%）不止一點。獨特的企業只能在一定的成長速度下，才能維持其性格和盈利能力。

在全球範圍內，香菸的消費量在較富裕國家已經下降（圖 10.1）；相較之下，在較貧窮的地方，隨著所得上升，吸菸率反而提高。在這些國家中，儘管銷售價格較低，但投資擴大生產卻能夠獲得豐厚的報酬。由於歷史上的反壟斷原因，在美國擁有品牌的公司通常無法在海外控制這些品牌──萬寶路是一個比較大的例外，它是一個真正的全球品牌。在許多情況下，香菸一直是一項國內產業，出於稅收和監管方面的原因，香菸基本上會在其銷售國中進行生產。

〔圖 10.1〕　美國香菸消費量，1900～2014 年

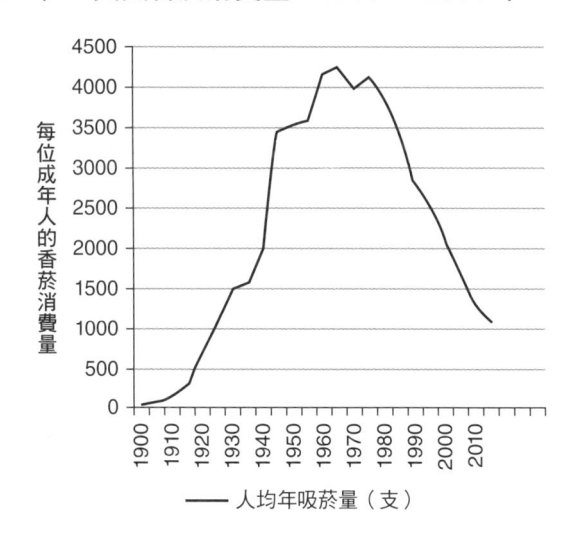

80 年代末期，隨著國外市場的開放，RJR 納貝斯克在低基數的基礎上，大力擴張出口銷售，建設了一座巨大、高效能的新工廠。在許多製造業中，過度投資可能會導致災難，但這座位於托巴科維爾（Tobaccoville）的工廠只消耗了 RJR 現金流的一小部分。

對於香菸公司來說，行銷支出遠大於資本支出，因此了解行銷支出是否能真正留住客戶並帶來新客戶，就變成至關重要的任務。廣告支出可以是建立品牌（和經濟商譽）的投資，也可能只是把錢丟進水裡，而管理階層本身常常難以知道其中的差別，除非未來的銷售是根據合約進行的，否則會計師會將所有支出都認列為當期費用。蘋果、雀巢、LV 和迪士尼，每年都花費數十億美元的行銷成本，一般來說，隨著時間推移，他們的品牌會變得更有價值，從而增加經濟商譽。RJR 處境艱難，旗下只有一些較小的品牌，而菲利普莫里斯手中的萬寶路卻一鳴驚人。

對菲利普莫里斯來說，將行銷資源集中投放在一個超級品牌，效益遠大於 RJR 將資源分散於多個品牌。RJR 在體育行銷上投入了數億美元，與 30 位運動員簽約合作，購買體育場廣告看板，以求能在電視轉播時曝光。他們也重新設計了包裝，新的品牌卡通吉祥物「喬駱駝」（Joe Camel）引起了年輕吸菸者和監管單位的注意。結果是──RJR 在萎縮的市場中維持住穩定的市占。

對所有企業而言，今日的盈虧來自於過去眾多決策的總和，而這些決策有時是在遙遠的過去做出的，而且做出決策的人通常已離職。愚蠢的運氣和良好的判斷力一樣具有影響力。RJR 執行長羅斯・強森（Ross Johnson）打趣說道：「奧利奧是某個天才發

明的,我們現在只是在吃老本而已。」

另一方面,在決定以粗獷的牛仔為廣告主角之前,萬寶路最初其實是作為一款「如5月一般溫和」的女性香菸而推出的。原本是為了隱藏口紅汙漬的紅色濾嘴,後來換成了充滿男子氣慨的軟木棕色。在品牌重塑幾十年後,菲利普莫里斯仍受益於其標誌性包裝和吉祥物。在1/4個世紀的時間裡,該公司從一個失敗者一躍成為市場領導品牌。

「價格折讓」通常代表兩種情況:不是價格訂太高,就是產品差異性不夠。1984年左右,RJR將多拉爾(Doral)重新定位為其品牌中的折價菸。在大幅降價後,雖然毛利率變低,但仍具吸引力。到了1992年,RJR成長最快的細分市場是多拉爾及其非專利的類似品。為了搶市占,RJR將折價菸的批發價格降低了20%;而這是有效的,第二年,其銷售額中有42%來自於折扣產品。萬寶路銷售量下降,因此菲利普莫里斯公司也大幅降價。我懷疑RJR由於品牌比較沒那麼強勢,於是決定讓其卓越的製造能力去主導行銷策略。

90年代,理查・雷諾(R. J. Reynolds,RJR的創辦人)對一種名為特仕(Premier)的無煙香菸進行了一項頗具爭議的投資。特仕的研發成本至少3億美元,總成本則可能超過8億。吸菸者因尼古丁成癮而習慣攝取菸草,但吸菸真正的健康風險實際上來自於吸入燃燒產生的焦油。特仕的設計是加熱菸草,讓使用者吸入尼古丁蒸氣。在產品上市後,RJR寄了一盒特仕給我,我自己並不吸菸,所以我向投資經理貝絲求助,她既吸菸又投資菸草股票。她拿出打火機,打了6次火之後,才終於吸到幾口。

「老天爺!」貝絲咆哮道:「我他媽的需要噴槍才能點燃這

東西，而且它聞起來就像屎一樣。」

顯然許多人同意她的看法。RJR 建議消費者至少需要吸幾包之後，才能掌握享受特仕的竅門，但貝絲並沒有想繼續下去。大約 1 年後，RJR 放棄了特仕，儘管蒸汽尼古丁的想法後來在新品牌月蝕（Eclipse）中復興。我當時認為，整場慘敗是一次巨大的浪費，但事後看來，也許 RJR 應該花更多力氣推廣特仕。新千禧年之後，更好的電子菸和霧化器技術進入市場，RJR 推出 Vuse 電子菸最終確實獲得了好評。

RJR 所產生的現金遠超過其實際投入的資本。除非一家企業正以爆炸性的速度成長，否則我會預期它應該具備財務上的自給自足能力，也就是靠內部產生的資金（包含保留盈餘）就足以支應全部的成長需求。為了驗證這點，我會查看公司財報中的現金流量表。來自營運活動的現金流是由淨利、折舊、攤銷、營運資金變動及其他項目所組成。接著我會加總所有與維持或擴張業務有關的資本支出項目，這些包括購置廠房、設備與軟體的支出，但不包括金融投資或併購其他企業所產生的支出。

我對「自由現金流」的定義是：「公司營業活動產生的現金流」減去上述投資活動所需支付的所有現金。無論過去或現在，菸草公司都將其現金流的一小部分再投資於自己本身的業務。2014 年，奧馳亞的營運現金流為 46.63 億美元，資本支出為 1.63 億美元，略低於折舊。這留下了 45 億美元的自由現金流。自由現金流可用於併購企業與其他投資、償還債務，或透過發放股利與股票回購的方式回饋股東。我們很快會再談到這些資金用途的選項。

大多數自由現金流為負的公司，都試圖以高於股東權益報酬

率的速度成長。如果一家公司不發行新股、不回購股票，也不發放股利，那麼其股東權益將會與其股東權益報酬率相同的速度成長。儘管奧馳亞最近的股東權益報酬率超過100％，但它並不打算每年真的以100％的速度成長。然而在獨立石油業、天然氣、住宅建築和航空公司等行業中，有些天生的樂觀主義者會習慣性地讓再投資的金額，超越其現金流。

為了判斷負自由現金流是否令人擔憂，我研究了一家公司的利潤與投資資本的比率，即「已動用資本報酬率」（ROCE），根據定義，這是營業利潤占總資本（包括債務和股本）的百分比。若立足於13％的已動用資本報酬率，且無債務的基礎上擁有13％的股東權益報酬率，比起立足於7％的已動用資本報酬率、但擁有大量債務基礎的7％的股東權益報酬率，前者要優秀許多。在經濟低迷時期，槓桿公司的利潤通常會下降得更厲害。已動用資本報酬率較低或下降，可能表示管理階層正在進行一些平庸的專案。當長期維持低報酬或報酬持續多年下降時，我會對負自由現金流和不斷上升的債務特別警戒。

收購與分拆：更大還是更好？

大多數研究顯示，大約2/3的併購案，未能達到足以支撐其收購價的財務目標。如果買方不支付控制權溢價，併購便很難成功，而為了賺回溢價，買家必須做一些這間企業之前未曾做過的事，才能將利潤以某種方式提高。這可能透過：增加銷售額、削減成本，或至少進行避稅來實現。

有些交易涉及金融工程，依靠廉價借款完成，或買方願意接

受較低的報酬率；交易宣布後，併購方的股價通常會下跌。一般來說，成功機率較高的併購案，是那些「估值倍數」（valuation multiples）和溢價較低，且雙方屬於相似產業的交易。

由於反壟斷訴訟的陰影，菸草產業在 90 年代中期以前幾乎沒有併購案；之後則如洪水般湧現。1994 年，American Brands 將旗下的美國菸草公司出售給英美菸草公司的布朗與威廉姆森菸草公司（Brown & Williamson），並將其更名。2003 年，英美菸草公司旗下的布朗與威廉姆森菸草與 RJR 合併成為「雷諾茲美國控股公司」（Reynolds American），英美菸草公司擁有合併後企業的 42% 股份。RJR 將其國際業務出售給日本菸草公司，並收購了濕鼻煙生產商康伍德（Conwood）。2009 年，美國菸草公司被奧馳亞收購。2014 年，雷諾茲美國控股公司同意收購羅瑞拉德（Lorillard）。據我所知，這些交易都沒有令人失望，它們的價格合理，而且管理階層對業務有足夠的了解，知道可以從哪些地方節省成本。

RJR 納貝斯克於 1991 年重返公開市場，該公司大部分債務融資被專業產業投資機構 KKR（Kohlberg Kravis Roberts）收購，距其已 2 年。RJR 開始出售部分業務，並將納貝斯克公司拆分為獨立的食品公司。1995 年，納貝斯克公司 19% 的股份透過公開發行出售。在收購案之前，RJR 的強大品牌給了它大量的經濟商譽，但在收購後，它們的價值完全（也許過度）反映在其資產負債表上，成為超過 200 億美元的無形資產。這使得 RJR 納貝斯克公司和納貝斯克公司在 90 年代的大部分時間裡，股東權益報酬率都只有個位數。

收購者必須對企業採取不同的營運方針，才能證明支付收購

溢價是合理的，因此，對某些類似產業的公司來說，併購成果通常會比較好。包裝食品與菸草都屬於以農產品為原料的大宗消費性商品，且具有保存期限。RJR 的菸草高層對納貝斯克的行銷與通路策略之了解，可能遠遠超過他們對航運或石油的了解。同樣的道理，菲利普莫里斯公司對通用食品（General foods）和卡夫食品（Kraft）的滿意度，也會高於房屋建商 Mission Viejo。

當宣布一樁收購案時，通常也會揭露企業的歷史營業利潤和交易價格，以便讓分析師可以估算已動用資本報酬率。這當然會是一個偏低的估計值，因為它沒有反映出未來的利潤改善。RJR 納貝斯克槓桿收購的企業價值為 310 億美元（現金價格加上假設債務），營業利潤為 28 億美元，已動用資本報酬率為 9%。即使營運未改善，這筆交易看起來也還算可以──但絕對談不上出色。

菸草公司已幾乎完全撤回先前的多角化經營策略，這顯示要麼是時代變了，要麼當初的策略就是錯的。2000 年，RJR 將納貝斯克公司出售給菲利普莫里斯公司，僅保留其菸草業務，後來又更名為雷諾茲美國控股公司。2007 年，菲利普莫里斯公司切分了卡夫食品，其中包括納貝斯克公司；第二年，菲利普莫里斯分拆為奧馳亞和菲利普莫里斯國際。在雷諾茲美國控股公司專注於單一業務、而菲利普莫里斯公司多角化經營卡夫食品的期間，雷諾茲的股票價值成長了 4 倍多，而菲利普莫里斯則成長了 3 倍有餘；兩者都遠遠領先股市，但純菸草公司表現較好。RJR 已恢復回購股票，並在績效上超越了菲利普莫里斯，但這在一定程度上是納貝斯克交易的副作用，因為菲利普莫里斯已向 RJR 支付了 98 億美元收購納貝斯克，因此用於回購自己股票的現金較少。

菲利普莫里斯於 2007 年切分出了卡夫食品，隨後卡夫食品又切分出了億滋國際（Mondelez）。食品公司衍生性商品的股票跑贏了市場，但菸草股也跑贏了市場。如果當初這些合併真的帶來了什麼好處，現在看起來也沒人覺得錯過了什麼。這些案例其實都是規模最大、條件最好的交易。我認為沒有人真正期望從園藝公司、原子筆品牌、抵押貸款銀行或航運公司中得到什麼了不起的東西。對於大多數企業高層來說，透過分拆和出售業務，來降低自己的聲望和管理權限，是一種違反本能的行為；而當他們終於意識到這是最佳策略時，通常股東早在多年前就常要求這麼做了。

股利

企業透過獲利來創造財富。股利通常反映了這些獲利，但發放股利本身並不會創造財富——它只是分配已經創造出的財富。在 20 世紀，大多數公司會將一半或以上的盈餘作為股利發放；而今天，大多數公司發放的股利則不到獲利的一半。造成這種情況的原因有好幾個，包括稅收政策、投資制度化，以及員工認股權的日益普及。股利在領取時即課稅，而股票回購所帶來的資本利得稅，則可延遲到投資人賣出時才需繳納。多數員工認股計畫並不會因為公司發放股利而進行調整，因此高階主管的行為模式變成追求最高的股價，而非追求總體報酬最大化。

以股利形式支付大部分利潤的公司，往往傳遞出兩個互相矛盾的訊號。首先，高股利支付率顯示，公司對擴張計畫的報酬率有嚴格的標準。由於公司找不到高利潤的成長型投資標的，乾脆

將現金返還給股東,讓他們去尋找更好的用途。如果一家公司股東權益報酬率平平,卻不把現金還給股東,那就可能代表資金被投資在報酬普通的項目中。如果一家公司的資產大幅成長,但獲利未跟上,這點就尤其令人擔憂。

其次,配息率也反映出公司是否看到很多有利可圖的擴張機會。小型企業若打算大舉成長,通常不會發放股利,而有些公司對前景比其他公司更樂觀、更有信心。波克夏・海瑟威自從巴菲特接手後,就不曾發過股利,股票回購也相當罕見。這樣的做法明確展現出,波克夏對自身資本配置能力遠優於投資人的絕對自信。除了巴菲特之外,若其他執行長這樣做,我會認為那是自負或對投資報酬率要求過低的表現。菸草公司則採取完全相反的策略,他們將大約 3/4 的獲利用來發放股利,另外還搭配股票回購。

統計學家指出,具有穩健股利的股票,整體表現略優於市場平均水準,特別是在風險調整後的基準上。一般來說,高殖利率的股票本益比較低,並且多集中在較穩定的產業。若把這些因素排除,單靠慷慨的股利本身,似乎並無法顯著提升報酬表現。所以,如果你需要或喜歡穩定收入,我會建議你可以投資高配息的公司,不過要確保你選的是本益比低、所處產業穩定的公司。更進一步來說,應該挑選獲利高於股利、自由現金流充足、負債與權益比例穩定,以及發行股數沒有快速增加的公司。

如果要明確指出哪些收益股該避開,只要將上述標準反過來看即可。如果收益和自由現金流無法支撐股利,我不會單純因為殖利率高就去買這支股票。不動產投資信託(REITs)、業主有限合夥企業(master limited partnerships)與特許權利金信託

（royalty trusts）等資產類型，通常依殖利率而非資產價值來交易。在這些情況下，分析師對「折舊」和「消耗」的經濟意涵可能看法不一──尤其是對這些費用項目是否等同於盈餘的認定未必一致。在未深入了解個別情況之前，我無法判斷每股資產基礎是否隨時間縮水，或是否為公認會計準則過於保守的結果。如果我看到一家公司的殖利率很高，但流通股數與負債水準迅速增加，我會直接假設最壞的情況。

股票回購

股票回購的贏家和輸家取決於企業購買股票的價格。和股利一樣，股票回購也是一種分配財富的方式，但並無法創造財富；然而與股利不同的是，股票回購可以在股東之間重新分配財富。如果股票是以內在價值買回，那麼交易對所有股東來說是公平的；但當股票是以高於內在價值的溢價回購時，價值就會從忠誠股東手中轉移給那些出售／離開的股東。反之，當股票是以低於內在價值的價格回購時，出售股票的股東會遭受損失，而剩餘的股東則受益。不同人對內在價值的估計會有所不同，因此不一定能判斷一項股票回購的價格是否有利。但若沒有內在價值的估算，人們就無法判斷管理階層是否透過回購股票，來增加每股價值。

為了理解財富轉移的情況，請假想一家擁有100股股票的公司，其唯一資產為1萬美元現金，且手上沒有持續經營的業務。此時每股的內在價值等於按照比例可以分到的現金，即100美元。假設公司以每股160美元回購40股，總計6,400美元，屆

時該公司剩餘 3,600 美元現金和 60 股已發行股票，換算下來每股價值為 60 美元。賣出股票的股東每股賺了 60 美元，而忠誠股東每股將損失 40 美元的內在價值。反過來說，當一家公司以低於內在價值的折扣回購股票時，忠誠股東將獲得相應比例的折價利益。

股票回購往往在公司財務寬裕時最為盛行，而這些時候往往是回購好處最小的時刻。隨著 2007 年第三季股票市場攻頂，標普 500 指數公司回購了價值 1,710 億美元的股票。約 1 年半後，標普 500 指數暴跌至原來的一半，2009 年第一季僅回購了 310 億美元的股票。這令人失望，不僅因為回購的時機不佳，還因為回購等同於人們對公司價值和前景的信心。當周圍充滿絕望時，投資人的信心尤其珍貴。我在研究一些結果不佳的股票回購案時，發現很少有公司會因為內在價值打了折扣而採取行動。

科技公司尤其試圖以股票回購，來抵消大量員工認股選擇權所帶來的稀釋作用。隨著股價上漲，認股權變得更有價值，會計師認為，流通股中選擇權股票比例也會不斷上升。為了保持股票數量維持在一定水準，企業將在股價高峰時緊急回購。許多公司在低價發行選擇權股票後，後來以較高價格回購。回到之前的例子，一家擁有 100 股、1 萬美元現金的公司，假設它向員工發行了 50 股選擇權，執行價格為 100 美元。根據選擇權定價公式，選擇權的價值可計算為每份 10 美元或總計 500 美元，這個金額會反映在公司的損益中，但股東會被告知這是非現金費用，可忽略。假設股價跳升至 160 美元，所有選擇權均已行使，並且回購了 50 股新股，該公司將從選擇權行使中收取 5,000 美元，並支付 8,000 美元回購選擇權，而其現金餘額為 7,000 美元。儘管股

票數量穩定，但股東損失了 3,000 美元，即每股 30 美元。

股市達到頂峰時會引起股票回購的另一個原因，可能是因為公司的利潤也在那時達到頂峰。或許企業應該將現金回饋給股東，但並沒有法律要求必須立即執行。在繁榮時期，企業內在價值的估計值會更高，人們對債務和股本的最佳平衡點將不再那麼保守。這可能會鼓勵企業做出不合時宜的決定，轉向更「有效率」的資產負債表，也就是以借債的方式來回購股票。如果企業處於經濟周期後期、利潤成長放緩，則可透過借錢回購股票，來維持每股盈餘成長。

所有菸草公司都持續回購股票，而這樣做通常會使其股票的價值增加；90 年代的 RJR 是個例外。迫於巨額的債務負擔，RJR 不僅不回購股票，還不得不發行新股；我很高興此時我不再是菸草分析師。RJR 的股價從最初的發行價開始下跌，多年來一直不上不下，突然回升之後又突然暴跌，最終發行 10 年後的股價比原始發行價格要低。在 1990～1998 年股價登頂之間，由於 RJR 大規模進行股票回購，菲利普莫里斯公司的股價翻了 2 倍，遠遠領先於指數和 RJR。隨著 RJR 的財務狀況變好，並在出售納貝斯克之後加大了股票回購力度，正如前面所提到的，在新的千禧年裡，RJR 的表現超過了菲利普莫里斯。

▌穩定的高報酬

菲利普莫里斯和雷諾茲在建立企業性格和配置資本方面，都高於產業平均水準，但若將兩者相比較，菲利普莫里斯更勝一籌。70 年代，理查·雷諾茲的整體報酬率優於市場大盤，但菲

利普莫里斯更是遙遙領先；80年代的情況也是如此，如果你把1988年RJR收購前的情況考慮在內。KKR的投資人並沒有從RJR交易中賺錢，因此菲利普莫里斯再次處於領先地位。這種模式一直持續到90年代，但在千禧年卻發生了逆轉。

優質資本配置的指標之一，是高且穩定的「已動用資本報酬率」，幾十年來，菲利普莫里斯的投資報酬率更高、更穩定。在某些行業中，外人可以利用經驗法則，來估計具有成長潛力的專案和廣告支出所能帶來的增量報酬，但在菸草業則不然。我的感覺是，菲利普莫里斯做得更有效。收購案可能做得非常好，也可能做得非常糟糕，但平均而言，令人失望的情況比較多。以合理價格進行相關業務合併，成功的可能性最大。菲利普莫里斯在收購方面，比雷諾茲更成功，這可能是為什麼即使雷諾茲回歸到基本面時，菲利普莫里斯仍決定繼續走向多角化發展。分拆行動違反了一般企業擴張的本能，因此往往為投資人帶來絕佳機會。如果一家公司找不到能創造高於股市水準報酬率的投資機會，那就應該透過股票買回或發放股利，將資金返還給股東。90年代，雷諾茲保守的資本回饋政策是其股價表現落後的重要原因。

如果一家公司找不到能創造高於股市水準報酬率的投資機會，那麼就應該透過股票回購或鼓勵分發，將資本返還給股東。在整個90年代中，雷諾茲吝嗇的資本報酬政策是其業績不佳的一個主要因素。由於銷售量下降、訴訟和稅收增加，菸草股票的本益比普遍低於標普500指數。所有這些因素都必須考量進菸草股的估值中，但我認為它們大部分的股票回購案，至少對繼續持有股票的股東來說是中性的，甚至相當正面。

第 11 章

壞人不會寫在臉上

> 「馬克‧鮑姆：但這並不是愚蠢,而是詐欺!
> 賈里德‧文內特:如果你可以告訴我『愚蠢』和『非法』的差別,我會馬上去檢舉我老婆的兄弟。」
>
> ——電影《大賣空》

在經典的西部電影中,你總是能看出誰是壞人,因為他們都戴著黑帽子;《星際大戰》達斯維德的黑色頭盔也警告觀眾他是邪惡的一方,但在《哈利波特》故事中,無論好巫師或壞巫師都戴著黑色巫師尖帽。魔術師和金融騙子都會製造幻覺,幻覺的效果則取決於觀眾對他們的超自然能力存有多少懷疑。仔細觀察就會發現,魔術和詐欺的本質並非奇蹟事件,而是注意力轉移,透過誤導視線,把觀眾的注意力從一個動作移開,再導向另一個動作。也就是說,詐欺是一個偵探故事,就算我們仔細檢視了證據,還是常常讓無辜的旁觀者成為嫌疑犯。

壞人確實會有一些共同特徵,但不幸的是,有時無辜的人身上也能找到這些特徵。從統計上來說,當測試的錯誤率大於整體樣本的錯誤率時,雜訊就會蓋過正確的訊號。詐欺測試的雜訊非常多,舉例來說,如果 500 人中有 1 個壞人,而測試的錯誤率為 2%,那麼在找出那一個壞人的過程中,會有 9.98（=

499×0.02）個好人被冤枉。因為測試的結果不那麼可靠，所以我只排除那些帶有額外不利因素的投資前景，舉例來說，不斷需要外部融資的公司可能面臨更大的詐欺風險，但我避免投資它們的原因則是因為融資會稀釋現有股權。

除非你從來沒有出於善意或內疚而撒過謊，否則你必須承認：不誠實的情況是存在的。在我多年的投資生涯中，經歷過幾次失敗，這讓我進一步思考企業性格的重要性。傳統上，用來辨識罪犯的線索是：手段、動機、機會；但在金融案件中，則更常引用「詐欺金三角」：壓力、機會、合理化。

超級過度自信

在我在富達與數百位分析師、投資經理人共事的經驗中，只有一個人（在離開公司後）成為了具新聞價值的金融惡棍：弗洛里安・霍姆（FlorianHomm）。霍姆在 20 多年前離開波士頓的富達，他所謂的不當行為發生在離職近 20 年後。霍姆的辦公室就在我隔壁，所以我們很熟，我當時認為他是個才華洋溢、反覆無常的歐洲花花公子，而不是個騙子。接下來發生的一切都有公開紀錄，大部分寫在在霍姆的自傳《流氓金融家》（暫譯，*Rogue Financier*）中。霍姆比大部分人都高大，擁有近乎超級人類的尺寸：身高 6 呎 7 吋，身材魁梧，畢業於哈佛大學和哈佛商學院，出身於超級富有的家庭，在德國國家籃球聯賽打球，傲慢而風度翩翩。他到富達上班的第一天，就被指派管理一支基金（我工作 3 年後才被准許管理資金）。上述這些特徵都非常正面，並不會讓人感覺到有什麼不對。

不過對於霍姆後來的惡行，我並不完全感到意外。像他這樣自大而有才華的人，往往有更多餘地來行使不當行為。他過度活躍、渴望刺激，這可能讓他更傾向於鋌而走險。而且，規則常常不適用於有魅力的盜賊，一般而言，魅力型領導者的吸引力和危險之處在於：他們會慫恿人們去嘗試自己本來不會做的事。

「貪婪」是霍姆犯罪的明顯動機，但原因不止於此。設計不當的激勵措施（包括過多的獎勵）會產生壓力，進一步導致不良行為。他在富達工作時，管理著一支小型基金，其費用大約為資產的0.55％，而他的報酬可能只是費用的一小部分，而非直接與費用掛鉤。引誘他犯罪的動機在幾年後到來：2004年，霍姆與他人共同創立了一家對沖基金管理公司，名為「絕對資本管理公司」（Absolute Capital Management），該公司在鼎盛時期管理超過30億美元的資產。對沖基金通常收取資產的2％作為費用，這相當於每年6,000萬美元；更重要的是，他們還額外收取20％的利潤分紅，若市場景氣好，這項分紅將極為巨大。絕對資本管理公司的基金表現在歐洲財經媒體名列前茅，他們最初在倫敦公開發行股票，霍姆仍是主要股東。2007年，霍姆被列為德國300大富豪之一，身價達4億歐元。

一般來說，當創辦人和高階主管都是公司的主要股東時，就像霍姆的例子一樣，大家的利益是一致的。我更擔心的是那些獲得大量選擇權、但持有股票卻較少的高階主管。在安隆（Enron），執行長肯尼斯・萊（Ken Lay）和其他管理階層擁有的選擇權股票，比直接擁有的股票多得多；股票可以上漲也可以下跌，但選擇權只有上漲空間。當高階主管不分擔下行風險時，他們就會在上行、下行兩方面都押上巨大金額，並心存僥倖。然

而霍姆的利益與他管理公司的利益一致，而非其基金持有人，但對於受託人而言，兩者應該是一致的，且應以基金投資人為優先。

與貪婪相比，「對卓越績效紀錄的自豪感」聽起來像是一種虛幻的動機，但就霍姆的情況而言，我懷疑，保持這種紀錄的壓力其實非常巨大。霍姆所代表的是一種現象，而不僅是一位績效卓越的基金經理人。他被貼上了「金融惡意顛覆者」（antichrist of finance）標籤，因為他對「不來梅伏爾鏗造船廠」（Bremer Vulkan）的突襲迫使其倒閉；霍姆也是德國最大健康會所「阿蒂蜜絲」（Artemis）的共同所有者；他還因為拯救了廣受歡迎但無力償債的多特蒙德足球隊，而成為當地英雄。

詐騙行為可以運行數年，甚至在數十年之後才被確認、揭發，一旦曝光，整個事件就會迅速且戲劇性地爆發，就像霍姆案在 2007 年發生的那樣。美國證券交易委員會聲稱，霍姆在絕對資本管理公司管理的基金，一直實施著拉高拋售計畫。他的基金會購買大量交易不活躍的水餃股、壁紙股，有時以私募的方式進行，且通常由霍姆持有一半股權的經紀公司「杭特世界市場」（Hunter World Markets）執行。然後霍姆會透過半虛構的交易來提高股價，或者乾脆大手一揮直接提高價格。在 2006、2007 年這樣奔騰的牛市中，想要把股票「拉抬」很容易，只要基金有資金流入，拋售部分似乎並不緊迫，管理者可以利用新的現金進一步推高股價，或者可以讓流入的資金去沖淡基金持有價格過高股票之比例。

2007 年 9 月，股市開始動盪，霍姆管理的基金渡過了艱難的幾個禮拜。他決定捐贈價值 3,300 萬歐元的絕對資本管理公司

個人股票,以支撐其價值。然後,他突然辭職,事情才曝光:他的基金持有價值竟有 5.3 億美元的水餃股,其中絕大部分交易活動都是由絕對資本管理公司所進行。絕對資本管理公司立即停止了霍姆基金的贖回,他潛逃到波哥大,在委內瑞拉中彈,玩了許多年貓捉老鼠的遊戲,之後在義大利佛羅倫斯的烏菲茲美術館被捕。也許是因果報應,他搜刮來的錢財裡,有一部分拿去投資了馬多夫的基金。

▎拿了錢的馬多夫

2000 年左右,我會見了波士頓基金經理哈利・馬科波洛斯(Harry Markopolos),他曾試圖對伯納德・馬多夫(Bernard Madoff)廣為宣傳的投資策略進行反向驗證。即使在市場不景氣的情況下,據傳馬多夫的基金也能長期獲利,我因此有興趣複製他的投資策略(我當時以為這是合法的)以提高我的基金績效;但馬可波洛斯想讓我知道馬多夫是個騙子。我沒有收集到任何投資見解,因為馬多夫炮製出來的投資策略沒有任何意義;馬可波洛斯是對的。他曾嘗試找出馬多夫基金的報酬與各種策略和特定股票之間的聯結,但卻失敗了。

有關馬多夫資金的一切,包括確切的數字,都籠罩在神祕之中。投資人必須收到邀請才能加入馬多夫俱樂部,然後只能透過「支線基金」(feeder fund)或基金中的基金進行間接投資。與客戶保持這樣的距離,意味著客戶不知道自己到底擁有什麼;這也讓馬多夫能夠與客戶保持情感距離。大多數客戶無法拿到自己帳戶的報告;馬多夫實際上是自己跟自己交易,根本沒有外部的資

金托管。

馬多夫的運作最終被證明是全球史上規模最大的龐氏騙局，對投資人造成了數十億美元的損失。他在業界頗有名氣，曾擔任全國證券交易商協會（NASD）的董事會主席，該協會是一個自律性監管機構，後來由金融業監管局（FINRA）接手；他曾協助早期櫃檯交易的「粉紅單」市場轉型為納斯達克電子市場。憤世嫉俗的人可能會想知道，當時正在監獄服刑的馬多夫，是否認為自己凌駕於規則之上。2007 年 11 月，也就是醜聞爆發的前一年，馬多夫表示：「在今天的環境下，違反規則幾乎是不可能的。」

目前尚不清楚馬多夫的詐欺行為是否始於 1990 年左右，或甚至更早，他的證詞表示，自己的犯罪動機來自於壓力——想要達成不切實際的績效期待，並且想掩蓋失敗。他說了一個故事：他曾進行複雜的多頭／空頭交易，並面臨大量資金撤回的狀況，他賣出了多頭股票，但投資銀行卻拒絕讓他退出空頭交易。據說這個空頭部位造成了重大損失，而客戶已習慣了持續性的巨額收益，因此馬多夫覺得自己必須想辦法去彌補損失。在這個版本中，一切詐欺的發生都是因為——馬多夫想讓客戶滿意。令人難以置信的是，一些投資人其實對馬多夫心存懷疑，但卻認為自己能夠及時脫身。

▌安隆的油氣夢想

曾有過痛苦的教訓，使我對安隆股票不再充滿熱情。我常回想起 1987 年，當時的我還是天然氣領域的新手，剛飛來與安隆公司的代表會面。在休士頓的飯店裡，我接到了富達成長與收入

基金經理貝絲・泰拉納（Beth Terrana）的電話。她對安隆公司宣布虧損 1.4 億美元感到憤怒，但我對情況一無所知。那時分析師還沒有網路，甚至沒有手機。我打電話給安隆，但沒有接到回電。

在會議上，我對交易損失的細節零散程度感到震驚。安隆公司的財務長承認，其交易員對油價進行了災難性的押注，並轉移了一些資金。他表示損失發生在 9 個月前，且高達 10 億美元，但這段期間內公司已迅速降低損失。如果安隆提早揭露挪用資金的情況，那麼要彌平這些交易的成本將會高得多，而且可能會違反債務契約。當安隆正在擺脫虧損的交易，並關閉石油交易櫃檯時，是否應該立即反映虧損（市場派）或者可以等待一陣子以便知道最終金額（成本派），這是一個懸而未決的問題。數十億美元的損失也有可能從來沒真正追回，並導致了更大的濫用行為；但更有可能的是，這次危機讓管理階層看到了在會計上作帳的可能性。

那天我會見了安隆的其他幾位高階主管。執行長肯尼斯・萊擁有博士學位，這在能源產業是獨一無二的；營運長理查・金德（Rich Kinder）的綽號是「紀律博士」，看上去能力非凡。在天然氣交易櫃檯，我詢問了控制和部位限制的相關問題，他們聲稱對風險有很好的平衡能力。天然氣定價的放鬆管制，創造了令人興奮的交易和套利機會，我想知道這是否創造了在安隆受監管和不受監管的活動之間，調整成本的機會。其實天然氣交易看起來就像任何交易一樣，有電話、電腦螢幕、自信及進取的人；然而我眼中看到的，是一家負債累累的公司，經常出現非常規項目，股東權益報酬率平淡無奇，現在還出現巨大的交易虧損。

1987年10月,安隆的股價下跌了30%,但由於當月股市崩盤,這件醜聞直到2001年才被重新提起。

最終導致安隆破產的詐欺行為,其根源仍然不明,但可能是1992年會計標準的變化,導致能源交易商得以根據市場價格(而非成本)來評估其部位。安隆和安達信會計師事務所(Arthur Andersen)曾為這種會計方法進行遊說,因此你可能會猜測,詭計從那時就開始醞釀,或者可以說,這種新的會計方式至少使得後續的欺騙成為可能。另一種理論則認為,當理查·金德於1996年離開安隆,而傑夫·斯基林(Jeff Skilling)——哈佛商學院畢業生,曾任安隆金融公司與安隆天然氣服務公司董事長——接任後,安隆的金融和貿易業務就迅速膨脹。其營運現金流轉為負值,也變得更加喜歡行銷,分析師和記者開始撰寫令人崇拜的故事,《財星》雜誌將安隆稱為「美國最具創新力的公司」,並將其管理品質評為第一名。

努力想要行銷自己的公司,通常是個負面信號,不僅因為它們比較可能涉及詐騙,更因為這種努力出售通常表示——某種形式的融資即將到來。身為價值投資人,真正讓我害怕的是,如果投資人相信企業的炒作行為,股票就會被高估,幾乎所有出現重大會計問題的公司,其股票交易價格都很高。安隆的本益比在90年代的大部分時候都在20倍以上,最高曾達到70倍。如果沒有貿易業務,安隆的15%獲利成長目標似乎很可笑,因為當時的能源價格停滯不前。90年代,美國天然氣產量有所成長,但從未恢復到20年前的最高水準。安隆的貿易業務利潤微薄,1995～2000年間,其銷售額從130億美元翻了8倍,達到1,010億美元,但報告的每股收益僅成長了4%。

回想起來，安隆對反對意見的壓制，是災難即將來臨的明確跡象。1998 年初，我接到一家競爭對手公司的分析師史嘉莉打來的電話，電話裡她淚流不止。她說安隆打電話給她的研究部主管，施壓要求將她從負責安隆的分析工作中撤下，甚至開除她。她後來雖另謀高就，但她說自己的電話被監聽，還有人跟蹤她。美林投資（Merrill Lynch）裡一位思維穩重的天然氣分析師約翰‧奧爾森（John Olson）同樣也對安隆抱有疑慮。1998 年，安隆進行報復，將美林排除在一項投資銀行交易之外，而奧爾森被迫從美林「同意提前退休」。另外還有其他分析師被排除在法說會之外，或被禁止提問。傑夫‧斯基林甚至在一次會議中，公然罵分析師理查德‧格魯布曼（Richard Grubman）為「混蛋」。

　　這些事件，也讓安隆那套「強制排名」（forced-ranking）的人力政策有了不同解讀。他們每年都開除績效最差的 15％，這表示什麼？如果真必須解僱那麼多人，那麼安隆在招募合適人才方面一定表現得很糟糕。一個團隊確實必須共同努力，因此人事決策不可避免地具有主觀性和政治性，但強制排名會將競爭性提升到一個可怕的境界。那些留下來的「勝利者」，則獲得了前所未見的獎勵：特殊目的實體（special-purpose entities）的股票、股票選擇權等。

　　在安隆垮台的過程中，許多低劣的行為才被揭露出來。包括副董事長克利夫‧巴克斯特（Cliff Baxter）在內的安隆高層，拋售了大量股票；而普通員工的退休計畫被凍結，其他帳面的財富也化為烏有。就在即將出面向國會作證之前，巴克斯特自殺了。

　　在安隆提出充滿謬誤的報表中，安達信會計師事務所扮演了協助掩飾的角色，而它本身就充滿了對不良行為的誘因與機會。

當我還在商學院念書時,安達信被認為是一家具前瞻性、有原則、薪酬豐厚的企業,尤其是他們的顧問業務。50年代初期,安達信為奇異公司(General Electric)開發了薪資單處理系統,引進了Univac商用電腦來完成這項工作,並由此誕生了電腦系統整合產業。在接下來的幾十年裡,安達信的財務系統整合業務,甚至比其審計業務更加成功。

顧問部門的成功,為安達信提供了動力和機會;同時身為安隆的審計師和會計顧問,安達信在評估自己的工作時,陷入了「左手審核右手」的可疑情境,自審自評,自吹自擂。更誇張的是,安隆將部分內部稽核工作外包給了安達信;通常,一般公司會先由內部人員編製財報,再內部稽核,最後由外部查核會計師進行審閱。那種「自評式考試」,完美成績自然不少。

比起會計服務,顧問服務每小時的收費較高,而且是比審計更大的市場。舉例來說,1991～1997年間,美國廢棄物管理公司(Waste Management)向安達信支付的顧問費是其審計費的2倍以上,該公司一名董事形容,其中一項價值300萬美元的顧問專案是「浪費錢又沒有效益」(boondoggle),因為專案成果從未被採用。當安達信發現美國廢棄物管理公司捏造帳目的行為時,會計師並沒有主動通知其董事會,審計人員反而還幫忙掩蓋不法行為。

2001年,安隆向安達信支付了2,700萬美元的諮詢費,以及2,500萬美元的審計費,其收支平衡並不像美國廢棄物管理公司那樣失衡;但安達信相信安隆可以成為價值1億美元的客戶。該筆審計費也異常高昂,甚至可能超過市值遠大於安隆的埃克森美孚(ExxonMobil)。我推測,安隆的組織架構複雜,又大量使用

特殊目的實體（SPE）——又或者，那些只是「封口費」？

審計師和系統整合商在工作中有著不同的道德原則。我懷疑，隨著顧問業務成為更大的利潤中心，安達信內部占據主導地位的價值觀，由審計標準變成了顧問標準。審計師和投資經理人雖然肩負公眾的信任，但他們同時也在做生意。理論上，責任應該優先於利潤，對社會大眾的義務應優先於對客戶的交代。然而，和任何企業一樣，他們也需要行銷推廣——但理應低調從事，因為有些客戶想要的東西，專業人士是不該保證提供的。安達信的執行長鼓勵合作夥伴積極行銷，並增加交叉銷售，這對於顧問業務來說是正確的方法。而隨著時間的推移，顧問業務逐漸與審計業務分離，顧問業務最後獨立出來，更名為埃森哲（Accenture）。

▋讓我緊張的 6 件事

（1）必須說謊才能維持營運的公司

財務陷入困境和負債累累的公司往往不希望真相大白。若他們窘境被揭露，銀行就可能會奪取企業的控制權。此時融資能帶來的資金只會越來越少；企業可能會被收購；員工可能會士氣低落並開始到處投履歷；供應商可能會停止出貨，而這可能會使困境加劇。

企業詐欺可以透過多種方式合理化，舉例來說：如果公司必須出售，銀行家和股東在廉價拍賣中獲得的報酬可能會更少——所以最好不要讓他們知道真相。而且這樣一來會更難找到有才華、能解決公司問題的管理階層，因此善意的謊言有時對所有人

來說都更好。

（2）小型會計師事務所審計公司

在金融犯罪中，機會往往來自於制度上的疏忽，例如監管鬆散、缺乏交叉查核、審計制度不健全，以及職能分工不清。外部審計師理應保護外部投資人、債權人，但他們也沒有針對詐欺萬無一失的測試方式。審計師的報酬由他們所評估的企業支付，財務數據由企業準備，審計師依賴企業的合作和內部控制，即使與知名的會計師事務所合作，也無法保證不會出現企業詐欺行為。安永會計師事務所（Ernst & Young）負責審計絕對資本管理公司，但從未提出附有保留意見的審計報告。安隆聘請了安達信，而安達信在倒閉之前，一直是審計業五巨頭之一，安隆案對安達信來說是致命的一擊，對廢棄物管理公司和世界通訊公司（WorldCom）的審計也受到了嚴厲批評。然而，馬多夫聘請的是弗瑞林與霍羅威茨會計師事務所（Friehling & Horowitz），一家僅有一名會計師在職的會計師事務所，而這絕對是一項危險信號，事務所自己也承認，已經有 15 年沒進行審計業務了。

（3）內部董事會

對於控制不力或內控制度缺失的責任，應由公司董事會承擔。原則上，一個好的董事會應該知識淵博，能獨立思考，並以股東利益為重，因為他們擁有大量股票。董事的持股情況雖然會列在公司的股東委託書中，但他們的專業知識和獨立性只能從履歷判斷。當大多數董事都是公司主管及其親信時，就會出現一種「內部董事會」（inside board）的現象，這代表監督與管理並未分

離。

對股東來說，最糟糕的組合是擁有很少股票的內部董事會。判斷董事會獨立性的其中一個方式是，拿執行長的薪酬與類似規模、條件相近公司的執行長做比較，如果執行長的收入比同類企業的執行長高得多，那麼其董事會很可能就是一個內部董事會。不關心高階主管薪酬的董事會，很有可能無法掌握財務控制權。

（4）光鮮亮麗的千層企業

光鮮亮麗、快速發展的產業容易吸引資本，也因此產生不當行為的空間。當業務快速變化時，企業沒辦法證明某個擴張計畫永遠無效，併購不僅可以讓企業快速壯大，同時也混淆了數據。回顧那些非金融業的大型財會醜聞──安隆、南方保健（HealthSouth）、奎斯特通訊（Qwest）、美國廢棄物管理公司、泰科電子（Tyco）、夏繽家電（Sunbeam）和世界通訊，這些公司全都層層併購了數十家公司。正如我們將在下一章討論的，這些公司財報中的錯誤陳述顯而易見，在這樣的情況下，企業 10-K 年度報告中顯示的財務報表，會比經過美化的「調整後數據」更加準確。而對於像這樣變化快速的多層企業，要掌握實際狀況極為困難。

（5）金融公司

金融公司是詐欺犯眼中的頭號目標，因為他們手上掌握的是別人的錢，客戶日常就會將資產託付給銀行與券商。大多數銀行每持有 10 億美元的股本，其存款和借款都超過 100 億美元；然而貸款或證券的電子紀錄對應到的，是另一份電子或紙本文件，

而非實體財產。即使會計師查看貸款背後的實體抵押品，他們也需要了解其他留置權和契約條款，而這些文件通常是機密的。這種資訊不透明與「代管他人資產」的特性，正是為什麼很多重大詐騙案都與金融公司有關。

（6）鑽法律漏洞的陽光天堂

像佛羅里達州這樣溫暖、陽光明媚的地方，容易吸引更多可疑的行銷計畫。富裕的退休人員擁有大量資金進行投資，而且由於已過了努力工作的年紀，這些人可能不太願意對投資進行進行充分調查。他們是養肥的鴨子，尤其是「熟人詐欺」（affinity scams）的理想目標，這類詐騙專門鎖定特定社會或人口群體。馬多夫利用熟人詐欺使自己能夠保持低調，減少必須揭露財務狀況的需求，並進一步打造神祕感。

除了美麗的海灘和低稅收之外，佛羅里達州還制定了《公地放領法》（The Homestead Act），該法甚至保護價值數千萬美元的豪宅不被債權人扣押。《公地放領法》自歷史上就善於保護財務不穩定人士的資產；甚至允許屋主在出售房產後保留所得的現金，只要他們打算在佛羅里達州再購買另一間住宅，就可以繼續受到保護。

開曼群島、巴哈馬、百慕達、賽普勒斯等地，是那些「陽光燦爛卻藏汙納垢」的地方。這些特殊司法管轄區擁有與佛羅里達州一樣美麗的海灘，但更擅長於操作避稅和鑽法律漏洞，它們吸引了我所說的「無家企業」或「遊牧公司」（nomads）。舉例來說，遊牧公司的大部分資產可能在中國，大部分管理人員在香港，在英屬維京群島註冊成立，基金會在荷屬安地列斯群島，而

其股票僅在美國上市。

許多公司在避稅天堂註冊成立，但並非違法，例如系統整合商「埃森哲」就在愛爾蘭註冊成立，儘管其營運高層位於瑞士，且大部分收入來自美國。「無家企業」將精挑細選避稅天堂，尋求最寬鬆的證券和會計規則，一旦發生詐欺，要追訴就會困難重重，尤其當公司高層早就把個人戶籍搬到沒有引渡條約的避稅天堂。

即使具備犯罪動機、手段與機會，檢方仍得證明該詐欺行為是「故意」犯下的，對我們這些無法讀心的人來說，要證明心證幾乎不可能，連「排除合理懷疑」都很困難。商業災難常與詐欺交織在一起，而且很常見，所以「愚蠢」、「無知」或「運氣差」常成為其辯護與脫罪的理由。由於安隆的高層被貼上了「房間裡最聰明的人」的標籤，所以陪審團自然不會接受「只是笨」這種說法；執行長萊辯稱自己無知，同時暗示所有壞事都是下屬幹的。「倒楣」有時甚至可以成為高超的脫罪藉口，當時有幾家能源貿易公司倒閉，但大家並不認為詐欺是這些公司倒閉的罪魁禍首，達力智（Dynegy）、米蘭特（Mirant）、天鷹資本能源（Aquila）和其他幾家公司，在能源交易中損失慘重，以至於退出該產業。安隆也可以主張，這本來就是一個高風險操作，出事是遲早的事。

進行激進的交易並不一定都是違法的。但無論如何，在向羅納德‧佩雷爾曼（Ron Perelman）這樣的人投資之前，我還是會保持謹慎。2011 年，佩雷爾曼以每股 25 美元的價格，收購他尚未持有的明富環球（M&F Worldwide）股票。明富環球旗下擁有甘草調味料製造商，以及銀行支票印表機製造商，當時股票的本

益比為 4。公司曾以 45 美元回購股票，股價最高甚至達到 67 美元。不要問我為什麼獨立董事和大多數非控股股東竟然會同意以 25 美元作為公平價格。億萬富翁卡爾・伊坎這樣評價佩雷爾曼：「他就像一個你借錢給他創業的水電工，結果他跑來把你家搞得一團亂，然後還說這棟房子應該送他。」（《紐約時報》，1998 年）。

災難是可以避免的

如果你一心想避免被騙，那就會錯過一些真正不錯的投資機會；舉例來說，安隆的股票在崩盤前曾大幅飆升。說到底，這全看個人性格，有些人無法忍受錯過一檔會暴漲的股票，即使它看起來極度可疑。我則比較偏好避免那種雖然機率不高、但一旦踩到就會造成重大虧損的風險。只要某個基金經理人有前科、曾經坑過投資人，或甚至只是流露出那種自認可以凌駕於法律之上的態度，我就會停止注資，因為騙子不會突然萌生什麼受託義務的良知與責任感。若不確定某項證據是否能標記出壞人，我只有在同時出現其他投資層面的缺陷時，才會放棄這支股票。迷人的永不下跌股更有可能只是場騙局，但我不買這些股票是因為它們通常定價過高，並且容易不斷地籌措資金。複雜的公司結構會使得財務分析變得困難，即使沒有任何不法狀況也是如此。

想辨識投資市場中的壞人，請尋找「詐欺金三角」：壓力、機會、合理化。哲學家漢娜・鄂蘭（Hannah Arendt）說得對：「最邪惡的人，是那些從未下定決心該行善還是作惡的人。」請留意，巨額選擇權或高額的費用，會開始讓人壓力過大、拚命努

力過頭，若某個人被群眾捧上神壇，想保住那種魔法般的光環，虛榮心就會變成強大動機。魅力型的企業創辦人經常會壓制董事會、審計師和其他可能的反對者，這樣的人會聚集在資本充足且幾乎不受審查或問責的行業和地區；寬鬆的會計準則更是詐欺的溫床。不要買任何極力推銷的商品。只要避開那些「壞人股票」──這類標的其實沒幾檔──我就能大幅降低踩雷風險，而實際上可投資的好機會並不會少很多。

第 12 章

五鬼搬運與其他會計難題

> 「重點在於盡量提供所有資訊，好讓他人能自行判斷你的貢獻價值，而不是只挑那些會導向某一種判斷方向的資訊。」
> ——理查・費曼（Richard Feynman，物理學家）

詐欺（舞弊）並不常見，而經營失誤和營業額衰退每天都在發生，但以上這些情況卻有著相似的動機和會計上的危險信號。偽造收益最常見的徵兆，是負的自由現金流，以及應收帳款、庫存或無形資產膨脹。當不涉及詐欺時，高額且不斷增加的應收帳款或庫存，通常表示公司的銷售低於預期。有些錯誤的數字只有透過閱讀註腳才能發現，但別太為難自己——你不必破解會計謎團才能避開風險；你只需識別其中的警告信號即可，而最可怕的危險信號，是資訊揭露雖然詳盡，卻讓人難以理解。

一旦任何數字成為了那個「重要的數字」，它就會開始被「細細烹調」，由於這個數字是人們關注的焦點，所以絕不能令人失望。對於大多數上市公司來說，這個黃金數字是「非公認會計準則」（non-GAAP）下的每股盈餘；而對於負債累累的公司而言，黃金數字則通常是經過調整的利息、賦稅、折舊、攤提前的利潤（息稅折舊攤銷前盈餘，EBITDA）。但事實上，焦點可以落在任何數字身上，甚至是公司官方網站的頁面瀏覽量。

任何單一數據就像是一張瞬間的照片，投資人真正該在意的是整體的趨勢發展。有些數字只是加法，但大多數也涉及減法，尤其是那些使交易者迷戀的數字。淨利潤是一系列加加減減的結果，偶爾也會進行乘法或除法運算。在此過程中，有許多估計值和近似值（有些正確，有些不正確）被納入計算。操作高手發現，只要多重複幾次咒語，例如「調整後的息稅折舊攤銷前盈餘」，就有助於將投資人的注意力引導到想要的焦點。

　　優秀的偵探會將注意力轉向數字以外的事物，並觀察其他人幾乎沒有注意到的線索。由於會計是一種複式系統，因此任何可疑的帳目都必須找到能與其相配合的另一項帳目，例如：虛構的利潤會與價值被高估的資產配對。此外，當三大財務報表（損益表、現金流量表、資產負債表）之一被偽造時，其他兩項也必定會留下一些蛛絲馬跡。即使企業以欺詐手段對關鍵數據進行錯誤分類，一切還是必須能夠以加減乘除去驗算。如果所有討論都圍繞著「非公認會計準則」和「調整後數據」，請轉身去查看公認會計準則報告。如果財報重點是淨利潤，請研究庫存、應收帳款、資產負債表上的其他項目。另外還有一些線索，會因為隱藏在註腳中而被忽略。

　　財務報表的讀者大致可分為三大類：貿易債權人、貸款債權人、企業所有者（即股東）。每個群體關注的安全訊號不同：顧客與供應商想知道與這間公司做生意是否安全、訂單能否準時交貨、帳款能否及時支付？貸款債權人更關心償付能力和流動性，公司是否有足夠的資產和現金流，來承擔所有未來的義務？股東則會想知道所有者還剩下什麼價值，以及他們的投資是否有企業資產在背後支撐其安全性，只有當這些指標顯示股東權益可能已

經所剩無幾時,投資人才會去關心流動性和償付能力。這三個不同的群體,很少以相同方式看待相同的事實。(競爭對手一定也會閱讀你的財報。)

詐騙可能針對這三個群體中的任何一個,甚至全部。陷入困境的零售商可能會誇大其現金資產,以確保供應商不斷送來最新的商品;貸款債權人更願意向財報上「息稅折舊攤銷前盈餘」有所成長的企業提供信貸,而如果債務/息稅折舊攤銷前盈餘的比率超過一定水準,或淨值低於設定金額,通常就會違反債務契約。對於大多數高階主管來說,最強大的激勵措施與股票價格掛鉤,而令人失望的季度收益可能會破壞股票價格,進而損害融資計畫和管理者的淨資產。一個謊言可能導致另一個謊言,因此詐騙往往會逐漸蔓延,並涵蓋上述三個群體。

美國財務會計準則委員會(FASB)允許企業在不同的會計準則之間進行選擇,而不同的會計準則會產生不同的結果。舉例來說,在石油產業中,「探勘成功法」(successful efforts accounting method)被認為比「全部成本法」(full cost method)更保守。當石油公司鑽井失敗時,在全部成本法會計下,它會在一定限度內將成本化為資產負債表上的資產,進而避免影響利潤;而在探勘成功法之下,石油公司會把失敗井的成本作為費用沖銷,只有在發現石油時才將成本資本化。

另一個會計準則選擇例子是投資證券分類,可將投資歸入「持有至到期」(以成本計價)或「可供出售」(市價計價)兩類。兩種方法本身沒有絕對保守性;在上漲市場中,「持有至到期」投資因成本低於市價而被低估;而在下跌市場中,「市價計價」較保守。絕不保守的做法,是將投資重分類到更有利的那一桶。

不道德的創新者會不斷設計新形式的會計詐欺，但我將聚焦於4大類型：(1)過早記錄銷售額；(2)捏造收入；(3)將費用轉移到未來（或過去）；(4)未揭露應有責任。對於前兩者來說，應收帳款周轉天數的提高是種警告訊號。進行銷售時，除非已收取現金，否則通常會記入應收帳款。然而，有時企業會在客戶尚未完全簽署訂單、交易仍存在重大不確定性，或仍有未來提供服務的義務時，就提前認列銷售收入。而當這類銷售並非完全虛構時，企業則可能透過錯誤分類交易項目——如交換、回扣、資產出售或其他實質上並非銷售的交易——以此來虛構營收。

公司可以使用多種技巧，將成本轉移到未來時期。他們可以簡單地忽略一段時間內的成本；但是，藏匿帳單的好處是短暫的，即使外部審計師沒有發現錯誤，債權人也會發現。世界通訊和美國義大利麵公司（American Italian Pasta）將當期的營運支出歸類為資本資產，這些資產將在未來許多年中進行折舊。美國廢棄物管理公司透過延長垃圾桶、垃圾車的使用壽命，來減少折舊費用。泰科電子在進行收購時，同時創建了儲備金，使其可以忽略未來的某些成本，而被收購的企業將立即出現利潤飛漲，因為費用將從儲備金中扣除，而不會流進損益表。

最危險的詐欺類別，是未揭露的負債；要從財務務報表找到隱藏負債，往往得在註腳中下功夫。安隆在特殊目的實體中隱藏了數十億美元的負債，但註腳卻做得讓人難以串聯線索。註腳造假的常見來源包括：租賃義務、遠期承諾、退休福利計畫。如果我看到一間公司財報的註腳太多，而且尚未持有該公司的股票，我會判定他們一定是在試圖隱瞞什麼，然後果斷放棄。

寬鬆信貸，無需付款

大量的庫存和應收帳款清楚地顯示，弗里德曼珠寶（Friedman's Jewelers）正在衝刺銷售，不過這些帳目對於鑑識小組來說，並不是欺詐的線索。弗里德曼為低收入顧客提供服務，將商店設在沃爾瑪附近的露天購物中心，大部分皆位於美國東南部的小城鎮。弗里德曼藉由向無法在其他地方獲得信貸資格的客戶，提供信用貸款，讓銷售額呈現爆炸性成長，在鼎盛時期，它擁有686家商店，2004年一躍成為美國第三大珠寶商。商店經理可透過提高商店銷售額、增加應收帳款和收回應收帳款來獲得獎金。弗里德曼的所有利潤（甚至更多錢）都被重新投入庫存和應收帳款，使其手上幾乎沒有現金，而債務卻不斷增加。

它的股價在5～10美元之間上上下下，每股淨營運資本約為10美元，帳面價值為14美元，本益比僅為個位數，從統計數據來看，這是一支便宜的股票。大多數貴金屬珠寶都可用其金屬價值（或更高的價格）進行二次出售，因此我認為這些資產為公司的價值奠定了底線。由於弗里德曼珠寶公司是盈利的，它的價值應該會隨著時間的推移而成長；但由於其收益、營運資本、帳面價值都是假的，最明顯的警訊是幾乎每年都為負的自由現金流、不斷上升的負債，以及逐年攀升的流通股數。

Zale's是美國最大的珠寶連鎖店，對消費信貸採集中決策的方式，由總部統一控管；而弗里德曼則將信貸決策交由店經理和銷售人員決定，這些人從未接受過正式的信貸評分或催收訓練；他們的主要任務是達成銷售目標，並鼓勵信貸客戶在店內支付餘額，以便可能再進行額外消費。奇怪的是，帳戶中有欠款的客

戶,有時竟可以賒購更多商品。隨著客戶信用催收款的情況惡化,弗里德曼決定將「當期」的定義從 30 天延長為 90 天;而當出現逾期帳款時,弗里德曼會避免將其認列為壞帳損失。

最終在 2003 年,弗里德曼將 9,000 萬美元的呆帳應收款以 150 萬美元售出,這是成交價不到帳款價值 2％ 的大幅折價出售;而因此回收的微薄款項,被錯誤地記入貸方,以減少壞帳費用。財報中還有其他錯誤的陳述,包括導致弗里德曼錯誤計算其應收帳款帳齡的軟體程式錯誤(也就是所謂的「X 檔案帳戶」)。2004 年,弗里德曼申請破產,股東損失慘重,有些債權人只收回不到 50％ 的欠款。2008 年,公司試圖重整卻失敗,最終進入第二次破產程序。

亞盧的可疑帳目

弗里德曼帳上的問題,起因在於對困難的現實狀況加以粉飾,但我不確定「亞盧醫療保健」(Allou Healthcare)的帳目是否有真實性可言。亞盧是一家健康、美容產品的批發經銷商,專營香水。這是一家「淨淨」(net-net)公司,表示流動資產淨值(現金、庫存和應收帳款)的價值,高於公司所有債務和股票市場價值。由於亞盧的市值很低,投資人似乎免費獲得了亞盧的非流動性資產,包括一家名為香水櫃檯(Fragrance counter)的網路新創公司。2002 年,亞盧的交易價格約為每股 7 美元,低於其每股 9 美元的帳面價值,而本益比為 8 聽起來也很有吸引力。

2002 年財務年度中,亞盧的銷售額為 5.64 億美元,毛利為 6,300 萬美元,淨利為 660 萬美元;但經過計算,其毛利率和淨

利率都微不足道，僅分別是 11％和 1.2％。當銷售不需要大量資產來支撐時，分銷企業的利潤往往微薄；如果庫存周轉很快，且持有的時間只有幾天，那麼微小的利潤就能帶來可觀的投資資本報酬。舉例來說，領先的藥品和醫療產品經銷商康德樂（Cardinal health），其 2015 年的毛利率為 5.6％，淨利潤率為 1.2％，庫存天數為 33 天，應收帳款天數為 21 天。對於康德樂來說，儘管利潤率微薄，但快速的庫存周轉卻可以帶來高達 19％的股本報酬率，這相當吸引人。

亞盧的庫存價值為 1.85 億美元，相當於 135 天的供貨量。亞盧表示，其保健品庫存周轉的速度快於香水，但利潤率較低。我向亞盧的財務長詢問了香水的流行趨勢，他們告訴我名人品牌和時尚設計師不是它的目標市場。我對周轉不靈更擔心的是，陳舊的香水會變質，尤其是暴露在高溫或光線下。而香水銷售之所以緩慢，是因為它具有很強的季節性，且消費者可以在淡季以很便宜的折扣價購買同樣的產品。為了更好地了解高庫存背後的原因，我向生產大眾香水製造商詢問了亞盧的情況，我以為這個業界很小，他們應該彼此了解，沒想到結果卻是一片空白。

當公司財報顯示獲利，但現金流卻不斷流失時，請相信現金流。儘管亞盧財報中顯示了淨利潤，但 2002 年的營業活動卻產生了 1,740 萬的現金淨流出。在此前的 2 年，亞盧報告的淨利潤分別為 250 萬、700 萬美元，但卻在營運活動中使用了 3,400 萬和 2,700 萬美元的現金。在那 3 年中，公司依序聘用了 3 位審計師：梅爾．瑞斯普雷（Mayer Rispler）、亞瑟．安德森（Arthur Andersen），以及安侯建業（KPMG）；雖然更換更大的審計單位通常是好消息，但過於頻繁地更換則不是好徵兆。亞盧的管理階

層似乎擔心他們的債務契約，他們向兩家貸款機構借貸了 2 億美元的信貸額度：康格雷斯金融公司（Congress Financial）和花旗銀行。即使投資人對這家新創公司感到興奮，其市值也僅有 1 億美元。康格雷斯金融公司和花旗銀行的風險敞口，均與亞盧的市值相當。

2002 年 9 月 25 日午夜左右，亞盧位於布魯克林威廉斯堡附近的倉庫發生三級火災，儘管紐約市有 245 名消防員趕到，火災也一直延燒到下午才完全撲滅。消防人員得出結論，倉庫內有 4 處縱火跡象，保險公司因此拒絕了亞盧提出的 1 億美元損失索賠。其高階主管試圖賄賂消防隊長改寫報告，消防官員隨後通知了警方。亞盧申請破產，股東損失慘重，貸款債權人損失 1.77 億美元。

▌邁拓搬磚

大多數時候，企業無法從可疑的庫存或應收帳款中榨取現金，但邁拓（MiniScribe）想出了兩個巧妙計畫，儘管時效短暫，卻能產生現金。在失去最大的客戶 IBM 之後，邁拓這家磁碟機製造商陷入困境。1987 年，它進行了實體盤點，這才發現財報中的庫存總額雖為 8,500 萬美元，但實際上卻缺少了 1,500 萬美元的實體庫存。為了填補這個空白，邁拓決定對其科羅拉多的倉庫及新加坡、香港的工廠，將其過時庫存進行重新貼標並重新包裝，且在經銷商附近開設了 3 個即時倉庫（just-in-time warehouses）。產品上會貼有條碼和序號，經銷商收到產品後會掃描條碼，然後很快就會付款。邁拓於是濫用了這項自動化

機制，將未經訂購的產品大量出貨給經銷商，製造虛假的銷售數據。

1988年底，邁拓更將建築用的磚塊打包、貼上條碼，然後將磚塊像磁碟機一樣運送到倉庫中，在那裡放置數周進行檢查，待收到貨款後，再召回這些磚塊並以磁碟機替換。邁拓似乎打算在1989年底故技重施，再次運送磚塊，然後在收到付款後再次召回，但就在聖誕節前，公司進行了一波大裁員，連帶裁掉了多位參與這場「磚塊計畫」的包裝與出貨員工。憤怒的員工將此事爆料給當地媒體，而收到磚塊的客戶也向相關單位檢舉。1990年第一個營業日早上，邁拓申請破產。

改變費用發生的時間

在執行長丹尼斯·科茲洛夫斯基（Dennis Kozlowski）的領導下，泰科國際（Tyco International）是一家極具收購欲望的企業集團，它擴大了公認會計準則的限制，將帳上的費用轉移到了當期。泰科對消防設備、安全監控服務、電子元件、流量控制產品、醫療保健用品等領域都很感興趣。當它收購一家公司時，在核算所購買的有形資產時過於保守，藉由提高庫存報廢準備金、保固費用準備金、壞帳準備金的方式，盡可能降低資產在帳面上的價值；如此一來，更多的收購價格就會被分攤至商譽或其他無形資產上。投資人當時如果無視於重組費用與商譽攤銷，實際上就忽略了潛藏的警訊；這些費用本該被視為「黃燈警告」（yellow flags）。

此一會計帳上的挪移，其淨效應是泰科透過將費用轉移出當

期,來增加財報上的收益,並藉由降低財產和設備的帳面價值,因而減少了折舊費用。低估折舊費用的跡象,往往是公司必須花費超過折舊費用的資金,來更換破舊的設備;但泰科卻透過租賃而非購買,來隱藏其資本支出。當一個部門的季度業績表現不佳時,泰科會出售庫存、收取應收帳款,並沖銷與之相關的過高準備金,以藉此記入收益。幸運的是(但這也算是個例外),泰科所做的是讓一間原本就優秀的企業看起來更好,而不是掩蓋一場災難性的經營危機。對於勇敢的投資人來說,當公司高層被起訴,反而成為低價買入泰科的機會。科茲洛夫斯基最終鋃鐺入獄。而買進泰科就是所謂「信念堅定的投資」。

▌虛假的息稅折舊攤銷前盈餘

有人說「息稅折舊攤銷前盈餘」無法偽造或操縱,但世界通訊(Worldcom)卻誇大了其息稅折舊攤銷前盈餘和收益,將部分線路成本,不當地歸類為資本設備採購。所謂「線路成本」是指:當某家電信公司在世界另一端沒有通信網路時,為了撥通或接聽一通電話,需支付給對方電信公司的費用。2000年,世界通訊報告稱線路成本占收入的42%,且約等同於當時「AT&T」(美國電話電報公司)收入的一半,而AT&T的網路規模要大得多。事實上,若除去不當資本化的成本,世界通訊的真實線路成本比率,與業界相差無幾。2001年,長途電話的業務市場競爭激烈,世界通訊大幅降價,導致當年銷售額下降了約10%,而實際線路成本在該年度卻增加了10億美元以上,因此利潤率受到擠壓。

根據世界通訊向美國證券交易委員會提出的調查報告，2001年的實際線路成本少報了 30 億美元，其中 27 億被被資本化為「建設中資產」（construction-in-process），而非作為當期的線路成本支出，這些金額隨後成為使用中的資產並以折舊方式分攤。而實際上，這些線路成本不會在 2001 年顯示出來，而是在未來幾年以折舊方式認列。線路成本在本質上是服務成本的一部分，並不對應任何實體資產，因此根本不該資本化。儘管收入在下滑，它的傳輸設備總額在 2001 年卻上升了 18％；雖然息稅折舊攤銷前盈餘可以被操弄，但世界通訊的財務造假，仍透過資產帳面金額與債務的增長露出馬腳。它的長期債務從 2000 年底的 177 億美元，飆升至 2002 年 7 月申請破產時的 410 億美元。

有些公司會公開承認他們未能認列某些成本，並認為這是在「成本結構原則性」上的觀點分歧。大多數會計師可能會傾向於選擇某些會計準則和相應的解釋，但這並不表示少數人的觀點就是錯的。在石油和天然氣或科學勘探中，如果沒有一系列失敗的實驗，就不可能成功。我認為並不能因此將嘗試失敗所產生的支出歸類為資產，而非直接成本，但有些人確實這樣做，而且美國財務會計準則委員會也允許這樣做。當數間石油、天然氣公司使用不同的會計準則時，它們之間就不能直接互相比較，只能以使用相同準則的子集團來做橫向比較。

儘管「美國財務會計準則委員會」在應用其標準時，允許一定程度的自由裁量權，但對某些人來說，這仍然不夠寬鬆，這也促成了非公認會計準則（non-GAAP）會計次文化的蓬勃發展。名稱本身具有力量，而「基礎收益」（underlying earnings）或「現金收益」（cash earnings）聽起來比公認會計準則收益更高

深、更專業。企業通常會主導這些調整項目的定義，而華爾街分析師也會跟進。科技公司更是大聲質疑，若員工薪資是以股票或選擇權支付，是否應視為真正的成本（難道優秀員工都是無酬工作的嗎？）由於無形資產的壽命可能不確定且不斷變化，許多人因此認為，任何形式的攤銷或減記，都不是真正的成本。

我對像marchFIRST（一家網路專業服務公司）這樣的案例越來越抱持懷疑。在經過調整後，marchFIRST在2000年前9個月實現盈利，但全年每股虧損6美分。2000年，根據美國公認會計準則做出的財報為：每股虧損53.27美元。在公布這筆驚人的公認會計準則巨額虧損不到2個月後，marchFIRST申請破產。

有些損失確實是一次性的，並會產生未來可逐漸抵消損失的收益。借款人可能需要支付溢價才能提前償還高利債務，但在隨後的幾年中，所支付的利率將會降低。遣散費和工廠關閉會預先使用現金，但在隨後的幾年中，應該可以節省資金。然而，對於一家每年都進行大規模重組、沖銷，卻永遠無法達到預期效益的公司，你又該如何看待它？又或者，一家不斷透過併購擴張、再進行重整的「持續式併購」（rollup）企業，又該如何評估其真正獲利能力？想要判斷一組非公認會計準則數據是否比美國財務會計準則委員會批准的數據真實，會是一項很困難的工作。

▌在註腳文字中隱藏負債

最惡劣的會計舞弊手法之一，就是「隱藏負債」，這類項目在財報中幾乎沒有明顯線索；就算有，也只能在長篇大論、大家根本不想讀的註腳中發現。要戳破這種假象，需要檢查的註腳包

括退休金與退休計畫、資本租賃與經營租賃、遠期承諾、衍生性商品，以及合資企業。企業可以擁有 3 種主要類型的表外資產和負債：(1) 未合併的法人實體；(2) 正在執行的合約；(3) 或有債務（譯註：contingent obligations，是指那些在未來某些特定事件發生或不發生時，才會成為實際義務的責任。這些負債不一定會發生，但公司需要在財務報表中進行披露，以便投資者、利益相關者了解潛在的財務風險）。如果證券化、合資企業和財務槓桿的債務，對母公司無追索權，則可能不會被合併到母公司的財務報表中。租賃和遠期購買協議（forward purchase）是雙方尚未履行義務的可執行合約。「或有事項」包括訴訟、環境整治、產品保固，以及其他責任尚未可被視為「可能發生」、或金額尚無法合理估計的情況。

當手上的現金高於負債時，企業很少會破產，但 2008 年，這種狀況卻發生在美國第二大消費性電子零售商「電路城」（Circuit City）身上。如果不去閱讀財報中的註腳，電路城的資產負債表相當具有誤導性。截至 2008 年 2 月的財政年度中，電路城經審計的財務數據顯示：現金為 2.96 億美元、長期債務為 5,700 萬美元、普通股為 15.03 億美元。

電路城在註腳中揭露了 56 億美元的未來合約義務，其中包括 40 億美元的營業租賃付款。在這些巨額的表外債務中，2009 財務年度必須支付 6.37 億美元，再加上營運現金流為負，電路城為何會倒閉就不難理解了。也因為這類案例，美國財務會計準則委員會更新了租賃的會計準則。

就在 2008 年破產之前，雷曼兄弟選擇使用「回購 105」（Repo 105）會計準則，弄出一張強大資產負債表給債權人、監

管機構看。回購協議是一種當下出售證券、在未來以更高價格回購的協議，但此段期間中，證券產生的利息或股利仍歸賣方所有。實際上，這是一種由證券所支撐的短期貸款，債權方擁有作為抵押品的證券之合法所有權，並以證券的價值減去稱為「估值折扣」（haircut）的準備金來貸出，對於優質債券來說，估值折扣通常為 1%～2%，這筆準備金可以在借款人違約的情況下保護債權人。雷曼兄弟可能會花 2 美元購買價值 100 美元、折價 2%的證券，而資產負債表上將顯示價值 100 美元的債券和 98 美元的回購負債。在全球金融危機期間，金融機構紛紛試圖呈現更高的流動性現金與更小的資產負債表規模，而這類交易就成為他們「美化帳面」的工具之一。

對於折扣較大（超過 5%）的較低等級債券，雷曼使用了「回購 105」會計準則，同時也將這個準則用於估值折扣率超過 8%的股票。為了購買價值 1 億美元的債券，扣除 5%的估值折扣，雷曼兄弟將出資 500 萬美元，而財報上則將此 500 萬美元歸類為遠期合約，因此回購負債根本不會出現在雷曼兄弟的資產負債表上。透過這種方式，雷曼兄弟成功將數百億美元的負債從財報中「隱藏」起來，即使仔細閱讀財報註腳，也找不到完整揭露這些義務的資訊。不同於多數會計造假手法，「回購 105」並不會影響當期盈餘數字，因此更加不易被察覺。

▎凱蒂小姐做了什麼？！

當我閱讀安隆 2000 年的 10-K 年報時，發現其中藏的問題比答案還多。同樣是批發服務貢獻的利潤，一邊可以被分類為資產

和投資,另一邊卻又定義為商品銷售和服務;對我來說,「資產和投資」聽起來不像是一項經營業務。2000年,資產和投資所提供的息稅前收入為8.89億美元,占安隆總利潤的1/3以上。但隨後的「商品銷售和服務」項目中,卻包含了3.81億美元的證券化銷售收益,其中有部分收益來自對白翼(Whitewing)的銷售,而白翼實際上是一間安隆控有50%股權的子公司。另外兩家子公司捷迪(JEDI)和捷迪二號(JEDI II)則貢獻了2.55億美元的股本收益。因此我們無法弄清楚安隆的利潤究竟是來自經營業務、商品交易、證券化,還是出售資產產生的收益。

　　安隆的資產負債表不斷膨脹,投資和其他資產總額達234億美元,這是不動產、廠房、設備的2倍規模。對未合併股權子公司之投資與預付款,總額為53億美元。在一年之內,價格風險管理活動的資產,從29億美元躍升至90億美元。為了了解這些投資,我研究了10-K報表中的第21項,其中列出了數百家子公司和合夥企業,但名單上完全沒有說明這些實體的業務內容,所以我從來不知道Bodyflash.com和梅林併購(Merlin Acquisition)做了什麼,也不知道他們的資產有多大。註腳中沒有列出任何實體的所有權百分比,但「凱蒂小姐有限公司」(Miss Kitty LLC)卻被一再重複列出。

　　我的猜測是,許多安隆擁有的實體對凱蒂小姐興趣不大,所以才在清單上重複出現。安隆顯然不想揭露它實際擁有什麼,以及是透過哪個實體持有的。同樣的道理,由安隆持股過半的子公司「大西洋水信託公司」(Atlantic Water Trust)持有Azurix公司68%的股份,這表示安隆間接持有Azurix的34%股份。2000年,Azurix將其阿根廷水務資產的價值減值了4.7億美元,這導致安

隆承擔了 3.26 億美元的費用，在財報中看起來占了減值的 69%。安隆甚至還鼓勵「大方的」投資人忽略這項損失，並將其年度每股收益增加 40 美分。當時我感覺安隆根本是在用堆積如山的資料把我淹沒，大量無關緊要的揭露內容對我毫無幫助，因為我真正想弄清楚的是：安隆是怎麼賺錢的？它的資產到底是什麼？

生命太過短暫，不能浪費在無意義的事情上！市場上有數千支股票可供選擇，一些投資人確實透過挖掘註腳中的細節，來奠定自己的職業生涯。對於銀行和保險分析師來說，這是必須做到的事；但作為一個沒持有安隆股票的投資組合經理人，我並不需要知道那麼多。一間企業願意揭露訊息是一件好事，但凡是涉及龐大企業架構、需要數百頁資訊說明的公司，我通常運氣都不太好。企業結構複雜或資訊揭露不透明的公司，往往正在試圖隱瞞某些事。

撇開那些高明的財報註腳技巧不談，一家公司陷入困境的跡象，通常是庫存和應收帳款等資產的急速膨脹。即便高庫存和應收帳款並不直接代表有欺騙行為，但這些跡象確實表示，公司在銷售方面過於努力。投資、無形資產和其他資產不斷增加，也要提高警覺，特別是如果一家公司不斷地進行收購的話。世界通訊向大眾展示了怎麼偽造息稅折舊攤銷前盈餘，但它的欺瞞也可從負的自由現金流、飆升的負債中看出。零售商投資人應檢查租賃的註腳；對於加入工會的行業來說，有關退休福利的說明很重要。如果註腳太令人困惑，投資人就應該及早抽身。

第四部

活久一點，賺多一點

第 13 章

末路近了？

>「我不想透過我的作品永垂不朽，我想單純透過不死來實現永生。」
>
> ——伍迪・艾倫（Woody Allen）

生命無常且充滿驚奇，而商業世界更是如此，但許多人在評估股票時卻忘了這一點。投資人常常忽略壽命（也就是企業倒閉之前所能存活的時間）與確定性的關鍵性。獲利和成長是令人振奮的話題，而且很容易量化；但企業的死亡率和確定性則難以量化，而且談這個好像有點喪氣——不過這兩個特質卻對股票的價值至關重要。根據「折現現金流量法」（discounted cash flow／DCF）公式，證券的價值等於從現在起到未來的自由現金流總和，並以公平報酬率折現；有些公司使用股利（實際分配的自由現金流）來取代公司的現金流。價值的 4 個要素是（1）獲利能力或收入；（2）壽命；（3）成長；（4）確定性。

某些產業含金量比較高，擁有更高的利潤、更長的壽命、更快的成長速度，或更高的確定性。儘管每個產業的價值要素都是相同的，但它們存在於不同的層面，並以不同的方式組合。接下來的四章將探討一些組合方式，並特別關注能帶來「確定性」和「持久性」的因素。簡單來說，在確定性更高、週期性更小的行

業中營運的高利潤公司，往往能生存得更久。除了低價消耗商品產業之外，「確定性」與「快速成長」很少會同時存在。

折現現金流量法常常被粗心地使用，將幾乎確定的事件和幾乎不可能的事件，以同樣的方式衡量。有些預測相當可靠，而有些則是胡言亂語；投資人需要識別可信的資訊，並排除那些只是猜測與廢話的部分。對於已經正在發生的事件進行描述，通常比預測遙遠的未來更具可信度；你看得越遠，預測出錯的可能性也越高。按照慣例，在足夠遠的未來裡，沒人會擁有任何線索；而無盡未來的剩餘價值，最終會被統整為一個數字——「終值」（terminal value）。

我猜想巴菲特可能會以最小化「不安全邊際」（margin of unsafety）的方式來應對不確定性，儘管他從未用這些詞彙做出明確表示。所謂的不安全邊際，就是股票市場價格超過以極度保守的估算方法算出之現值（也就是最壞情境假設）的那一部分。一般來說，我們不會對所有預測的現金流量進行折現，因為其中有些現金流的確定性很高，另一些則是不太可能會發生的神奇收入，而我們只會計算最確定的現金流量，不考慮終值。在大多數情況下，這種做法過於悲觀，因為預測中無論是幾乎確定的、可能的，還是異想天開的現金流，的確都有一部分會轉化為收入。若能理解到這一點，你就知道為什麼股票幾乎永遠不會以低於其「高度確定的價值」出售，但如果你投資規則的第一條就是「不要賠錢」，那麼最小化不安全邊際就是一種好方法。

如果企業壽命和確定性很容易衡量，我會很想知道這兩個因素對不同產業的股票報酬存在多少影響。但事實上，這兩個因素並不太容易推斷，所以我們只能使用更多主觀指標。產業會隨著

時間而變化,昨天的未來產業很可能在明天就過時,因此,我們關注的不是特定產業本身,而是產業的特質與背景條件。這些特質與條件,在判斷未來的贏家產業時,會比過去的表現更有參考價值──除非該產業的特質演變非常緩慢。

▌企業壽命與產業結構:鐵路過時了嗎?

埃羅伊‧迪姆遜(Elroy Dimson)、保羅‧馬許(Paul Marsh)和邁克‧史當頓(Mike Staunton)(3人均畢業自倫敦商學院)對美國和英國股票市場進行了全方位歷史統計,追蹤自1900～2016年共15個產業類別的股票表現,這段期間中,產業發生了巨大的變化。1900年的股票市值中,有高達4/5來自如今已不再主導市場的產業,舉例來說,火柴和蠟燭在1900年是主要產業;而為了確保研究在116年中的連續性,迪姆遜將火柴和蠟燭歸入「其他製造業」(miscellaneous manufacturing)。

在迪姆遜的研究中,美國市場中表現最好的產業依序是:菸草、電氣設備、化學品、食品和鐵路;最糟糕的則依序是:航運、紡織、鋼鐵、造紙、公用事業和煤炭。在英國,表現最好的是酒精類;若非美國曾實施禁酒令(1920～1933年),這或許也會是美國最賺錢的產業。1900年,鐵路就是股市的代名詞,鐵路公司占美國上市股票市值的63%,以及英國市場的近一半市值。如今鐵路在這兩個國家的總市場價值中,成為微不足道的存在,占比都不到1%。乘客現今可以搭飛機或開車,而曾經透過船舶或鐵路運輸的貨物,現在可透過卡車或航空運輸。即便在這段時間裡,鐵路被卡車和飛機取代,但鐵路股的表現仍優於卡

車股和航空股。

美國卡車運輸、航空股票的資料數據，分別始於 1926、1934 年；從那時起，兩者在大盤上的表現都不佳。儘管鐵路股在股票市場上從主導地位跌落至無足輕重，但卻一直是表現最好的運輸類股。整體來說，鐵路或多或少與整體市場走勢相符，儘管不是直接相關。70 年代初出現了一系列鐵路破產事件，其中包括鐵路巨人「賓州中央鐵路公司」（Penn Central）。股利在鐵路股的總報酬中，占有相當重要的比重。

直覺上，鐵路行業的利潤應該會被新的運輸方式全面吞噬。隨著產業中的客戶被替代方案奪走，通常其市場地位會大幅下降，利潤也會萎縮，就像航運、鋼鐵、紙業與煤炭產業的情況一樣。到了 70 年代，客運列車虧損慘重，導致美國政府在 1971 年 5 月 1 日將幾乎所有的「城際客運服務」國有化，當時也曾擔憂鐵路貨運將步上相同命運。公路是鐵路最具競爭性的替代品，其成本更低，並且至少具有一項優越的條件：當 2 人以上同行時，汽車的油費會比購買火車票更便宜；此外，人們也可以隨時隨地出發。

雖然卡車與飛機運輸較快，但鐵路仍具有價格優勢。鐵路進一步透過大規模的成本削減和提升生產力，強化了此項優勢。美國一級鐵路公司（大型鐵路公司）的從業人數從 1947 年的 135 萬人降到 2016 年的 15.2 萬人。憑藉柴油機車與雙層貨櫃，鐵路以更少人力、更少軌道，卻更高速度搬運近 3 倍的貨物運輸量（以每噸－英里計）；幕後的路線安排、排程、安全與維修也都已自動化與電腦化。

鐵路是地方壟斷企業，而這使利潤率得到保護，因為鐵路在

客運、貨運中的占比已經萎縮。一旦鋪設了一條連接兩地的鐵道，那麼就很難在同樣路線上再建造一條有競爭力、能獲利的新鐵道。雖然顧客可以選擇其他運輸方式，但在大多數情況下，他們無法在同一路線上選擇另一家鐵路公司。而航空、卡車、航運公司在相同的路線上彼此競爭，儘管卡車和飛機運輸量大幅成長，但卡車和航空公司股票的投資報酬率較低，因為這兩個產業的競爭動態比鐵路更嚴峻。儘管搭機人數逐年成長，但激烈的競爭讓航空業獲利不穩且短暫；卡車業者雖未像航空業那樣被競爭壓垮，但整體獲利能力仍遜於鐵路。至於國際航運，更是兩頭空的局面：不僅產業重要性日漸降低，還有眾多競爭者廝殺。

投資人在那些滿足日常需求、顧客無法（或不願）更換品牌的產業中表現最好，菸草業曾是壟斷市場，如今仍為寡占。在菸草與酒類產業中，「品牌」的影響力極大，而且這兩者也分別是美國、英國報酬最高的產業。喝傑克丹尼威士忌（Jack Daniels）的人，大多不會接受藍帶啤酒（Pabst Blue）作為替代品；抽萬寶路的人，也多半不會改抽寶努士（Bonus Value）。

讓我們看看其他產業：機電設備是一個極其多樣化的產業，其中產品與產品逐項競爭，隨著引擎和燈泡取代了體力勞動和蠟燭，機電一直是上個世紀的成長產業。而化學品股票在1900年有強勁表現，可能是因為當時製藥業還被歸在化學產業範疇。

▍沉船和煤塊

1900～2016年之間，受到替代效應與激烈競爭雙重拖累的產業，都是非常糟糕的投資標的；航運公司、紡織廠、鋼鐵廠與

造紙廠之間的競爭異常激烈。購買燃煤的客戶在比較時，只看幾個要素：煤塊的熱含量（heat content）、乾淨程度、最終的成交價。如果你剛好在這類產業工作，你可能會主張產品之間的差異遠不止這些，偶爾也確實是如此。但就整體而言，這些產品就是「商品」，除非我能證明消費者不把某產品視為商品，否則我會假設它就是商品。一般而言，商品化產業的獲利表現平平，這些產業通常資本密集，並且往往在大規模的倒閉和興盛之間搖擺不定。例如：2000 年，北美一半的鋼鐵業申請破產；但 6 年後，整個產業又開始大發利市。

沒有替代品的產業，以及沒有競爭者的公司，通常能獲得最高報酬、存活最久，並創造最大的價值。儘管從表面來看，電力公用事業的條件完美，但實際上它們並不符合這個理論。電力是一種會被消耗的產品，應用領域不斷擴大，幾乎沒有具吸引力的替代品，許多電力公司也是地方性的壟斷業者。問題在於，許多電力公司是以「管制價格」進行銷售，也就是價格是由主管機關根據公司預估成本加上「公平報酬率」來決定。州政府的監理機構通常假設，電力公司的主要資金來源會是低利貸款，而股東獲得的報酬率也應維持在低水準。

這套制度最早可追溯到電力產業發展初期，當時在競爭激烈的市場中，許多電力公司主動遊說要求由州政府進行整合和監管。在 90 年代初期之前，一些市政府會核發特許經營權給多家電力公司，導致市場混戰。這些公司抱怨破壞性競爭過於激烈，並認為電力應該是種「自然獨占」（natural monopoly）的事業。而在其他城市，電力公司則自行合併成為當地壟斷企業，隨即調漲電價。根據羅徹斯特大學的葛雷格・賈雷爾（Gregg a. Jarrell）

指出，最早採用監管制度的州，正是那些電力市場競爭最激烈的地區，這些地區的電價比平均低 45％，人均用電量卻高出 25％，而電力公司獲利也較差。一旦被納入監管體系後，電價便開始上升。對這些公用事業公司而言，企業的存續與穩定性，比追求高利潤來得更重要。

獲利能力：超過 50 年的金雞母

　　辨識真正有價值的公司，第一步就是找出擁有卓越獲利能力的公司。如果你篩選出一批特別賺錢的公司，這些金雞母能持續下蛋多久？這個答案會因產業不同而有所差異嗎？迪姆遜的研究尚未觸及這些問題。市面上常見的商業資料庫，資料歷史若超過 25 年通常就開始支離破碎、參差不齊。我翻出了 1965 年的《穆迪手冊》（*Moody's Handbook*），裡面完整記錄了 1,000 家公司的資料，我排除了銀行與保險業者，接著挑出 1964 年營業利潤率超過 20％的 90 家公司。這些公司並非平均分布於各個產業，其中有 14 家是鐵路公司、12 家是製藥公司，另外還有不少消費品與礦業公司。我從 32 個產業中，各挑出一家代表性公司，選擇標準是根據「銷售額最大」、「市值最大」與「利潤率最高」的非科學綜合評估。而零售、貨運、鋼鐵、汽車、半導體與無品牌食品等產業，完全沒有任何公司能達到 20％的利潤率門檻。

　　快轉到半世紀後的 2014 年，這些公司雖然優勢已縮小，但獲利能力仍高於標普 500 指數 10.5％的平均值。在表 13.1 中，我列出了這些公司或其繼任者的利潤率，依照 2014 年從高到低排序。這當中有 7 家公司破產，許多被併購，多數則歷經重大轉

型。這份 32 家公司的縮小名單，目的是展示產業的多樣性；若回頭看完整的 90 家公司清單，其利潤率回歸平均值的情況，其實沒有那麼明顯。在擁有多家高利潤公司的產業（例如：藥品、鐵路，以及非耐用消費品），企業的獲利能力更具韌性，也許這正是整個產業層級上的競爭護城河所致。而原物料開採業是個例外，因為它受制於深度商品周期（譯註：deep commodity cycles，指的是大宗商品市場中，價格的長期波動或循環，這些波動通常持續多年甚至數十年）。

整體來看，擁有品牌的非耐用消費品公司，是半世紀以來獲利表現最穩定的產業；除了攝影相關產業之外，幾乎沒有一家公司破產。這些公司的收益，普遍比其他產業更不受景氣波動影響。從「高獲利」、「長壽命」、「高確定性」、「高成長性」這 4 項評價優良企業的指標來看，非耐用消費品產業在前 3 項都表現出色，唯一缺乏的是「本業營收的快速成長」。英國股市在 115 年間表現最好的股票，是酒類相關企業，但每人酒精消費量卻是逐年下降；香菸的消費量則幾乎年年萎縮。儘管肥胖與浪費問題嚴重，食品的總消費量也不太可能比人口成長快太多。或許食品與酒類等非耐用消費品的利潤之所以能夠長期穩健，正是因為其需求穩定、產品改良循序漸進，降低了新進競爭者進入市場的誘因。

我在研究中發現，有兩家消費品公司竟然能在已經非常優異的利潤率基礎上，持續提升並維持半世紀以上──香菸生產商「雷諾茲」，以及傑克丹尼威士忌的生產商「百富門」。其他一些小額消費品公司也維持了優異的獲利能力與穩定的銷售成長。「好時」依然是美國最受歡迎的巧克力品牌；「寶僑」則收購了吉

〔表 13.1〕 32 間具產業代表性的企業利潤率

企業名稱	繼任者	股票代號	產業	1964 年的利潤率	2014 年的利潤率
百富門（Brown-Forman）		BF.B	酒精	27	33
賓州中央鐵路公司（Penn Central RR）	1970 年破產／諾福克南方公司（Norfolk Southern）	NSC	鐵路	27	31
雷諾茲菸草公司（R. J. Reynolds）	雷諾茲美國控股公司（Reynolds American）	RAI	香菸	27	30
沿海天然氣公司（Coastal States Gas）	金德摩根（Kinder Morgan）	KMI	天然氣	29	27
史克藥業（SmithKline）	葛蘭素史克（GlaxoSmith）	GSK	製藥	34	26
首都城市傳播公司（Cap Cities）	迪士尼（Disney）	DIS	電視／廣播	34	23
MMM		MMM	雜項製造業	22	22
國際香精香料公司（Intl Flavors & Fragrances）		IFF	香精	24	19
IBM		IBM	電腦	27	19
好時（Hershey）		HSY	糖果	23	19
吉列（Gillette）	寶僑（Procter & Gamble）	PG	刮鬍刀	24	18
丹碧絲（Tampax）	寶僑	PG	衛生棉條	43	18
雷歐尼爾（Rayonier）		RYN	林業	22	16
AMP	泰科電子（TE Connect）	TEL	電子設備	21	15
哈比森沃克（HarbisonWalker）	2002 年破產／哈利伯頓（Halliburton）	HAL	耐火材料	21	15
多姆金礦（Dome Mine）	黃金公司（Goldcorp）	G.TO	黃金	30	13

（接續下頁）

企業名稱	繼任者	股票代號	產業	1964年的利潤率	2014年的利潤率
亞培（Abbott Lab）		ABT	醫材	21	13
杜邦（Dupont EI）		DD	化學	25	12
開拓重工（Caterpillar）		CAT	建築設備	21	10
石威（Stone & Webster）	2000年破產／Chic. B&I	CBI	工程	35	8
全錄（Xerox）		XRX	影印設備	30	7
孤星水泥（Lone Star Cement）	Buzzi Unicem	BZU IM	水泥	20	7
美國商業航線（American Commercial Line）	2009年下市	ACLI	航運	24	6
道瓊（Dow Jones）	新聞集團（Newscorp）	NWS	報紙	22	6
美泰克（Maytag）	惠而浦（Whirlpool）	WHR	家電	25	6
西北航空（Northwest Air）	2005年破產／達美航空（Delta）	DAL	航空	25	6
英國石油（British Petroleum）		BP	石油	22	5
雅芳（Avon）		AVP	化妝品	27	5
美國石膏公司（US Gypsum）	2001年破產／美國石膏公司（USG）	USG	牆板	22	4
諾蘭達鋁業（Noranda）	嘉能可（Glencore）	GLEN LN	採礦	25	2
冠軍火星塞（Champion Spark）	輝門集團（Fed Mogul）／2001年破產	FDML	汽車零件	27	0
伊士曼柯達（Eastman Kodak）	2012年破產	EK	攝影	27	-1

列和丹碧絲，2014年其整體利潤率為18％，而吉列和丹碧絲這兩個品牌幾乎已成為其商品類別的代名詞。寶僑也公布了刮鬍刀產品的業績，2014年利潤率為24.4％，基本上與50年前的吉列持平；他們並未透露女性護理產品的利潤率，但暗示其遠高於公司平均利潤。

當然，也有些消費必需品股票表現不佳——例如：雅芳和伊士曼柯達。這些表現落後的公司，往往是因為品牌力薄弱，或根本沒品牌；不過有趣的是，這一點並不適用於雅芳（美國最知名的化妝品品牌之一）和伊士曼柯達（擁有世界上最有價值的商標之一），這兩家公司當時都擁有全球最具辨識度的品牌。雅芳之所以衰敗，是因為它的銷售模式遠遠落後於時代，購物中心與網路的興起，讓化妝品可在任何地方輕鬆取得；而女性進入職場比例升高，雖然整體使用更多化妝品，但卻不再從居家直銷模式購買。隨著女性職涯選擇更多元，選擇雅芳低薪兼職銷售工作的人就越來越少。

成長：再見！照片

「伊士曼柯達」既是一家擁有知名品牌的小額消費品公司，同時也是一家科技公司，但最終讓它倒下的是技術的變遷。在60、70年代，它是當時股市中最風光的明星股票之一，靠著高獲利的「柯達克羅姆膠捲」（Kodachrome）創下亮眼的毛利率。即使寶麗來（Polaroid）推出了即拍即得的攝影技術，但伊士曼柯達的成長仍持續強勁。寶麗來的本益比飆高到天價水準，正如其創辦人埃德溫‧蘭德（Edwin Land）的地位，他是一位擁有

533 項專利、僅次於愛迪生的天才發明家。隨著日本競爭對手搶占市場，伊士曼柯達的利潤也開始下滑；最終，化學攝影產業被數位影像徹底顛覆。最早掀起創新浪潮的寶麗來，於 2008 年申請破產，早於伊士曼柯達的 2012 年。爆發性的成長與驚人的獲利能力，正是交易者追逐高科技明星股的原因；但可惜的是，明星股不以長壽或可預測性聞名。表 13.1 中的 32 家公司裡，「全錄」的本益比高達 54，為所有公司之冠，其次是 IBM；伊士曼柯達當年也有極高的估值。70 年代，這三家公司都是所謂的「漂亮 50」（Nifty Fifty）成長股，是當時被視為「單次決策」（譯註：one-decision，是指那些被認為只需要做出一次買入決定，然後就可以長期持有的成長型股票）夢幻標的，但產業快速變化的公司，唯有不斷轉型才可能存活。IBM 在 50 年的時間裡表現最佳，因為它徹底轉型，從電腦硬體跨足軟體與服務；全錄雖然也多角化經營，並涉足外包服務，但仍以銷售、租賃、維修影印機為主，而這個市場的利潤率早已大幅下降；伊士曼柯達仍專注於底片和相機，於是在 2012 年破產。

過時技術的另一個受害者，是設計與建造核電廠的「石威」（Stone & Webster），它曾為美國的每一座核電廠提供服務。核能曾被認為能讓電費低到不需計價（幾乎免費），但由於民眾的抗議聲浪，導致施工成本暴增。1979 年，三哩島核洩漏事故後，公用事業公司紛紛停止增設核電並取消了正在建造的設施，當時規計畫中的核電廠有一半從未完工。石威的應對方法是嘗試多角化經營，同時經營利潤較低的業務領域，最後變成一家普通的工程與營造公司，只為了維持人力生存而去投標各類工程案。

工程師往往只關心技術是否能達到預定功能，而忽略其副作

用,但意想不到的後果可能毀掉一家公司。石綿(asbestos)訴訟讓哈比森沃克、輝門和美國石膏公司宣告破產;公眾之所以拒絕一項技術,並非因為這些技術不能用,而是因為其間接影響。石綿至今仍具備防火、耐熱的特性,這些特性讓它曾被譽為「奇蹟礦物」;當然,現在石綿大多已被其他材料取代,包括曾用於肯特香菸的青石綿濾嘴,這個濾嘴當年還曾被宣傳為「香菸史上最偉大的健康防護」。但在沒有其他更安全防火材料可替代的情況下,石綿在美國仍合法使用,目前仍應用於墊片、屋頂與地磚。

其實,當時就已有針對石綿、核能、菸酒的健康風險報告出現,這是否暗示了,未來世代也可能會開始拒絕某些今天看來理所當然的產品?美國曾經實施禁酒令又廢除,這顯示在不同年代中,人民對產品利弊的看法會改變:一開始覺得利大於弊,之後又覺得弊大於利,過一陣子又可能回到原來的看法。有些人警告,網路讓政府、廣告商能 24 小時監控人們(而電子貨幣則讓追蹤個人行為變得更加容易),人們對於自己的數據資料也沒有所有權;儘管如此,到目前為止,大家一致認為網路是一項偉大的發明。基因工程雖然在農業生產力上帶來驚人成果,但懷疑者仍在觀望是否會產生可怕的突變。說到底,未來不是我們可以清楚預見的。

▎確定性,以及難以預測的未來

我試圖透過尋找非景氣循環周期性需求、政府監管、壟斷力量、品牌忠誠度,以及相對穩定不變的產品,來獲得對未來某種

程度的確定性。對於高度景氣循環性的產業，雖然可以估算出平均需求水準，但在任何特定年度裡，營收與獲利可能會偏離趨勢非常遠，導致預測變成一件愚蠢的事。當法規或壟斷力量能夠替企業擋住競爭風險時，市場占有率戰爭與價格戰的威脅就會減輕。強勢品牌代表顧客的忠誠度，以及一定程度的定價能力。而產品如果演變速度緩慢（且不是大宗商品），就較不容易被替代，也較不容易發生市占率的變動。

各種合約——包括買賣、債務、租賃——可能會增加或削弱未來的確定性。有些買賣合約是長期性質，可以讓企業對未來數年的營收、支出或定價有部分可見度。期刊訂閱、電信服務、軟體維護等「常青型」（evergreen）會自動續約，常常不是靠合約拘束，而是靠慣性維持。而「成本加成協議」（cost-plus agreements）則向承包商預先保證了一定的利潤水準；反之，合約若寫得不好，反而會增添不確定性。景氣低迷時，企業總希望所有成本都是可變的，而非固定的；但現實中，大多數公司都承擔著債務與租賃義務，必須用未來不確定的收入，支付明確約定的金額。

賓州中央鐵路（Penn Central）與西北航空（Northwest Orient Airlines）破產，不僅是因為債務過多，還因為必須重整高成本的勞資協議。1968年，賓夕法尼亞鐵路公司（Pennsylvania Railroad）與紐約中央鐵路（NewYork Central）合併成為「賓州中央鐵路」，其在多數路線上擁有鐵路壟斷權，但強勢工會阻礙了成本節省措施的實施。60年代，客運業務持續虧損，隨著乘客人數下滑，公司人力過剩。1966年，賓夕法尼亞鐵路公司將長島鐵路（Long Island Rail Road，一條通勤路線）賣給紐約州政

府,但保留了其他仍在虧損的通勤與城際客運業務。貨運本來就具有景氣循環性,而賓州中央鐵路的成本結構與 33 億美元的債務,彷彿假設經濟會永遠景氣。1970 年,該公司在合併僅 2 年後就申請破產,期間甚至從未停發股利。

1964 年,西北航空似乎擁有一條順暢無阻的成長之路,搭機人數逐年上升,當時航空產業受到政府高度管制,國內航線普遍都有利可圖。西北航空擁有穩健的資產負債表(債務不到股本的一半)和現代化的機隊,更好的是,它提供多條亞洲航線服務。歷來在遠東地區取得降落權(landing slots)都非常困難,即使到了今天,亞洲仍然是航空旅遊的成長市場。亞洲市場的票價水準普遍偏高,因此航空公司通常靠提升服務品質來吸引旅客。全球最佳航空公司的名單中,亞洲的航空公司經常上榜,而美國公司則鮮少出現。

1978 年,美國的航空產業解除管制,國內航線競爭變得更加激烈。西北航空併購了共和航空(Republic Airlines),以鞏固其在聖保羅、底特律兩大樞紐機場的主導地位,但合併後卻導致一連串的服務異常。1989 年,公司進行槓桿收購(LBO),之後將大部分飛機、國際不動產賣出再租回,西北航空自此開始出現「雙重人格」:在東京航線上提供精緻的服務,同時不斷壓榨員工使其讓步。有一陣子,公司甚至砍掉國內線的花生與枕頭這種基本服務來省錢——當然,亞洲航線並沒有這樣做。到了 2005 年,槓桿收購加上多年虧損,讓西北航空累積了龐大的債務與租賃負擔,其淨資產轉負、機隊老化,幾乎沒有剩餘資產可供剝離。曾經讓西北航空擁有可預見未來的各種保障——政府監管、壟斷市場、低債務與租金成本——全都消失了,一些乘客甚至戲

稱它為「Northworst」（最爛的西北、喝西北風）。

另一方面，叫車服務「Uber」（優步）找到規避監管的方法，打破了計程車產業長達數十年的穩定局面。過去超過75年間，紐約市透過「牌照制度」（medallion）控制計程車的數量，以抑制競爭。大蕭條時期，搭車人數大減，車資也隨之下降，當時曾有人提議讓紐約市計程車成為壟斷事業，但提案在媒體揭露市長吉米・沃克（Jimmy Walker）向最大業者帕米利（Parmelee）收賄後告吹。1937年，紐約市發出約1.3萬張計程車牌照，每張只要10美元；到了2013年，這些牌照的交易價格飆到110萬美元，複合年成長率超過15%，這實在瘋狂，因為一台全新的計程車成本不到這個價格的1/10。

沒有牌照的計程車司機通常認為，整個牌照系統就是一種合法化的剝削；但對投資人來說，這卻是穩賺的單邊押注。多數牌照所有人會將牌照出租給司機，每年穩定收入約7萬美元，收益率約為6%，而且還會增值，租金幾乎不會下降，因為風險（例如淡季，或油價上漲）都由司機承擔。在80年代，切克汽車（Checker Motors）是一家上市公司，我個人很喜歡它製造的那種寬敞、油耗高的計程車，而且它還透過對帕米利的持股，擁有數千張計程車牌照。我也買過切克的股票，但不久之後它就私有化了；我當時覺得收購價太低，但現在回頭看，買方根本是撿到寶。如今，Uber和Lyft不需要任何牌照也能營運，收費更低，但司機的實得收入與過去持有牌照的計程車司機相當。結果是，牌照價格一路暴跌。

過去數十年，報業靠訂閱制與消費者習慣，使得道瓊（Dow Jones）等報業公司的獲利趨勢變得乏味而可預測。政府對廣播

媒體有競爭限制，但就算沒有這些管制，多數城市也只會有一份主要報紙；即使電子媒體崛起，讀者數量也依然穩定。除了房市與就業之外，其餘類型的廣告並不太受景氣循環周期性影響；但當報紙廣告的獲利模式崩潰時，網路已變成了一個成熟的資訊平台。無論你是依賴法律、壟斷力量、合約、習俗、習慣來獲得對未來的了解，這些都建基於人類行為，而人性總是充滿瑕疵。

事實上，企業價值的 4 大構成要素──獲利能力、壽命、成長、確定性──都反映了社會行為的常態模式。因此，即便我們努力為這 4 個元素賦予數字，它們依然不像物理定律那樣絕對。「高獲利能力」代表的是，一種產品被消費者高度需求，而且由於某種原因，消費者無法從其他地方取得。產品的「壽命」會因為公司產品的即時需求減少而縮短，無論是銷售被競爭供應商或替代品搶走，還是銷售因周期性因素而延後，結果都是一樣的。一間企業的「成長」，反映的是自家產品能替代競爭者，或是產品讓使用者能做到以前無法做到的事。「確定性」則來自合約、制度、人類行為的一般慣性。投資的挑戰在於避免陷入不切實際的期望，歷史不停地向我們揭示，許多公司的最終價值為零。

第 14 章

油井與油光

「資本主義大飯店的頂級套房總是有人住,但不會永遠是同一個人。」

——約瑟夫・熊彼得

（Joseph Schumpeter,經濟學家、前德國財政部長）

大宗商品生產商是投機者的天堂,卻是一般投資人的地雷區,這些產品彼此高度同質,銷售價格完全取決於市場機制,充分反映了供需關係。在行情熱絡時,市場故事總是聚焦在需求面,但投資人通常會更關注供給面。擁有最低生產成本的生產商,利潤率最高,也可能成長最快。如果價格穩定,我會盡我所能尋找被低估的資產,以及更低的生產成本。

最大的變數在於,大宗商品市場的競爭基礎幾乎只剩價格,因此價格常波動劇烈、頻繁。在價格上漲後,供給端通常會有延遲性的跟進反應,根據競爭對手對這些變化的反應方式,生產商的相對成本將會改變。在活躍的市場中,成本較低的生產商如果不增加產能（即使增加產能的成本較高,但依然能獲利）,就會錯失擴張機會;而在經濟低迷時期,低成本生產商雖然撐得最久,但其他競爭者的成本結構會以不同速度變動。要持續維持低成本並不容易,資產價值也可能極度短暫且脆弱。

舉例來說，單桶原油的探勘與生產成本，其實難以事先精確估算。會計師將能源公司的成本分為三類：（1）探勘儲量；（2）開發儲量；（3）開採與生產石油或天然氣。尋找石油是一場運氣與技術並重的遊戲，單一鑽探活動的結果難以預測，即使是最頂尖的探勘者也會打到乾井。探勘成本指標波動劇烈，因此必須以特定地區的歷史平均值來看。若要解釋某家公司的成本為何偏低，我會從地質、技術、社會制度進行研究。

開發成本與特定油田或專案相關，因此探勘公司會根據資源的估計價值來編列相應的預算，有些儲量雖然探勘成本低，但開發／開採成本高，反之亦然。維持獲利的一個經驗法則是：石油開發成本不應超過銷售價格的 1/3，例如當油價為每桶 45 美元時，開發成本不應超過 15 美元。

「開採成本」比「開發成本」更容易預測，部分原因是開採成本中包括稅收、特許權使用費，這些費用通常依法律或契約規定為營收的一定百分比。從深海海底油井開採碳氫化合物的物理成本，明顯高於高產量的陸地淺井。即使在同一個油田中，最初開採的油總是最容易、成本最低的，而且成本會隨著時間的推移而上升。世界各地地質條件與財政條款差異極大，因此並非所有桶子裡裝的石油都擁有一樣的成本。

油價經常劇烈波動，反映對未來供需的預期。價格上漲通常代表市場希望獲得更多石油，但新原油資源供給的開發往往需時多年，這種時間差有時長到讓人懷疑價格變動與供給反應是否真有關聯。2008 年 7 月，油價曾衝上每桶 145 美元高點，但美國的原油產量直到 2015 年還在上升。與其他礦物不同，石油無法回收再利用；與農作物不同，石油不能靠「再種」獲得。「均衡

價格」（equilibrium price）雖然是個有用的概念，但若過於認真看待，會發現現實中的石油市場風險重重。

油交易商都知道，若要獲利，必須預測市場對未來價格變化的看法，而不是立即交割的現貨價格。幾乎所有期貨市場交易都是針對1年內交割的合約，因此對於長期價格的預測——對股票投資人來說，最重要的部分——往往難以掌握。此外，特定的石油與天然氣股票，其定價是根據不同的「價格框架」（price deck，是指一系列隨時間變化的價格預測，通常按季度或年度呈現）所做出的預期調整。

雖然我通常會避開大宗商品業務，但如果你必須投資它，那就選擇石油，因為石油供應有限且需求相對缺乏彈性。當一項資源可再生時，其成本就是「尋找、生產和替代」它的花費，個別石油公司也許能夠找到替代性的石油儲備，但從全球的角度來看，石油資源的總儲量是固定的，而且正在枯竭。「哈伯特峰值」（譯註：Hubbert peak，此理論指出，對於任何給定的地理區域，無論是單個產油區還是整個地球，石油產量都趨於遵循鐘形曲線）會出現在全球石油儲備被開採一半之後；而此事可能已發生了。透過技術上的改進，短期內我們可以找到、開採更多石油，但地球資源終究有限。

目前，石油的需求仍穩定成長，截至2015年的10年間，世界原油產量在最弱的年分下降了1.6%，在最強勁的年分增加了2.7%。在汽車和替代能源技術進一步改進之前——而這方面已取得了很大進展——石油仍是無可取代的運輸燃料。即使氣候變遷確實存在，世界也不可能完全停止使用石油；但產業的韌性並不代表個別企業也同樣強韌，未來是否能存活仍是未知數。

誰才是「不可再生資源」的合法擁有者？這個問題的答案，會影響原油生產成本的估算。因為碳氫化合物為天然產生且持續枯竭的，大多數政府都會對其提出社會主張。在許多國家裡，國營石油公司壟斷所有權；在美國以外的地方，石油與天然氣銷售常常必須承擔沉重的稅收和特許權權利金。

與此同時，能源生產與消費相關的一些成本——例如：中東戰爭、環境破壞、道路建設——也由整體社會共同承擔。數十萬人在連綿不絕的中東戰爭中喪命，當中東地區爆發戰爭時，油價往往飆升；油價上漲有助產油國政府為戰爭提供資金，但更直接的原因是，戰爭破壞了石油供應鏈。經過多年研究遜尼派、什葉派，以及油田、管線與港口的地理位置後，我發現這對投資其實沒太大幫助，你可以花一輩子鑽研阿拉伯文化與歷史，也未必能找到一支會漲的股票。我的結論是：不要投資戰爭區域。

稅收、特許權使用費、利潤（經濟學家稱之為「租金」）占據了石油收入的大部分，並且其多寡由社會制度決定，而不是實際的生產投入。這意味著，石油價格可能有多種均衡點，或者甚至根本不存在「均衡價格」。政府、土地所有者、石油企業都希望盡可能從礦藏中瓜分收入，但他們也意識到，如果自己要的太多，石油最終就不會進行開採，如此一來他們可能什麼都得不到。然而問題是，這些人接受現實的速度各不相同。

1980～2003年間，能源價格持平甚至下跌，而整體物價水平則翻倍成長，因此石油和天然氣生產商不得不削減成本。自2008年以來，能源公司再次被迫削減開支，此時必須將所有成本都放進來一起考慮，探勘成本較低的專案可能具有較高的開發或開採成本。與現有油田相鄰的「走出井」（step out well）和

「延伸井」（extension well）通常具有較高的成功率；相對地，風險較高的「盲探井」或「野貓井」（wildcat well）則經常打成乾井。許多公司放棄了傳統的探勘，轉而選擇更有勝算的專案。

新技術已提高了報酬率，並降低了探勘成本。80年代初，鑽井人員普遍期望能開採20%的地下石油，而50%的開採率已屬罕見；現在透過二次開採技術，一個礦藏中通常可以開採出60%的石油。採用「隨鑽測量」與水平鑽井技術，可以在減少水與天然氣副產品產出的同時，開採出更多原油。而水力壓裂法（hydraulic fracturing）則是加壓使頁岩破裂，釋放出地下的碳氫化合物。

一般來說，頁岩油與提高採收率的專案（enhanced recovery project）會伴隨較高的開發或生產成本；「加密鑽探」（Infill drilling）通常會鑽到較小的原油儲藏目標，因此每桶成本會更高。隨著油田老化，要將水、天然氣或二氧化碳注入礦坑，並處理／處置廢水的成本可能會很高。許多頁岩井的壽命相對較短，多數產量集中在前2～3年。頁岩油生產商將從產品銷售中獲得現金，但油井的壽命較短，這表示設備需要不斷維護，並且必須尋找新資源。任何試圖擺脫這種倉鼠籠子的頁岩油生產商，產量都會直線下滑。

石油探勘者會被具有優良地質條件、誘人稅制（包含稅率與特許權使用費）條件的地區所吸引，並且通常會避開貪腐、戰亂地區。隨著時間推移，即使採用最新鑽井技術，產能最活躍的油田也會被開採殆盡。最早被發現的油田往往規模最大、獲利能力最高，地質學家將這種收益遞減模式稱為「奶油曲線」（creaming curve）。現今探勘者若要尋找規模龐大、有巨額儲藏量的油田，

只能前往深海海域或政治高度風險地區。

▌來自俄羅斯的愛

千禧年初期,俄羅斯的私有化石油公司開始吸引外國投資人關注,我自己也是其中之一。俄羅斯是全球最大的石油與天然氣生產國,就儲量而言,天然氣儲量居世界第1,石油則排名第8。儘管俄羅斯使用的技術較為老舊,但其地質條件讓它在全球的生產成本曲線中位居低端。放眼2000年(甚至直到2015年),無論從本益比、每桶儲量的市值,或是資產現值估算來看,最便宜的能源類股都在俄羅斯。

在俄羅斯,誰真正合法擁有什麼向來不清不楚,尤其是石油產業。當俄羅斯企業重回私人手中時,往往是有權勢的政府官員成為實質擁有人。以尤科斯石油(Yukos)為例,它以3.09億美元的股票貸款形式,被賣給了梅納捷普銀行(Bank Menatep)和億萬富翁米哈伊爾・霍多爾科夫斯基(Mikhail Khodorkovsky),儘管當時有更高的出價。尤科斯的實際獲利能力與價值難以判斷,但這裡有個線索:當時營收為80億美元。90年代末,尤科斯的股票本益比竟只有0.5,這相當於公司有6個月的淨利潤。

由4股尤科斯股票組成的「美國存託憑證」(American Depositary Receipt/ADR)於2001年開始在納斯達克交易,價格約為10美元,即本益比為1.5。根據尤科斯的市值與其石油儲量的比較,該股票也很便宜。2002年底,尤科斯持有約40億美元的現金和有價證券,扣除3.78億美元的長期債務,相當於每張美國存託憑證持有7美元的現金。

尤科斯已探明石油儲量為 59 億桶，許可證到期前都能開採，相當於每張美國存託憑證可以分到超過 10 桶原油，而當時約有 2/3 的探明儲量已進行開發。如果尤科斯能夠在許可證到期後續簽，那麼還可以收回 46 億桶探明石油；此外，已探明的天然氣儲量為 4.6 兆立方英尺。即使到 2003 年 10 月，尤科斯的平均日利率已增至 68 美元，其探明儲量的股票市值仍為每桶 6 美元。相比之下，埃克森美孚（ExxonMobil）的股價約為 40 美元，並以每股 1.7 桶石油和 8,500 立方英尺的天然氣儲備為支撐。若以 1：6 的能源當量比，將天然氣轉換為當量桶，埃克森美孚每股擁有約 3 桶當量儲量，這意味著每桶價格為 13 美元。

尤科斯的資產值多少錢？美國證券交易委員會要求石油和天然氣生產公司提供 10K 或 20F 年度報告，提供其儲量價值的估計，稱為「貼現淨現金流量的標準化計量」（standardized measure of discounted net cash flows），這是石油公司年報中最重要的表格，它總結了公司對其已探明儲量價值，以及其未來開發規計畫的最佳分析。這是一項保守的措施，由美國證券交易委員會制定標準，排除了缺乏地質定義、市場或政府批准的投機開發案。除非油價下跌，否則對前幾年儲量預測的下調，等同於暗示報告缺乏誠信度。

根據美國證券交易委員會的標準，尤科斯假設 2002 年底的產品價格、成本、稅制將永久維持不變；而 2002 年 12 月時，原油交易價格為每桶 28 美元。尤科斯也預測了碳氫化合物經濟回收能力率的某些趨勢，且根據這份預測，尤科斯計算了開採其石油儲備將獲得的稅後現金，這些金額以 10% 的報酬率折現。在許可證到期前，每張尤科斯美國存託憑證的價格為 54 美元；如

果許可證可以展期，價格則為 62 美元。這可以說是一個保守的估計，因為其中不包括尤科斯的現金、煉油廠、加油站或潛在儲量的價值。

在俄羅斯，那些不支持「西羅維基」（siloviki，以前在 KGB 或軍隊工作過的政客）的人，就會遭遇不幸。2003 年 2 月，在克里姆林宮舉行的電視轉播會議上，當時的俄羅斯首富「霍多爾科夫斯基」質問總統普丁，指控政府官員收受數百萬美元的賄賂。不久之後，政府向尤科斯追討總額達 270 億美元的補稅帳單，光是 2001、2002 兩年的稅額就超過尤科斯的當年營收，且達到了 2003 年收入的 83％。政府凍結了尤科斯的資產，並以 94 億美元的價格，拍賣其最大的子公司，儘管德勒斯登-克萊沃特（Dresdner Kleinwort）對尤科斯的估值為 150 ～ 170 億美元。最終，俄羅斯石油公司（Rosneft）是一家與普丁關係較為友善的公司，後來成為尤科斯大部分資產的實際擁有者。

在像俄羅斯這種以石油為主要出口品的國家，存在一種真正的「石油詛咒」。當政府可以完全仰賴石油收益維持運作時，就不再需要民意支持，政權往往變得專制、不民主，經濟自由與法治也變得可有可無。事實上，若沒人敢挑戰資源財富的擁有權，竊盜統治（kleptocracy）反而運作得更順利。我的觀察是，石油出口國往往更容易捲入戰爭或衝突，沙烏地阿拉伯、俄羅斯、伊朗、伊拉克、奈及利亞、安哥拉與委內瑞拉都是這樣的例子；不過，也有例外，如挪威、加拿大、阿拉伯聯合大公國這些石油出口國，在民權與經濟自由方面表現高於平均。直到 2013 年為止，英國也還是石油淨出口國。

▌里約狂歡節

大約在 2003 年前後，巴西是少數幾個具備潛力地質條件，卻又沒在人權、財產權方面留下惡名紀錄的地區之一。巴西的軍事獨裁政權於 1985 年結束，接著成立了所謂的「新共和國」（Brazilian New Republic）。根據美國傳統基金會（Heritage Foundation）在 2003 年的評比，巴西的經濟自由度略高於全球平均，不過自那之後有所下滑。2015 年，世界正義工程（World Justice Project）的法治指數將巴西排在智利、哥斯大黎加、烏拉圭之後，但仍領先拉丁美洲 10 多個國家。2003 年當選總統的魯拉‧達席爾瓦（Lula da Silva），部分是靠著承諾要根除導致前總統費爾南多‧科洛爾‧德梅洛（Fernando Collor de Mello）辭職並遭彈劾的腐敗文化。

我曾問一家離岸石油服務公司，他們的客戶中誰的探勘最讓人興奮？答案是巴西石油公司（Petrobras）。巴西石油公司成立於 1953 年，當時是一家國營石油公司，在 90 年代末改革之前，幾乎壟斷了整個巴西的石油產業，在那之前，所有在巴西的探勘幾乎都由巴西石油公司執行，之後也大多如此；其他大型石油公司在巴西的存在感非常低。從石油服務公司的角度來看，巴西石油公司是主要的離岸油田開發商，擁有規模龐大、技術複雜的油田，都需要仰賴他們的協助。

巴西石油公司的探勘成本低於世界平均，並且其儲量迅速成長，這似乎印證了「巴西是石油探勘不足之地」的看法。90 年代，巴西石油公司的石油液體產量大約增加了 1 倍，進入 2000 年後仍持續成長。從 2000 年初至 2004 年底，巴西石油公司發

現、擴建的油田數量是其產量的 2 倍；而多數主要石油公司都會讓開採與新探勘的儲量維持平衡，或者稍微增產一點點。在那段期間，巴西石油公司的全球探明儲量從 83 億桶增加至 99 億桶，就大型石油公司而言，它幾乎可以被視為成長股。

在帳面上，巴西的稅收、特許權使用費制度，相較於北美，更具有競爭力。我估算巴西石油公司每發現 1 桶新油的探勘與開發成本約為 4 美元（雖然成本浮動很大）；2003 年，巴西石油公司的開採成本（不包括政府收取的費用）為每桶 3.48 美元，公司當時訂下未來幾年將開採成本降低至 3 美元的目標。政府收取的費用為每桶 5.14 美元，約為售價的 1/5。在世界油價約為每桶 25 美元的情況下，巴西國家石油公司的勘探和生產業務的營業利潤率略高於 50％。或許是因為政府擁有多數投票權，巴西石油公司幾乎沒採取避稅或延期納稅的措施，2003 年，其有效所得稅稅率為 31％。像巴西石油公司這樣，擁有良好地質條件、現代技術、支持性社會機構的石油生產商，理應會成為行業冠軍才對。

但這個故事卻走向了熊市。魯拉總統本質上是社會主義者，他接受的正規教育只到小學 4 年級，在成為巴西勞工黨政治家之前，他曾在工會工作。他的工會背景是一件可怕的事情，但他的能源部長迪爾瑪・羅塞芙（Dilma Rousseff）基本上是市場導向派，她後來成為魯拉的幕僚長。巴西國家石油公司顯然變成了經濟政策的工具，由羅塞芙擔任董事會主席，以受控制的價格出售部分產品，儘管根據當地法律，石油價格在 2002 年已基本解除管制。但如果國家提高稅收和特許權使用費，也只不過是一個政府部門從另一個政府部門手裡拿錢而已。

2000年8月，巴西國家石油公司的美國存託憑證在紐約證券交易所上市，這是巴西總統費南多·卡多索（Fernando Cardoso）實施私有化政策的一部分。投資人擔心魯拉會取消私有化和其他市場導向的改革，一位分析師打趣道：「巴西是一個充滿未來性的國家，而且將永遠如此。」

儘管有這麼多利多因素，巴西石油公司的股價在2003、2004年仍然被明顯低估，當時的本益比僅為5～6倍；相較之下，埃克森美孚在2004年的低點也有13倍的本益比。2002～2004年間，巴西石油公司的股價翻倍，但我對其內在價值的估算其實更高，幸運的是，它之後的價值仍然不斷提升。

5年內，基準原油價格從每桶25美元飆升至每桶145美元。2007年，巴西國家石油公司發現了石油儲量60億桶的圖皮油田（Tupi field，後來更名為魯拉油田），隨後又發現了幾個高達數十億桶的新油田，這些發現扭轉了全球新石油發現量長達3年的下降趨勢。巴西似乎是地球上唯一一個鑽探者可以找到超巨型級（超過10億桶）新油田的地方，魯拉總統也成為巴西有史以來最受歡迎的總統之一。

巴西國家石油公司的股票勢不可擋。2005年，其股價再次翻倍，到2007年的2年間又翻了1倍，接著到2007年年底又翻了1倍，2008年上半年還持續更進一步。從2004年到2008年6月，巴西國家石油公司的股票翻漲了10倍，遠遠超過多數主要石油公司。巴西國家石油公司成為我的基金中部位最大之持股，儘管一開始並非如此。

此時出售其股票可能看起來像是個錯誤，但它確實不再被明顯低估。2008年6月，當美國存託憑證售價為71美元時，巴西

石油公司的股票市值突破 25 兆美元，本益比超過 30 倍，這兩個數字都超過了微軟。當我將市值轉換為每桶原油儲備的價格時，該股票看起來就變得很昂貴。巴西石油公司的大部分儲量尚未開發，這意味著未來將有大量支出，若以每桶計算，未開發儲量的價值，其實不如已開發儲量。

為了證明繼續持有巴西石油公司股票的合理性，我必須對潛在與可能儲量，以及未來的運氣做出極為樂觀的預測；後來的發展證明，這份樂觀並非毫無根據。2010 年，天秤座油田（Libra field）被發現，其儲量高達 80 億桶，甚至比圖皮油田還要大。與此同時，天秤座油田附近也發現了儲量 45 億桶的法蘭柯油田，還有其他幾片儲量 10 億桶的鹽下油田（這些油田被困在離岸 1 英里深的移動鹽層和岩石下方）。巴西可能成為一個石油出口國，而且規模很大，這讓財經媒體對巴西寵愛有加。

當大宗商品價格上漲時，低成本生產者若不願增加成本以增加產能，就會錯失獲利機會。假設在原油售價為 25 美元時，有一口油井的總成本為每桶 20 美元，當油價達到每桶 145 美元時，即使特許權使用費、稅金同步上漲，這口油井也應該會賺進大量現金。若以每桶 145 美元計算，任何總成本低於 145 美元的油井都將有利可圖。舉例來說，以 100 美元的成本增加一口井，可能會降低公司的利潤率，但卻會增加總利潤。巴西石油公司和 OGX 石油（一家成立於 2007 年的高槓桿巴西鑽井公司）都急切地抓住成本更高的機會。儲量 60 億桶的圖皮油田是其中最大的一個，但巴西近海盆地中，也有許多成本高卻具潛力的油田。

2009 年，巴西國家石油公司的 2 位經濟學家——拉斐爾·佩圖西耶（Rafael R. Pertusier）和米萊諾·卡瓦坎特（Mileno T.

Cavalcante）提出了一份令人震驚的報告，標題為「石油價格和石油成本相關嗎？」而他們的回答是響亮的「是！」2002 年，當布倫特原油（Brent crude）價格約為每桶 25 美元時，原油的損益平衡價格約為每桶 20 美元，而主要國際石油公司的勘探、開發成本平均為每桶 5.4 美元。2008 年，布倫特原油價格飆升至 100 美元以上，但平均價格約為每桶 97 美元，而石油業的損益平衡價格為每桶 86 美元，因為勘探和開發成本增加了 4 倍，達到每桶 25.52 美元。石油服務承包商提高了使用鑽井平台的每日費率，但在油價上漲的情況下，花更多錢尋找一桶石油仍然有利可圖。

巴西石油公司在坎波斯盆地、桑托斯盆地發現了數十億桶石油儲量，而這些盆地面臨更大的成本壓力。有些油井在開採石油之前，必須鑽井深達 2 萬英尺，且位置離岸約 200 英里，因此需要數年時間和大量協調，才能將鑽井設備安裝到位。圖皮（魯拉）油田的規模和範圍尚無先例可循，而未來預計還會有其他大型開採專案。

巴西政府希望將石油暴利保留在國內，並為此通過了一系列法律，要求增加海上鑽井的廠商中，其巴西企業的比例。過去巴西離岸使用的鑽井平台中，只有不到 1/5 是巴西的，目前這一數字已增加到 3/5；高科技國際石油服務承包商必須尋找當地合作夥伴，或設法繞過規則。巴西石油公司將成為巴西所有新油田的營運商，並將擁有至少 30％的權益。巴西確定了「石油是我們的」的政策，但這也意味著巴西石油公司將在未來數年中，每年借入數十億美元。直至 2015 年，其淨債務超過 1,000 億美元。

巴西國家石油公司的口號是「Opetróleo é nosso」，即「石油

是我們的」，但我一直想知道「我們」之中究竟包括了誰。這些石油屬於巴西公民、巴西石油公司的股東，還是政府高階官員？口號和新法律的頻繁複述，會是國有化的預兆嗎？這並不是一種空穴來風的恐懼。玻利維亞於 2006 年將石油工業國有化；隔年，委內瑞拉從外國人手中（包括巴西石油公司在內）徵用了部分的奧利諾科盆地油井；2009 年時我還不知情，但阿根廷將於 2012 年將財政油田公司（YPF）重新國有化。

除了被徵用的風險之外，巴西石油公司不再是一個低成本生產者，它的現金流超過了支出，且債務持續攀升，股票價值不再被明顯低估。而最重要的是，油價在 2008 年的 6 個月內，從每桶 145 美元暴跌至 36 美元，然後在 2011 年觸及 V 型底部，並緩慢反彈至每桶 125 美元。在石油等大宗商品業務中，常會出現重大的週期性波動。在經濟下行週期中，破產的公司若非成本高，就是負債過多，或者兩者兼而有之。我於是拋售了基金中所有巴西石油公司的股票。

後來在股價更低時，我逐步減碼，但心中仍懷念 2008 年時 72 美元的美國存託憑證峰值；不過回首過往，我並不後悔。巴西石油公司的油田開發進度落後，超支金額達數百億美元，而巴西至今仍是石油淨進口國。魯拉任期結束後，迪爾瑪‧羅塞芙當選巴西總統，宣布要建造 4 座新煉油廠，其中有 3 座位於巴西貧困、人口稀少的東北部，而有 2 座已部分完工，但後來又被廢棄。巴西國家石油公司的煉油業務損失了數十億美元，因為必須在國際市場購買原油，卻以受控價格銷售汽油產品。巴西國家石油公司如今的員工人數仍多於埃克森美孚，但收入還不到埃克森美孚的一半，這顯示出人力過剩的問題。

2014年底油價暴跌，羅塞芙成功連任後，巴西國家石油公司宣布認列數十億美元的腐敗損失。其資本專案中顯然隱含了附加費用，當中約30億美元流入了勞工黨的政客手中，此案代號為「洗車行動」（Operation Car Wash），因為現金是透過巴西國家石油公司的加油站進行洗錢的。在巴西石油業界，幾乎沒有合約是能不賄賂就取得的，於是該國數十名參議員、承包商、知名官員被起訴，其中包括因腐敗指控而被彈劾（並被無罪釋放）的前總統德梅洛。2016年，羅塞芙總統則遭到彈劾下台。

從金融分析師的角度來看，腐敗、管理不善、沉重的稅賦與特許權使用費、不良的地質條件和運氣不好等，都是導致石油公司成本上升的原因。腐敗對投資來說是有問題的，不僅是因為在道德上有瑕疵，還因為分析師可能不了解腐敗的程度，因此也無法判斷狀況會如何改變，我只能透過簡單的比率（例如：每位員工的收入）來發現管理不善的情形。即使在法治國家中，稅收和特許權使用費等穩定成本也會發生變化，因為油價上漲會使土地所有者、政府變得更加貪婪。

石油業勘探成本的調查能反映過去情況，但必須結合對地質機會的前瞻性判斷、稅制穩定性與公司的技術能力。一般而言，在資源豐富且未充分探勘的區域，勘探及開發成本較低，民主國家的稅收和特許權使用費制度較為穩定，前提是貪汙不嚴重。而有些公司因為技術與地質專業能力優異，能維持較低的成本。

大宗商品價格的波動性吸引投機者，但可能會阻礙投資人參與這些行業。舉例來說，預測石油價格是一件愚蠢的事，但如果沒有建立價格量表，就無法估計收益和資產價值。無可否認，在計算資產價值和收益時，一個雖然不完美，但能帶入保守性的估

價法,是採用「今日現貨價與10年平均價中較低者」作為價格基準。我會尋找安全的財務跡象,包括:(1)低生產成本;(2)政治穩定;(3)股票價格低於資產價值;(4)低本益比;(5)很少或沒有債務。忽視安全跡象的投機者往往會栽跟頭,就像電影《黑金企業》(There Will Be Blood)中的丹尼爾・普蘭尤(Daniel Plainview)那樣意識到:「我完了。」

第 15 章

科技股和科幻小說

「因為科技變化萬千,所以我所專注的,是那些不會改變的事物。」

——傑夫‧貝佐斯(Jeff Bezos)

科技界沒有巴菲特

我的意思是,《富比世》前 400 大富豪榜上,沒有人是靠投資上市科技股致富的。沒錯,確實有幾十位創投家、科技創業家和關鍵員工成了億萬富翁,但他們擁有你這個公開市場投資人所沒有的優勢。他們站在創新的制高點,能看清趨勢,甚至有能力影響趨勢;他們常常把所有的資本、心和靈魂,投入一家企業中,然後長期持有大部分股份,讓資產經年累月地複利成長。

科技界的億萬富翁內部人,受益的不只是洞察力,更重要的是,那種靠單一押寶而中大獎的超級好運。幸運的角色經常被忽略,因為外界只聚焦在那些極度成功的案例;至於那些失敗的故事,早已淹沒在不為人知的角落。每一個馬克‧祖克柏的背後,都有數百位默默無聞、耗費多年心力卻兩手空空的科技創業家與員工;在另一個領域,珍妮佛‧安妮斯頓和珊卓‧布拉克

在成為影星之前，也曾當過服務生，而洛杉磯的 7 萬多名服務生中，大多數一輩子也沒接過一次好萊塢試鏡。你要靠隨便挑一檔股票就押中下一個「臉書」的機率，實在低得可憐；即使真的選到了黃金股王，其明星地位也可能轉瞬即逝。

要維持這樣的好運，新創公司必須同時具備獨特技術、低成本這兩種優勢，但實際上這兩個目標往往是互相牴觸的。以科技為核心的企業會大手筆投入研發，以維持技術領先，這麼做通常會犧牲當下的獲利能力；而財務導向的公司則會極力壓低成本，包括砍研發預算，結果在創新上自然落後。最棘手的是，哪怕再酷炫的產品，最終也會進入成熟期，接著變得平凡，甚至被淘汰。所以，企業要長期存活，既需要遠見，也要有財務紀律。投資人對科技股的看法，往往也反映出這種分裂：有些人像是未來學家，靠想像力選股；有些人則像是財務分析師，只看報表數字。但其實兩者缺一不可。財務分析預測不了創新的走向；而科幻式的想像力，也無法解析產業如何商品化。我自己做研究時，會從彌補知識上的巨大落差開始，或至少，先試著搞懂自己哪些地方不懂。

▎要去別人沒去過的地方嗎？

呼應《星艦迷航記》的名言，大多數科技創業家、投資人都渴望勇闖前人未至之地，他們被那些機率難以估算、結果難以定義的機會所吸引。改變世界的發明一旦問世，就不會輕易過時，競爭也很少，因此這類願景家對於「成本」與「競爭」的討論通常會覺得無聊透頂。擁有突破性產品的公司，會從一個很小的基

礎開始呈指數級成長,並賺取巨額利潤。但在探索新領域的過程中,所發現的「奇異新世界」中,有些卻是令人失望且失敗的。

想像力是無限的,一切皆有可能,但投資人活在現實世界中。在科學與科技的領域裡,其限制在於:你不能讓自己的願景違背既有事實。正如物理學家理查・費曼所說:「想像一個你從未見過的東西,它在所有細節上都與已知的觀察結果一致,卻又與以往的想法不同;而且它必須明確,不能模糊不清。」一個成功的未來學家／未來主義者,都是從對現實觀察細節的深刻理解開始,特別關注哪些實驗與解法曾經嘗試過,但又為什麼失敗了。

你不能想當然地認為,那位瘋狂的科學家一旦有了絕妙的創意,就一定會是第一個把發現商品化的人——也不能認定,一個可用的產品就一定會被市場接受、接著稱霸整個產業,或者不會馬上被下一波新東西取而代之。科技的歷史就是一連串這樣的故事:天才發明了某樣東西,結果最後自己卻兩手空空,反倒是別人拿著這項發明大發利市。舉例來說,尤利烏斯・利林菲爾德(Julius Lilienfeld)取得了第一個電晶體的專利,但真正做出可用版本的是 AT&T 的貝爾實驗室(Bell Labs),真正靠半導體賺進數十億美元的則是英特爾(Intel)——這一切都是建構在電晶體這項技術之上。(好吧,至少利林菲爾德還有個重要的物理學獎以他命名。)

對最耀眼的優秀人才而言,往往不是因為想當億萬富翁,而是被「做出偉大、有價值的東西」這個目標所驅動。發明家天才湯瑪斯・愛迪生創辦奇異公司,他早就預見了今日矽谷的精神,他說:「我人生的主要目的,是賺到足夠的錢,來創造更多

的發明。」同樣地，字母控股的使命是：「整合全球資訊，使人人都能輕鬆取得並有效使用。」為了避免這個遠大使命受到干擾，也為了防範只看短線利益的股東，公司設計了特殊股權架構：有一半的股票不具投票權，而 2 位創辦人（賴利・佩吉與謝爾蓋・布林）所持的股票，每股則擁有 10 票投票權。

　　科學領域最高的榮耀，通常歸於那些發明「基礎技術」的人——這些技術會被反覆應用，衍生出無數實際應用；然而真正的大錢，卻往往落入開發這些應用的人手中，而非原始的突破者。例如查爾斯・巴貝奇（Charles Babbage）也許發明了世上第一台電腦，但是 IBM 將其完善，並打造相關應用軟體，從而建立起一個龐大且穩固的事業。搜尋引擎是網路的應用，而網路則是電腦的應用，但搜尋引擎本身，也是一項基礎性發明。發明網頁搜尋引擎的艾倫・伊姆塔（Alan Emtage）、比爾・希倫（Bill Heelan）和彼得・多伊奇（Peter Deutsch），財富遠不如 Google 創辦人來得驚人。

　　那些最接近「可銷售商品」的研究案，通常會被視為最安全的賭注。即便是天才般的試作也需反覆嘗試，而這個過程對金融分析師來說，就是極大的浪費。有些公司乾脆實踐「大多數研發都是浪費」的理論；而在中國，科技往往只是山寨。威朗製藥（Valeant Pharmaceuticals）則靠併購多間製藥企業、砍掉研發費用，但加碼後期開發與行銷來獲利。同樣地，蘋果在設計與產品開發上投入巨大；但它在專利訴訟上的支出，卻比在純粹研究上還來得多。

預期之中和意料之外的發明

英國作家、發明家亞瑟・克拉克（Arthur C. Clarke）在《未來概況》（*Profiles of the Future*）一書中曾斷言，「進步」很大程度上取決於運氣，並將重要的發明分為「預期之中」和「意料之外」（表15.1）。克拉克所謂的「意料之外」，指的是發現者原本根本沒在找那個東西，而且古代科學家也無法理解其用途或原

〔表15.1〕 「意料之外」和「預期之中」的發明

意料之外	預期之中
人造器官	飛機
黑洞	人工生命
遺傳指紋	汽車
演化論	智慧型手機
雷射	死亡射線
微波爐	全息甲板
核磁共振掃描	永生
核能	迷幻劑
量子電腦	器官移植
雷達	機器人
超導體	太陽能板
電視／廣播	太空船
虛擬實境	蒸氣機
X射線	潛水艇

※ 資料來源:kk.org

理。例如「黑洞」就是一個意料之外的發現，古人對它會一頭霧水，現代科學家也仍對它感到困惑。相對來說，古希臘人與達文西曾試圖打造飛行器，這就是屬於「預期之中」的發明。

這樣的分類對投資人有兩個重要意涵。第一，意料之外的發明，更有可能是屬於那些罕見的基礎性發明，因為它們出現在知識尚未深入探索的邊界，所以往往能開啟新的、具潛力的研究領域。而且，既然一開始沒人預期，也就很少競爭者，連帶地在相關應用上也會面臨較少競爭。第二，意料之外的發明往往是從研究其他議題時偶然產生的副產品，因此你也可以說，它們的誕生「不花錢」、沒有任何成本。反觀現在的主流科技領域，如無人駕駛、便宜的再生能源（及其儲存方式）、智慧型配送無人機、擴增實境、量子運算等，則早已吸引數十億美元的資金投入，只為了催生下一波預期中的發明。

失敗，是所有研發計畫裡反覆出現的特徵。會計師與科學家對「失敗」的定義截然不同。會計上，一個沒達到目標的實驗被視為失敗，費用全數認列損失；但在科學上，一個實驗只有在無法對假設得出結論、也學不到東西時，才算真正的失敗。至今，仍沒有人能有效衡量今天的研究在未來會產生多少價值。

機緣巧合／偶然性（serendipity）是研究的副產品，但前提是你必須夠靈活，能為你的觀察找到新的脈絡。舉例來說，威而鋼原本是開發來治療心臟病的，結果它的確讓受試男性心跳加速。3M（原名：明尼蘇達礦業和製造公司）的研究員史賓塞‧席爾弗（Spencer Silver）本來想研發一種超強黏合劑，結果卻做出了一種非常弱的黏合劑；而 10 多年之後，另一位 3M 研究員亞瑟‧佛萊（Arthur Fry）將這種黏膠做成了便利貼的背膠。

技術專家不太愛談這點，但機緣巧合也可能有陰暗的一面，隨著時間推移，某些發明會產生無法預料的後果。藥物沙利竇邁（Thalidomide）是一個先被發現、後來才找到應用方式的例子，它原本是汽巴化學（Ciba）開發來治療癲癇的藥物，但成效不佳；後來發現它能減緩噁心感，且有強力的鎮靜作用，因此被作為治療孕婦的孕吐現象——這是一個悲劇性的錯誤應用。在50年代末到60年代初之間，有1～2萬名胎兒因為母親服用沙利竇邁而死產、四肢缺失或畸形。如今，這藥物仍被用來治療癌症、愛滋病、痲瘋病的副作用。

許多發明都來自於，以新方式重新組合已知的技術。例如網路，它是結合電腦與電話科技的產物；而臉書則結合了同線電話（譯註：party-line telephone，是一種共線電話系統，其中多個用戶共用同一條電話線路，因此電話筒拿起來就可以得知他人說話的內容）、網路和照片；無人車是汽車、感測器與網路技術的結合；全錄影印機則是將攝影、靜電列印結合在一起，但花了22年才把關鍵專利商品化。全錄不需要使用印版進行列印，而是需要一個塗有某種元素的鼓膜，這種元素可以在黑暗中保有靜電電荷，但在有光環境下將其傳導出去。經過反覆試錯後，全錄發現這種關鍵元素是「硒」，並於1955年取得專利，擁有將硒應用於影印機的專利權。

在某些情況下，從好點子轉化到成功產品，可能需要幾十年的時間。舉例來說，尼古拉・特斯拉（Nikola Tesla）早在1世紀前就構想出無線電力傳輸（最後卻窮困潦倒），而這構想至今仍未完全實現。電動車在1800年代就已問世，到1910年左右還占了汽車市場的3/8，但由於續航力低、充電站稀少，無法普

及──聽起來是不是很熟悉？費迪南・保時捷（Ferdinand Porsche）博士早在 1900 年就設計出第一台油電混合動力車，但一直到 1996 年豐田推出普銳斯（Prius），油電混合車才真正起飛。在商業世界中，「好用」與「使用體驗佳」，遠比「第一個問世」來得重要。

運氣與贏家通吃

大多數知識密集型產業都擁有極大的規模經濟效益，這也意味著，剛推出新產品的小型新創公司，幾乎不可能擁有最低成本，而這正是矽谷企業熱衷於快速擴張的原因。英特爾創始人之一高登・摩爾（Gordon Moore）提出了摩爾定律，指出積體電路上的電晶體數量每 2 年就會增加 1 倍；其延伸意涵是：某種半導體產品生產得越多，其單位成本就越低。這對英特爾的策略指引是，應專注在少數幾個超級熱賣的產品上，讓每款都賣出數百萬台。這種成本遞減邏輯，其實幾乎適用於所有電子產品，例如硬碟的面積密度也是。

網路與軟體產業經常受益於所謂的「網路效應」（network effects）：使用者越多，服務對其他人越具吸引力，資訊也能被無限次重複使用，幾乎零成本。eBay 或亞馬遜的賣家增加，這些平台對買家的吸引力越大，而更多買家也會反過來吸引更多的賣家。Visa 與 MasterCard 幾乎全球通用，部分原因就是「它們在哪裡都能用」。不過，投資人要提防「想像出來的網路效應」：像美國線上（America OnLine／AOL）隨著用戶數量的增加，賺到了更多收入，但這並沒有改善用戶體驗。Myspace 雖然也曾

有先發的網路效應，但使用者最終還是更喜歡臉書。

　　成本持續下滑與網路效應的結合，讓許多科技產業呈現「贏者全拿」的特性。2015年，在羅素2000指數中的科技股，有2/3的表現低於加權平均，只有1/3表現較好；大型科技股的差距更為極端。10年前，羅素2000指數中的科技股，只有不到一半現在仍公開交易；其中有些因被收購而消失，但很多公司都因失敗而倒閉。這種趨勢顯示出：輸家一大堆，贏家寥寥可數，而且這些贏家能撐多久仍是未知數。

　　一些投資人意識到了「挑選最終贏家」的難度，因此選擇購買涵蓋高速成長產業的ETF籃子，例如：軟體即服務（Software as a Service／SaaS）、雲端運算、3D列印、網路託管或智慧型手機等。當一組相關股票的整體市值遠低於該產業的發展機會時，這種策略往往能帶來成功，我稱這種能讓少數大贏家彌補大多數損失的幸運情境為「讓自己暴露在運氣之中」。但比較常見的情況更像是：參加一場主辦單位會抽成的彩券遊戲，即使買下所有號碼，最終贏得的少數巨額獎金也無法彌補大量的失望。對價值投資人來說更惱人的是，那些最終的贏家通常都有極高的市場預期；但這並不意味著所有科技股王最終都會獲勝。事實上，大多數股王最後都一敗塗地。

　　假設有這樣一個情境：一個產業裡有100家公司，你對每家公司平均投入資金（表15.2）。過了10或20年後，其中一家公司脫穎而出，股價漲了100倍；另一家表現也不錯，漲了50倍；另有50家原地踏步，維持原本價值；其餘48家是破產股。你的一籃子股票最終價值翻倍，1年內翻倍當然很棒，但如果是10或20年才翻倍，那只能算是普通表現。

〔表15.2〕 贏者全拿的彩券股

	數量	報酬	終值
巨大的贏家	1	9,900%	100
大贏家	1	4,900%	50
持平	50	0%	50
輸光	48	-100%	0
整體投資組合	100	100%	200

　　這樣的情境，正好可以套用在電腦硬碟（HDD）產業。如今硬碟已是成熟產業，但在1990年，它曾是押注於新興個人電腦產業的刺激投資標的；此後，個人電腦與硬碟的年出貨量成長了超過20倍。歷來有超過200家公司曾生產硬碟，不少對手合併整併，但也有更多公司陣亡。現在剩下的兩大龍頭是希捷科技（Seagate）和威騰電子（Western Digital）。在20多年內，威騰電子的股價漲了50倍；希捷科技則從1982年以1.8億美元市值上市，到2000年私有化前，市值成長了100倍。如果你當時買入10家硬碟公司，很可能8家都會變成泡沫，甚至10家全軍覆沒。

　　希捷採取了正確的策略：率先達成大規模生產、垂直整合、聚焦企業客戶，並加入軟體服務；但讓希捷股票表現真正亮眼的，其實是對軟體服務的押注。希捷在2000年私有化時，股東總共拿回190億美元的價值，大約是當初IPO市值的100倍。這筆回報大多來自希捷把旗下軟體業務賣給敦陽科技（Veritas），並收取當時市值170億美元的股票。等於說，買下希捷的財團實際只花不到20億美元，就拿下整個硬碟業務——堪稱是世紀大

買賣,非常划算。如今硬碟產業已成為寡占市場,隨著固態硬碟(SSD)逐漸取代傳統磁碟,市場關注的焦點也從公司市值轉向產品是否會被淘汰。

遊戲改變了

當一家公司成長、有了暢銷產品後,遊戲規則就變了;這時就需要有人來組裝產品、負責行銷、收款及核帳,而最麻煩的,則是管理負責這些核心營運的人。與那些帶領企業走到這一步的創意工程師、設計師不同,這些營運職能講求的是平凡、可重複、遵循慣例。大多數電腦硬體的製造都已外包,主要是為了降低成本;但或許也有部分原因是為了避免——必須管理大量不同類型員工而產生的文化衝突。例如:蘋果在 2015 年有 11 萬名員工,而其代工廠鴻海則有 129 萬名員工。(製造外包的同時,也把流程創新〔process innovation〕轉移到亞洲,這點很重要,像亨利・福特的組裝線就是一種流程創新。)

工程師受的是設計技術系統的訓練,而不是建構人力管理系統,但成功的極客/技術達人(geek)終究還是得兼顧兩者。你無法用對待按部就班的會計部門那一套,去管理一群寫碼怪咖,但創意團隊與財務人員還是必須合作,甚至輪流主導。約瑟夫・威爾遜(Joseph Wilson)是全錄的創始人,也是個富有遠見的人,他帶領公司躋身全美市值前 20 名企業,之後接棒的是查爾斯・彼得・麥科洛(C. Peter McColough),一位擁有法律學位與哈佛 MBA 背景、曾任職於利哈伊煤炭(Lehigh Coal)和航運公司的高層,他的商業判斷力對公司大有助益。

科技公司若無法同時抵抗「產品過時」與「競爭威脅」，就只能走向滅亡。產品研發人員必須專注於創新與客戶體驗，而財務人員則努力達成低成本，並將客戶關係貨幣化（譯註：monetizing customers，意為將與客戶的關係轉變為收入，例如出售產品或服務、提供廣告空間、收取訂閱費用、推廣附加產品或服務等）。若公司更在意短期獲利，那麼就會走向低成本製造策略，透過大量生產單一產品來壓低成本，並盡量縮減研發開支。有時候，企業管理者甚至會選擇不開發新產品，因為既有產品產量越多，單位成本越低。但對網路公司來說，如果無法持續推出新功能，很快就會失去用戶。

全錄的商業模式很有吸引力：他們專注於租賃、維修機器，以及銷售碳粉，而不是銷售大型設備。對全錄與其銷售人員來說，這代表較穩定、具可預測性的經常性收入。由於經常性收入的基線較高，公司預算更有可能得到滿足，這使得管理層能夠向股票分析師提供準確的資訊；對客戶而言，影印機租金可列為營運費用，這通常不需要像資本購買那樣，需要高層管理人員的批准。作為一個幾乎壟斷的影印機製造商，全錄能靠集中生產少數標準機型來壓低成本；另一方面，身為一大票租賃設備的擁有者，全錄自然也不希望產品太快就被新機型取代。正如史蒂夫‧賈伯斯所說，所有注重產品導向的人在全錄被邊緣化，連帶讓產品品質的工藝精神也消失了。

儘管如此，全錄在1969年啟動了有史以來最引人注目的研究工作之一：帕羅奧多研究中心（Palo Alto Research Center／PARC）。若沒有這個研究中心，蘋果、個人電腦和網路都不會存在。現代化的個人電腦、乙太網路、圖形使用者介面，以及滑

鼠、電子郵件、使用者友好的文字處理器、桌面出版、視訊會議等，都是在帕羅奧多研究中心發明的。最符合全錄「未來辦公室」願景的發明是雷射印表機，而惠普（Hewlett-Packard）比全錄更加成功地利用了雷射印表機。（我正在觀察現代版的帕羅奧多，也就是字母控股所支持的登月計畫型企業，是如何運作的。）

眾所周知，全錄並未能將這些改變世界的發明，轉化為市場主導地位，它甚至根本不占有任何一點市占率，進而導致蘋果、微軟、惠普和其他公司奠基在這些發明上，建立了龐大的企業。在一次會議上，史蒂夫．賈伯斯指責比爾．蓋茲抄襲了蘋果的創意，蓋茲回答：「好吧，史蒂夫，我認為看待這個問題的方式不只一種。我想這就像，我們都有一個名叫全錄的有錢鄰居，我闖入他家想去偷他的電視機，卻發現你早已把它偷走了。」

帕羅奧多研究中心的研究人員向來隨性、靈活又具創造力，但當他們開始要推銷產品時，卻無法激勵全錄的高層配合製造與銷售。舉例來說，Alto 電腦（Xerox Alto）本來可以成為市面上第一台組裝完成的個人電腦，但當時根本沒有相關市場。曾有個提案是要在全錄位於達拉斯的打字機工廠組裝 Alto 電腦，但要更換工具與生產線不僅成本高昂，還會干擾到利潤更高的產品銷售。1979 年，全錄將其個人電腦技術轉移給蘋果，以換取蘋果的股票。

全錄實際銷售的第一項帕羅奧多發明，是乙太網路，但原本經營影印機市場的銷售團隊對這個新產品並不感興趣。全錄的銷售人員沒有接受過新產品的訓練，這些產品針對的客群與影印機截然不同，也無法順便推銷。乙太網路的銷售模式是一次性銷

售,其毛利率較低;而影印機、碳粉則以可觀的利潤率,進行經常性的耗材銷售。那時人們還不清楚如何使用這項新技術,而真的要全部弄懂需要花一些功夫。銷售團隊因此不想將粗糙、有缺陷的第一代技術,強加賣給保守的《財星》世界 500 大客戶。

▋競爭和進入壁壘

除非一個市場存在進入壁壘,否則利潤豐厚的產業就會吸引競爭對手。全錄利用硒專利等關鍵技術來設置此類障礙,並且堅持了一段時間。1975 年,全錄透過同意對外授權技術,解決了一起反壟斷案件,但嚴重的競爭問題直到 80 年代初才真正開始。那時關鍵的硒專利已經過期,競爭對手也已為其技術困境找到了解決方案。佳能(Canon)和理光(Ricoh)等日本公司從全錄公司手中,奪取了巨大的市占率,特別是在國際市場和小型機器方面。

不像民生必需品,電子硬體產品的領域一旦出現更快／更便宜的替代品,幾乎毫無防禦力。康柏(Compaq)和 IBM 曾經是個人電腦的領導品牌,但如今已風光不再。IBM 退出個人電腦市場前,甚至發現他們的電腦不掛 IBM 商標、改成白牌反而更好賣。品牌對服務而言,只有在服務真的更好時才有效。一旦其他地方能提供更快的網路,即便是美國線上的品牌名稱也留不住用戶。

80 年代初,日本競爭對手的影印機售價,已經壓低到全錄的製造成本水準;全錄需要在售價中算上毛利,才能支付銷售費用並取得利潤。在全錄幾乎成為影印機代名詞、握有 30％的營

業利潤率時,根本沒有壓低製造成本的動機;甚至從形象策略來看,降低製造成本可能還會適得其反,因為全錄希望營造出高品質、行政辦公室等級的品牌形象。但後來全錄發現,自家的產品瑕疵率遠高於競爭對手,於是在整個 80 年代都陷入困境,一邊試圖導入標竿管理,一邊設法控制成本。儘管全錄保住了大部分的經常性收入來源,但其價格和利潤率卻降低了。

科技日新月異

當分析師在推測某項產品的最終潛力時,往往會幻想其達到巔峰後便能持續不墜、一路長紅,但那只是童話故事罷了。1994 年,美國線上擁有 100 萬名訂戶,在 2002 年達到高峰時有 2700 萬名,複合成長率約為 50%。但美國線上的股價卻在用戶數達到高峰的 2 年前就見頂,之後暴跌了 80%,10 年後,在美國的付費訂戶僅剩約 300 萬人。類似情況也發生在黑莓機身上,其營收與獲利在 5 年間成長近 10 倍,但之後轉為虧損,而它的股價高點其實出現在獲利高峰的 3 年前。雖然網路存取與智慧型手機的總體銷售仍持續成長,美國線上與黑莓機卻被後起之秀超車,並慘遭淘汰。

全錄與伊士曼柯達有著共同淵源,兩者皆源自美國紐約州羅徹斯特的攝影產業。這兩個品牌一度是全球最具代表性的名字,直到日本競爭對手崛起,且最終只有全錄在數位化的轉型中倖存。在這番市場變動之前,我原本的想法是:化學攝影、傳統印刷已穩定發展了超過 1 世紀,而靜電複印才出現不過幾十年,因此前者應該會比後者更長久,因為長期存在的物質形式和制度,

通常會持續存在。如果一項技術已經存在了一段時間,那麼它還會再繼續延續下去,大概吧。

「產品過時」這件事具有工程層面上的因素——伊士曼柯達在化學工藝方面擁有豐富的專業知識,而在電子領域則較為陌生,但社會層面上的因素也不容忽視。隨著數位相機隨處可見,人們發現了無窮無盡的拍照機會,而這些都是過往只在特殊場合使用相機時所沒有注意到的。早期智慧型手機的影像品質一般,但客戶對價格敏感。我懷疑對於以品質著稱、但對電子產品知之甚少的伊士曼柯達來說,在智慧型手機領域競爭是否明智。也許伊士曼柯達的最佳選擇是強調堅固耐用的輕便相機等產品的品質,但正如 GoPro 所反映出的現象,輕便相機是一個很小的市場。2012 年,伊士曼柯達申請破產。

▋意想不到的後果

投資人常常對新發明感到興奮,卻沒考慮到可能帶來的連鎖現象,或社會大眾對發明的反應。汽車重塑了都市的人口中心,改變了人們的購物方式,並創建了得來速餐廳;印刷媒體和音樂 CD 則成了網路的犧牲品;三哩島核能災難後,核電逐漸衰退。許多科幻小說作家長期以來持續撰寫大量文章,談論無所不在的監控、嚴重的貧富差距所帶來的威脅,而網路以前所未有的規模實現了這兩種功能,然而它似乎並未受到嚴厲抨擊。這也許是因為科幻小說的讀者發現,自己正是這個勝利果實的受益者。

社會大眾對於隱私權的關注,或許足以影響廣告、數據資料的販賣。政府和企業一直以來都持有個人資訊資料庫,但在網路

時代來臨之前，這些資料從未如此全面、有價、集中、可供檢索，且其中大部分是在使用者不知情或未主動同意的情況下收集的。這種狀況再加上駭客攻擊，讓資料庫扮演了前所未有的角色，能夠損害使用者的利益。

而這筆巨大的網路財富，建立在一個令人驚訝的想法之上，即人們並不「擁有」自己的個人資訊，而相關法律仍然落後於時代。眾所周知，海莉耶塔‧拉克斯（Henrietta Lacks）的後代得知，她的癌變細胞是在她不知情（或未同意）的情況下被取出，並培養為用於醫學研究的海拉細胞（譯註：HeLa cells，是一種增殖異常迅速的癌細胞，此細胞株不會衰老致死，並可以無限分裂下去）。而美國零售業巨頭塔吉特（Target）也利用大數據演算，在一位高中女孩告知家人之前，就推斷出她懷孕了。這些有助於廣告投放的技術，也可以在非民主國家用來壓迫政治、宗教、性少數族群。在歐洲，人們正試圖改變個人資訊的法律地位，以便採取措施來保護隱私，而這可能會損害廣告銷售。

即使一整天 24 小時不間斷地與網路連接，人類意識也只能吸收有限的廣告宣傳內容。據說美國人平均每天看電視的時間超過 4 小時，其中包括近 1 小時的廣告。無論行動網路廣告對電視廣告來說究竟是「取代」或「補充」，我都認為，消費者在越來越分心的情況下，對廣告的反應只會減弱。此外，如果網路確實提高了價格透明度，那麼商品的銷售價格只會越壓越低，進而壓縮廣告預算的空間。

▍這值多少錢？

現值理論之所以有價值，是因為其可以估計企業整個生命周期中的未來現金流量；然而若考慮到技術發明、產業競爭、產品過時等複雜多變的可能性，要進行現值估算就似乎有點牽強。機率、統計、會計、財務分析中，大多數方法都是為平均值的世界而設計的，其中重複的模式、規範為未來事件提供了一般性的指導原則。平均而言，某企業生產成本為 100 萬美元的庫存，在季末與今天的帳面價值通常是相同的，但情況並不總是如此。由於製作網路軟體的副本並不需要任何成本，因此我們需要新的分析工具與假設。

若要應對這種不可預測的路徑，方法之一是在有新聞報導出現時，快速進出科技股。當可能性太多時，一些投資人只會考慮那些直接擺在眼前的選項，例如「本季收益會成長嗎？」或「財報中的收益會超過華爾街的預期嗎？」遺憾的是，過度活躍的交易在此不起作用。1972 年，全錄股票達到了此後 25 年都無法企及的高價，是 2016 年市場價格的 2 倍。全錄的盈利持續成長，在 1972～1980 年間增加了 1 倍多，但股票價值卻減少了 5/8。要得出「該在 1972 年賣出全錄」的結論，單憑盈利成長是看不出來的，你需要的是某種「價值」的觀念，例如：預估明年盈餘的 41 倍本益比，就是一個極高的估值。

高本益比本身並不代表著股票被高估；但若要進行現值估算，就必須採用一種不自然的做法——想像一家公司的整體生命周期，並關注其他人已經忘記（或忽略）的特質。如果一家公司像全錄一樣，從一款富有靈感的產品開始發跡，它是否能夠製造

這項產品、銷售它、並管理相關人力和財務，卻不至於官僚化到喪失再次創新的機會？一項發明會以多快的速度被市場淘汰？當這種情況發生時，公司是否會因為過去的成功而變得臃腫，導致成本競爭力喪失？

我並沒有放棄現值方法，而是傾向尋找一些特定情況，在這些情況下，談論一家公司的整體生命周期不會顯得那麼荒謬。一般來說，我會避免觸碰流行產品，以及其他可預見未來將會過時的產品；我也會避開有很多競爭對手的消費品類型產業。除非能清楚看到未來的巨額利潤，否則我不會投資正在虧損的公司。

ANSYS 是一家工程模擬軟體公司，在特定領域具有明確領先地位，其產品解決的問題不會改變，因此不易面臨競爭或被淘汰的風險。工程師會使用 ANSYS 的多物理模擬軟體來測試產品設計中的潛在缺陷，例如，航太工程師可以模擬、測試風力與其他壓力對飛機機翼各種設計圖的影響。來自震動、溫度、速度、氣壓的複合應力可被建模，飛機機翼可能可以承受極端溫度或極端速度，但無法同時承受兩者。由於物理定律不會過時，因此這套軟體也不應該會過時。事實上，ANSYS 在醫療器材設計等新應用上也大有可為。

服務業也不太容易過時，並且可以從技術進步中受益，但投資時必須要仔細估算進入市場的門檻。舉例來說，信用卡支付處理是一種確實存在進入障礙、寡占定價的服務。由於銀行業受到監管，且支付系統中經常有數十億美元進出，因此政府訂定了大量規則來保護商家、客戶、銀行的安全。如果沒有這個進入市場的門檻，我無法解釋為什麼小型商家的信用卡處理費用要占銷售額的 3%。

驚喜！低本益比在科技股中奏效

與普遍觀點相反，若根據低本益比、高自由現金流收益率來挑選股票，通常對科技股特別有效。我認為這是因為，在快速變化領域中，追蹤競爭與淘汰的情況已經消耗分析師所有的精力，導致他們無暇做其他事。由於金融分析需要的心態是謹慎、分析和精確，因此一名優秀的金融分析師可能缺乏成為未來科技創造者所需的創造力、靈活性和適應性，反之亦然。

我自己比較擅長財務分析而非預測未來，因此我通常偏好有較高成功機率的好成果，而不是極低機率卻可能極為驚人的結果；我押注的是「市場能有多大」，而非科學是否有效。我最偏好的標的，是在變化較慢的寡占市場中、具備低成本優勢的業者，因為這種情況中，我可以對未來的現金流做出粗略的估計，而不會犯下危險的錯誤。此外，有時候努力趨吉避凶也能夠得到報酬。

為了讓自己能夠趨吉避凶，而非純賭運氣，我們必須以未來科技創造者、傳統金融分析師這兩種身分，來進行技術估值。當有數十家社群媒體股以極高估值交易時，這就像在買樂透，中頭獎的少數幾家無法彌補大多數的虧損。但相反地，由於技術投資人的情緒波動，有時你會因為大膽嘗試而獲得報酬，此時投資成功的價值將超過失敗的損失。但我們必須理解，那些「可以暴露在幸運中」的時機點，通常不會出現在部落格文章或電視新聞中。

這種策略看起來平淡無奇且略顯遲緩，但實際上，很少有投資人能匹敵創投圈、科技圈內部人士的技能與知識。別被那些有

名的哈佛輟學生誤導——要理解變化的方向與動力，往往需要多年專業訓練。在經過縝密研究後，這些創業者會在價格低時（或投資金額小到失敗無關痛癢）進場投資，並帶來管理能力與關鍵的客戶關係，能夠影響公司的商業策略，且長期陪伴公司成長。

　　公開市場的科技股投資人經常忽略價值、缺乏對競爭與淘汰的深入思考，並進行過度交易——這些行為通常導致失望及失敗。如果能夠專注於具有當前盈利、現金流的公司，並將股票價格與企業價值進行比較，那麼投資組合的表現將會改善，儘管這可能只是短暫的現象。我從創投公司得到的啟示是：投資人應該著重於，能提供獨特功能的軟體和經常性的服務業務。

第 16 章

多少債務才算「太多」？

> 「重要的不是你狀況好時打得有多好,而是你狀況差時還能打得多好。」
> ——瑪蒂娜・娜拉提洛娃(Martina Navratilova,網球球后)

企業失敗通常始於周期性波動、技術變革,或顧客信任的喪失;但最終引爆點,往往是過度舉債。當前景一片光明時,借款人最渴望借錢,放款人也最樂於放款。在景氣好的時候,投資人和放款人投入資金,卻沒去設想景氣谷底時的收益和資產覆蓋率;一旦景氣反轉,最好的保護措施就是大量的現金緩衝、寬鬆的契約、寬鬆的債務償還時程。債務若能分散在長期、遞延的到期日,至少能延遲痛苦的來臨。如果低價傾銷資產是唯一將營運資產和客戶忠誠度轉化為現金的方法,那麼企業就陷入了死亡螺旋。

多數違約問題源自於放款審核不嚴,或未遵守「期限」和「風險」的兩項配對原則。對銀行業者而言,若借款能輕易從可自由支配所得中償還,而且作為後盾的抵押品足以支付欠款金額,那麼這筆貸款就被視為穩健。有些放款人會在借款人收入穩定時接受較弱質的抵押品(但在收入不穩時則要求價值更高的抵押品)。「期限匹配原則」(duration-matching principle)所講求

的是，長期資產背後配合的應該是股東權益或長期債務；而「風險匹配原則」（risk-matching principle）則是，風險高的資產應與能承擔風險的資金（如股權）相匹配，而較安全的資產則應配上風險規避的資金（如債務）。

無淨資產，信用評等卻超高

鄧白氏（Dun & Bradstreet）、穆迪（Moody's）和麥格勞希爾（McGraw-Hill，標準普爾的母公司）的負債超過有形資產（這是「破產」的定義之一），但它們的信用評級均為投資等級。這些公司所擁有的是強勁的現金流、顯著的無形資產，而這些資產基本上並沒有計入資產負債表中。作為備受信賴的關鍵財經資訊提供者，他們不太可能因產業競爭或提供的服務過時而受到干擾，而且也不是特別具有周期性。政府指定穆迪、標準普爾為國家認可的統計評級組織，賦予其評級特殊的法律地位，而這是一項具有持久性的市場屏障。

幾十年來，大城市中的主流報紙一直在擴大其搖錢樹的業務，由於這些媒體透過訂閱制銷售，因此收入穩定且可預測。報紙無需大量資本支出即可增加發行量，從而將大部分現金流用於償還債務、配息或併購。報業非常適合透過債務融資收購，當媒體資產進行交易時，大部分購買價格通常歸因於其商譽，例如報刊名稱或電台許可證，而很少歸因於其實體設備。隨著現金流的增加，商譽的價值也隨之增加。

山姆・澤爾（Sam Zell）於 2007 年收購了論壇傳媒（Tribune Company），他投資了數億美元，再加上來自員工持股

計畫（ESOP）的資金，而剩下的資金則是舉債籌措的。這個購買案產生的負債超過 110 億美元，是論壇傳媒當時息稅折舊攤銷前盈餘 12 億美元的 9 倍。通常若債務／息稅折舊攤銷前盈餘的比率超過 4，就會被認為是可怕的投資，除非企業的有形資產可以彌補債務，但當時《芝加哥論壇報》與其他媒體資產看起來就是好的抵押品。而澤爾的計畫是出售一些利潤不那麼高的明星資產（例如：芝加哥小熊隊），來減少集團的債務。

收購僅 1 年後，論壇傳媒就申請破產。2008 年廣告收入下滑，可能是因為經濟衰退，也可能是因為網路廣告對媒體業的蠶食，就連論壇傳媒的其他媒體資產市值也開始下滑，包括旗下的有線電視頻道和網站。2012 年，論壇傳媒走出破產困境後，澤爾的投資化為烏有，員工只得到微薄的金錢補償，債權人則獲得了重組後公司的多數股權，但並未獲得完整補償。

以債養債

競爭護城河與強大品牌可視為真正長期的無形資產，但若缺乏這些，商譽其實是非常容易耗損的。最令人擔憂的情況就是所謂的「持續式併購」（rollups）──這類公司不斷靠舉債進行收購，呈現「以債養債」的情況。在併購熱潮中，買方往往沒有太多時間去深入了解被收購公司的管理層與業務狀況；當交易量很大時，也很難對護城河或收購價格過於講究。資產負債表上的商譽，有時代表著持久的長期無形資產，但也可能代表「付太多錢買來的東西」。會計師無法幫你分辨，投資人得自己搞清楚。

90 年代末，環球電訊公司（Global Crossing）以瘋狂的速度

購買並建造了跨洋光纖電纜，連接七大洲。1997～2000 年間，環球電訊的資產膨脹了 50 倍，總負債增加至 150 億美元，其中一半以上的資產負債表屬於高風險的軟資產，這表示其有形淨資產為負。隨著光纖產能過剩，環球電訊的有形資產價值萎縮，自此從未有過年度淨收入或自由現金流。氣球破裂的速度比膨脹的還要快，環球電訊於 2002 年 1 月申請破產。

2008 年，NCI 建築（NCI Building）進行了緩慢的連鎖收購，其操作不僅違反了期限、風險這兩項匹配原則，而且由於其業務對信貸市場狀況也很敏感，因此暴露在雙重風險中。作為美國最大的金屬建築公司，NCI 比其競爭對手擁有更廣泛的產品線、更好的通路，以及更大的地理多樣性。但進入金屬建築業並不困難，這個行業中的客戶對於價格敏感，且銷售具周期性，這使得商譽的價值變動不定，並且充滿推測成分。

事後看來，NCI 未能將長期資產與長期融資相匹配，也未能將風險資產與風險承擔權益相匹配。無形資產占 NCI 總資產的一半，而有鑑於金屬建築銷售的周期性，NCI 的商譽是一項有風險的長期資產。根據一般的經驗法則，債務低於股本且低於息稅折舊攤銷前盈餘 3 倍以下的企業，並不令人擔憂，但這個推斷忽略了 NCI 的資產組成結構和債務到期時間。

2008 年底，NCI 的流動資產為 4.66 億美元，約為流動負債 2.35 億美元的 2 倍。NCI 的大部分流動資產是庫存和應收帳款，而非現金。由於 2008 年銷售額大幅下降，未售出的庫存增加了 2/5，吃掉了大量現金。其報表中的流動負債不包括 1 年多後到期的巨額債務，而隨著到期日的逼近，債務被重新歸類為短期借款，在兩個季度內，表上的債務從 100 萬美元激增至 4.76 億美

元。當一大筆債務一次性到期時，我們稱其為「子彈到期」（bullet maturity）——對於 NCI 來說，這個比喻再貼切不過了。

2009 年，NCI 的營業利潤消失，銷售額幾乎減半，人們對其無形資產的價值產生了懷疑，NCI 因此減記了 6.23 億美元的無形資產。由於重組費用、再融資成本和營運虧損，NCI 每股虧損 33.58 美元，其淨資產大幅縮水。但在「調整後的營運」基礎上，NCI 每股僅虧損 39 美分。

由於 NCI 的大部分債務立即到期、營運資本為負、淨資產為負，債權人掌握了一切的籌碼。他們決定將債務交換為股票，股票數量從 2,000 萬股猛增至 2.707 億股，而股價從高點跌到底，損失了 98% 的價值。

勇往直前

房地產、能源、公用事業、航空、金融等資本密集產業，以其看似充足的抵押品吸引著債權方，如果沒有財務槓桿，這些產業的股本報酬率可能會黯淡無光。遵循風險匹配原則，較安全的資產（如政府債券）更容易借到更大的融資金額；而相對有風險的資產，融資空間則較小。但這些行業是周期性的，因此我們對其風險的看法也同樣具有周期性，一般情況下，當景況看起來最樂觀的時候，風險實際上是最大的。債權人在提供較短期的信貸時會感到較有安全感，因此可能會促使借款人錯配長期資產的融資。

觀察企業倒閉名單的前段班，多半都是資產密集型產業，尤其以銀行與其他金融機構居多。這些高資本密集產業，往往也是

高槓桿富豪的最愛,但卻意外是重災區。其他資產密集型產業,例如:汽車、航空、航運、鋼鐵、煤炭等,近年也陸續爆出多起破產案例,但卻很少因此造就億萬富翁。在這些產業中,幾乎不可能推出一項無法立即被競爭對手仿效的產品;唯一的勝出之道,就是在資本配置上做到極致──包括在競爭對手不願投資時進場,反之亦然。

在大宗商品產業,商業失敗常常是集體性的,像浪潮一樣一波接一波,所有企業會承受相同的定價或成本壓力,並同時出現虧損。同時也受到債權人壓力,逼迫變賣資本資產,使資產價值進一步下探。不動產可重新利用,因此在出售時通常更具彈性;但高度專業化的設備,則經常變得一文不值。二手散貨船和油輪的價格,大約浮動在新建船舶的成本上限和廢金屬價值的下限之間,2008 年以 1.37 億美元購買的一艘超大型原油運輸船,4 年之後竟以 2,800 萬美元的價格出售。在任何特定期間內,通常航運業不是全面慘淡,就是全面暢旺,鮮少有中間地帶。

自從 1978 年美國航空業解除管制以來,整個產業接連爆發破產潮,累計超過 200 起。最近規模最大的航空破產案是 AMR,該公司於 2011 年申請破產。AMR 長年虧損、現金流失血嚴重、營運資金為負,淨值更是負 7.1 億美元。在此之前的 10 年間,AMR 僅在 2006、2007 年獲利。AMR 股價於 2007 年曾衝破 40 美元,公司市值一度超過 100 億美元,公司趁著股價高點發行新股,短暫拉回正淨值;但隨著虧損再度擴大,帳面淨值再次消失,AMR 成了水餃股。租賃義務和工會人事糾紛,最終成為壓垮駱駝的最後一根稻草。AMR 於 2013 年重整後更名為美國航空(American Airlines);到了 2014 年,靠著財務槓桿、景氣

復甦與寡占定價權,其股價上漲了超過 1 倍。

在競爭激烈、商品化程度高的產業中,會計帳面價值、內在價值、市場價值三者之間經常毫無關聯。雖然飛機有二手市場,藍皮書價格(Blue Book prices)可作為帳面價值的替代指標;但破產當下,原本可能是「隱藏資產」的「起降時段使用權」(landing slots),也被未充分反映在財報中的工會人事負債所抵消。即使在獲利年度,AMR 的利潤率也極其薄弱。綜觀這些因素,AMR 在 2011 年的(負)帳面價值,其實已經是一個合理、甚至偏高的估值了。

▌汽車殘骸車禍現場

2005 年,通用汽車(General Motors' / GM's)龐大的資產負債表中,充滿了不透明的資產和難以辨認的負債。其總資產為 4,740 億美元,而若加上未來的合約承諾,總結算金額將超過 5,000 億美元。但其股東權益僅為 147 億美元,長期負債為 325 億美元,這些合計占結算金額的 10%。而且,應計退休金和退休後福利總和,高於通用汽車的長期債務。

通用汽車的資產負債表主要由「通用汽車金融服務公司」(General Motors Acceptance Corporation / GMAC,以下簡稱「通用汽車金服」)及其保險和融資業務主導,其負債達 2,950 億美元。1999～2005 年間,儘管通用汽車銷售的汽車、卡車數量減少,但通用汽車金服的資產卻增加了 1 倍以上,其所有成長都來自抵押貸款,尤其是次級抵押貸款和商業抵押貸款,其利潤比汽車金融還要高。2006 年,通用汽車金服將其商業抵押貸款業務

出售給嘉邁金融集團（Capmark Financial，於 2009 年破產）。

2006 年，通用汽車為了簡化並縮小其資產負債表，所以將通用汽車金服 51％的股權出售給博龍資產管理（Cerberus Capital Management），刪除了 3,140 億美元的資產；通用汽車在通用汽車金服的剩餘股權價值為 75 億美元。隔年，博龍也收購了克萊斯勒的控制權，隨後通用汽車金服開始為克萊斯勒提供融資。

即使在擺脫了通用汽車金服之後，通用汽車的資產和負債仍然不甚明確。2006 年，通用汽車將 375 億美元的預付退休金列為資產，退休金和其他退休後福利的負債高達 620 億美元。2006 年，遞延所得稅（deferred income taxes）被記為資產，並接近 450 億美元，與此相對的是「其他負債和遞延所得稅」達到了 169 億美元，而股東權益已然消失殆盡。

在正常的業務過程中，沒有抵押品、契約、利率，也不需即時償還的負債其實是有利的，它們通常被稱為「浮存金」（float）。遞延稅金可以算是浮存金，但又不完全是。美國稅法允許提前進行一些扣除，例如：加速折舊，這會使應稅所得在短期內下降，但未來會上升。會計上會預先認列將來需繳的稅，但其中並沒有契約、抵押品或利率。會計時序上的差異會以可預測的方式逆轉，因此實際上債務仍存在一個隱含的到期日。

退休金和退休員工醫療義務雖無契約或抵押品，但必須依法累積資金和遵循其他法規，這些承諾的現值，主要取決於一個假設的折現率或報酬率。像通用汽車這樣擁有龐大退休計畫的公司，可能會傾向於使用不切實際的高折現率，這將使這些負債的現值最小化。舉例來說，連續 30 年、每年必須支出 100 萬美元，總計為 3,000 萬美元，若以 2％折現後的現值為 2,300 萬美元；

但若是以 8%計算，則只有 1,200 萬美元。

但通用汽車的財務狀況是一場持續的災難；2007 年每股虧損 68.45 美元，2008 年每股虧損 53.32 美元。2008 年 12 月，通用汽車和克萊斯勒從聯邦政府獲得了緊急援助資金；2009 年第二季，兩家公司都申請了美國《破產法》第 11 章的破產保護。在提供了緊急貸款之後，美國政府出手掌控這兩間公司的重組過程，通用汽車重組花了 38 天，而克萊斯勒則是 41 天。

從法律形式來看，通用汽車的重組是一項「預先打包」（prepackaged）的交易，其中將「老通用汽車」最具吸引力的資產和某些負債出售給「新通用汽車」。根據法律規定，破產債權人按照「絕對優先權」（strict priority）原則獲得清償，這是對債權優先順序的一種非常具體之法律順序。在商業實務中，債權人的實際追償通常是談判之下的產物，但很少像通用汽車那樣、與嚴格優先順序的規定脫節。有擔保債權人通常會先於無抵押債權人（員工、供應商和初級債券持有人）獲得償付，而通用汽車龐大資產負債表上的大部分負債，都是無擔保的負債。

我們可以說，重組計畫的目的，是為了對那些未明確向通用汽車提供貸款的債權人，提供公平的解決方案。美國汽車工人聯合會（United Auto Workers／UAW）收回了大部分無擔保債權，部分透過新公司 17.5％的所有權和價值 65 億美元的優先股實現清償。相比之下，債券持有人則認為自己遭到「強制削減」（crammed down），只獲得遠低於正常情況應得的清償比例；至於通用汽車股東，則血本無歸。

▍別指望銀行

當通用汽車公司全資擁有通用汽車金服時，其資產負債表就像一家金融公司，只有一小部分股權支撐著巨額借款。金融公司能承受巨額槓桿，前提是它們遵守兩大匹配原則：一是用風險低的存款資金支持保守的貸款業務；二是資產與負債的期限要相匹配。但問題在於，通用汽車金服並沒有遵守第一條規則，在緊要關頭時，也沒有遵守第二條規則。在全球金融危機爆發前夕，通用汽車金服陷入了次級房貸的困境，房貸業務在其營運中比汽車業務還要大，即使該公司仍持續對信用風險較高的汽車客戶提供信貸。

某一類貸款或金融公司的爆炸性成長，往往是金融危機的前兆。資金是最終商品，金融公司要快速成長，只有兩種方式：提供較低的利率、較低的信貸標準，或者同時兼具。高收益率反映市場對高風險的認知，若沒深入研究，就不能輕易假設市場是錯的。隨著通用汽車金服大舉加碼風險貸款，也伴隨著更多的借款。2000年時，通用汽車金服每1美元的股本持有12美元的資產；但到了2006年，增加到20美元。這種情況並非個案，華盛頓互惠銀行（Washington Mutual）、Countrywide信貸（Countrywide Credit）等也採取了類似的做法，最終導致了悲劇性的後果。

審慎的企業會將負債契約的期限與資產的期限相匹配，但如果真的嚴格這樣做的話，現代銀行體系就不可能存在。銀行手中握有必須按照客戶需求支付的存款，並利用這些資金以較高利率發放長期貸款。實務上，存戶很少同時進行大筆提款，因此銀行會以機率估計其流動性的緩衝。但銀行意外擠兌，可能會迫使其

虧本拋售貸款和證券，如果數字夠大，擠兌就會威脅到銀行的償付能力和流動性。在擠兌期間，央行被授權向銀行提供緊急流動性支援，但央行不能向非銀行的金融機構提供這項援助。

2008年金融危機期間，通用汽車金服處於資金短缺、抵押品可疑、無力償債、不具銀行身分的絕望處境；為了恢復償付能力，美國財政部在三輪救助中，購買了總計172億美元的優先股和普通股。通用汽車金服申請轉型成為銀行並獲批准，使其有資格向聯準會借款，並更名為「艾利銀行」（Ally Bank）。後來艾利銀行旗下專營次級房貸的子公司ResCap破產，但艾利銀行本身避免了破產危機。美國財政部可能會因救助艾利銀行，而蒙受數十億美元的損失。

既不是借款人，也不是債權人？

負債會放大好壞效果，因此通常借款適量是最佳策略。具體應該借「多少錢」需視情況而定，這意味著必須遵循風險與期限匹配原則。像包裝食品或受管制的公用事業，這類非常穩定的產業，可利用借款提升獲利與成長，且不會危及其壽命或穩定性，可預測的未來現金流，能精準匹配未來債務。即使是這些產業，也需要準備現金緩衝，以防預測失誤。

對於大多數周期性企業來說，當期利潤和企業壽命之間的權衡，很可能會導致僵局。有些投資人寧願錦上添花，也不願意未雨綢繆，一旦企業面臨失敗，股東就無法享受獲利或企業成長的好處。周期性且波動劇烈的企業，其預測遲早會出錯，如果這些錯誤涉及無法轉換為現金或被其他行業使用的資產，高債務會使

這些企業變得脆弱。我更喜歡那些無需槓桿即可實現具吸引力成長和獲利水準的企業。

企業實施「沖繩飲食」

對於重視企業壽命的投資人來說，日本是個值得研究的地方。根據艾瑞・德・格斯（Arie De Geus）所言，全球有967家企業成立於1700年之前，其中超過一半位於日本。如今的高科技企業並不在這份名單中，這份名單主要由傳統、變化緩慢且尚未完全商品化的產業主導，例如：清酒、糖果、茶葉、食品、餐館、酒館、宗教工藝品等。改變讓生活變得有趣，但一間公司如果必須不斷改變，遲早會做出錯誤的決策，最後撐不下去。

如果你將企業視為非常長期且具風險的資產（日本人顯然正是這麼想），那麼幾乎完全以股權來為其融資是合理的。在日本，超過一半的上市公司現金比負債還多，這在其他已開發國家幾乎看不到。在它們的資產負債表上，商譽的比例也比其他地方低，儘管日本同樣擁有許多知名品牌和堅不可摧的特許經營權。

企業的壽命還取決於遵守兩項匹配原則外的社會因素：企業是人的社群；存活下來的企業是客戶、員工、供應商樂於加入的社群。他們在保有獨特特質、使命的同時，也適應了環境，且不過度多角化。1700年左右存在的大多數企業都是家族擁有的，因此能存活至今的，多半也仍由家族掌控，使它們成為一種非常特殊的社群型態。美國學者發現，控股股東（包括家族）持股的企業，其股票表現優於股權分散的企業。

對投資人來說，理想的境界是找到一家：穩定獲利、不斷成

長,而且確定能長久經營的企業。財務槓桿本身不會摧毀企業,但會增加其脆弱性,應尋找尊重兩項匹配原則的企業:借款應配對安全(非風險)資產,長期資產應配對長期(非短期)債務。對於容易受到商品周期、技術淘汰或消費者偏好變動影響的企業,應格外謹慎。若風險可預見,則偏好無抵押債務,且還款期限延後/分散、條款寬鬆、債權人相對友好的。有現金緩衝及未動用的信用額度,也有助企業渡過難關。

第五部

這值多少錢?

第 17 章

谷底有可能回升嗎？

「預測可以揭示很多關於預測者的資訊——這些人對未來一無所知。」

——華倫・巴菲特

關於股票將帶來多少報酬，以及其隱含的折現率——無論是作為一個資產類別還是針對個別證券——這些問題既合理也荒謬。估價的合理性完全取決於所用的折現率，如果折現率是 6％而非 8％，則永續年金的價值會多出 1/3，而這樣的差異可能創造或摧毀安全邊際。投資人無法逃避這個問題，他們需要某些基礎來決定投入股票而非債券、不動產或其他資產；也需要找出一種方法，以便在數百個可能的機會中進行排名和選擇。

股票的報酬主要取決於購買時支付的價格，但隨著時間拉長，股票報酬看起來更像是企業基礎業務的報酬。積極的投資人總是會尋求超越市場平均的報酬率，但如果不了解市場折現率，他們就無法推斷市場平均的報酬率。若不想接受低折現率作為報酬率，投資人就必須警惕地使用低折現率來證明高價值的合理性。本章討論的報酬估算，既不肯定也不精確，只是非常長期的猜測。除非完全做好了一切準備，否則你不應該進場投資。

▎投資收益率＝你的報酬？

我使用收益率（earnings yield，本益比的倒數）作為估計股票未來報酬的第一個切入點，但純粹主義者對這種方法不屑一顧。稍後我們將討論一些使估計更精準的方法。如果讀者在任何時候覺得本章看起來太令人生厭，請記住：盡量投資低本益比的股票，並遠離高本益比股票。收益率、預期報酬和折現率，都指向更具吸引力的證券、投資時機、產業和國家市場，在這些數字中，收益率是唯一可以輕易觀察到的數字。預期報酬、折現率需要猜測和計算，但額外的努力並不總是能帶來優異的結果。

問題在於：會計收益與經濟現金流並不完全相同，後者也可能不完全等於現值收益，而現值的增長也未必與股東實際獲得的報酬相符。基本上，人們必須相信財報上1美元的收益最終能轉換成投資人的1美元總報酬，但要做到這一點，公司財報上的收益就需要反映其基本現金流，而且再投資於企業的1美元對於公司所有者來說，也必須物有所值。這麼做的背後有一個潛在假設：當前收入可以無限期地維持。對於處於產業周期高峰和低谷，或是走向終結的企業，以當前的收益率進行推斷將會產生誤導。

投入成長的每1美元，通常真正的價值會比1美元更高，但也可能更低，這取決於它對未來獲利成長和現金流的貢獻。對於擁有熟練誠實的管理階層、提供獨特產品，且處於韌性產業的公司來說，再投資利潤幾乎都能提高股東的報酬率，使其超出初始收益，有時甚至帶來豐厚的報酬，這就是「時間是好生意的朋友、壞生意的敵人」這句格言的來源。請尋找產業護城河或競爭壁壘，以確保當企業的經濟性成為投資人報酬的決定性因素時，

一間良好的企業仍能夠保持在良好的狀態。一般而言，一支股票的收益率若非常具吸引力，那麼這間企業至少存在一個缺陷，有可能是周期性行業、商品化行業、可疑的會計做法，甚至是不正當或無能的管理。這些缺陷會影響持有者的報酬，因此收益率類似於（但不等於）預期報酬率或折現率。

在美國金融史漫長的歲月裡，股票的報酬率普遍超過了企業初始的報酬率，而只要企業能提前準確地調整實現成長的方式，股票的報酬率就應該比企業報酬率高。沒有人會刻意去破壞企業價值，但也不要認為這是某種普遍法則，金融史上有許多 5 年、10 年，甚至 20 年期間中，主要股票指數的報酬率低於企業初始報酬率；但在多數的長期時期裡，為企業成長所再投資的 1 美元，確實能夠產出超過 1 美元的價值。

在過度簡化的假設和現成的本益比之間，低本益比（高收益率）效應似乎不應該存在，但在個別股票組中卻有充分的紀錄。表 17.1 使用達特茅斯學院（Dartmouth College）肯尼斯・法蘭奇（Kenneth R. French）教授的研究資料。基本上，當股票按收益率排序、分類時，收益率最高的群體表現最好，而收益率最低的群體表現最差。大多數這些研究都使用了公認會計準則收益數據，特別是在涵蓋較長時間跨度的情況下；但也有些研究使用了最近一系列經過調整和估計的數據，也得出了類似的結論。

低本益比效應與小型股效應有關。在表 17.1 中，「價值加權」表示：如果美國股票的總市值為 20 兆美元，那麼排名前 1/10 的股票將由收益最高的、價值 2 兆美元的股票組成。「同等權重」則表示：如果對 3,000 家公司進行調查，排名前 1/10 的企業將是盈利率最高的 300 家公司。大多數殖利率極高的股票都是

小型股。透過持有很少投資人聽過的不知名股票之投資組合，等權重的高收益投資組合之表現，明顯優於價值加權投資組合。舉例來說，很少有機構願意擁有同等數量的通用汽車和史崔特克安全公司（Strattec Security）的股票；但即使是價值加權收益率投資組合，其表現也遠優於平均值。在這兩種投資方法中，更便宜的 10% 股票，幾乎總是比更昂貴的 10% 能得到更高報酬。

〔表 17.1〕 法蘭奇教授的本益比 10 分位累積年化報酬率（1951～2015 年）

	最低的 10%	D2	D3	D4	D5	D6	D7	D8	D9	最高的 10%
價值加權	9.1	8.9	10.4	10.5	11	12.5	13.3	13.9	14.8	15.6
同等權重	9.1	11.4	12	13	13.7	14.4	15.2	16.2	17.4	18.6

※ 資料來源：Kenneth r. French (tuck), Salim Hart (Fidelity).

平均而言，隨著時間的推移，高收益率股票會跑贏市場；但「平均而言」並不表示著「總是如此」，也不意味著每支股票都是如此。1951～2015 年間，約有 1/3 的時間裡，前 10% 的等權重投資組合表現落後於平均值。令人失望的情況似乎集中在牛市的後期階段（此時投機性偏好占主導地位），以及經濟放緩的早期階段。週期性產業的股票本益比通常較低，因為市場知道經濟衰退是不可避免的，但當經濟衰退真正發生時，週期性產業的股價仍會下跌。只有當被低估的資產變得加倍低估時，驚人的價值投資才有可能出現。最終，高收益率股票的投資組合能帶來優異表現，但在等待過程中，這也許只能稍稍安慰你。

大多數投資組合經理（包括我自己），並不會完全投資於收益率最高的 10% 股票；我之所以不這樣做，是因為低本益比的

股票往往規模較小，而且我會限制自己替換股票的頻率。在一項研究中，肯尼斯・法蘭奇教授每月重新平衡各投資組合，這對我來說似乎不切實際，因為這麼做必須不斷交易，而且對於較小的股票來說，這種交易成本高、難以執行。相對來說，表 17.1 所列出的投資組合則以年為單位，每年重整一次、重新平衡。年度重新調整並不意味著完全換血，因為許多股票在重新調整時，仍處於同一 5 分位數或 10 分位數組別中。

沃爾瑪風雲錄

投資人通常會關注比本益比更吸睛的特質。以 1999 年 12 月的沃爾瑪為例：當時沃爾瑪是一家零售巨頭，擁有數十年持續獲利成長、股本報酬率高於 20％ 的優異紀錄。就像今天的亞馬遜一樣，當時所有零售商都畏懼、尊重沃爾瑪（類似的故事也常見於採購和分銷的網路效應）。還有什麼比以超低價格販售大家日常必需品更無敵的呢？

1999 年，沃爾瑪股票的收盤價為 69.13 美元，並於 2000 年 1 月的財政年度公布每股收益為 1.25 美元，高於上一年的 0.99 美元，這使得它的收益率為 1.8％，即本益比為 55。投資人指望的，顯然是與 20％ 股本報酬率或盈利成長率相匹配的報酬，而不是微小的收益率。對於快速成長的企業，我嘗試將成長率和收益率連結起來。要達到 8％ 的收益率，沃爾瑪需要 5.53 美元的每股盈餘（8％ ×69.13 美元），然後我假定一個成長率，並計算沃爾瑪需要多少年才能達到此目標，在最好的情況下，交叉點很快就會到來，我相信自己的預測，並認為當這項預測實現時，沃爾

瑪仍將保持動態成長。

我當時認為沃爾瑪的成長率將會持續成長，也許速度不會那麼快，因此會更接近下一個財務年度報告的 12％ 的成長率。作為在許多商品類別上占據主導地位的美國零售商，沃爾瑪不可能無限期地繼續搶占市場。儘管它在墨西哥取得了驚人的成功，但其他國際擴張計畫的成果卻好壞參半。假設複合獲利成長率為 12.1％，那麼沃爾瑪的獲利需要 13 年才能達到初始購買價 8％ 的獲利門檻。一些分析師對它未來的成長更加樂觀，並相信它能更快達到目標；然而我的計算忽略了這 13 年貨幣時間價值的複利，所以實際上的成長目標更高。歷史上，能連續 13 年每年成長 12％ 獲利的公司很少。

令人驚訝的是，沃爾瑪的獲利在接下來的 13 年裡，確實以 11.3％ 的複合成長率不間斷地成長，但其股價卻停滯不前。它在 2012 年的最低股價為 57 美元，即使加上每股略高於 10 美元的累積股利，股票的總體報酬率仍為負。2012 年，沃爾瑪股票的平均價格接近 1999 年底的價格，即資本增值為零，因此，其股利就是股票的總報酬。累計起來，總報酬率和股利收益率，比盈利成長率或股本報酬率更接近 1.8％ 的初始盈利率。不同尋常的是，1999 年購買沃爾瑪股票的投資者並未要求廉價價格，或許是因為當時它是一個無法抗拒的故事。

沃爾瑪的實際報酬低於我範例中使用的 8％ 的折現率，部分原因是盈利令人失望，但也因為本益比很容易出現均值回歸。沃爾瑪的實際利潤為 5.02 美元，與最初目標 5.53 美元相差不遠。但 13 年來，「所需收益」與「實際收益」之間，在技術細節上的差異所產生的複合效應是巨大的，這表示若要產生 8％ 的報酬

率，就必須訂定更高的收益目標。我不得不問自己，是否真的相信延續了這麼多年的預測。

這一點都不直觀，但沃爾瑪本益比回歸到平均值，並非單一事件，而是適用於整個市場，統計學家總希望有最廣泛的可用資料進行比較。沃爾瑪在其企業壽命的大部分時間中，都呈現幾何級數成長，理應獲得倍數溢價，尤其是過去不曾有企業達成這項壯舉。對於一家公司特定時間點的本益比而言，它的未來必須像過去一樣輝煌。標普 500 指數涵蓋了位於不同生命周期的企業，而沃爾瑪的歷史卻是前所未有的；碰巧的是，沃爾瑪在 1999 年的交易價格也高於其歷史本益比。到了 2012 年，標普 500 指數的本益比已經收窄，沃爾瑪的本益比跌破 14，兩者大致相符。沃爾瑪最終達到了 8% 的收益率──只是方向錯了。在任何特定時刻，均值回歸的力量可能不易察覺，但從長遠來看，其影響卻是決定性的。

當市場指數本益比較低時，依然能賺大錢

1999 年並不是適合購買股票的一年，不僅是因為沃爾瑪的故事，也因為標普 500 指數的本益比超過 30；當收益率較低時，隨後的市場報酬往往也會很平庸。內德‧戴維斯研究公司（Ned Davis Research）將美國市場本益比分為 5 個估值 5 分位數。從價格最低的 5 分位數開始，標普 500 指數在未來 10 年內獲得了 11.6% 的實際（經通膨調整）複合報酬率。隨著估值漸高，其他 4 個 5 分位數的複合實際報酬率分別為 10.0%、9.6%、5.3% 和 4.4%，這個模式的一致性非常高。有趣的是，如果將本益比轉

換為收益率，在均值回歸的幫助下，起始收益率每增加 1 個百分點，通常會使投資人的報酬率提高 1 個百分點以上。

低價股票（和市場）仍然可能令人失望。當標普 500 指數處於市場本益比最便宜的 5 分位數時，10 年期複合實際報酬率可高達 19.4％，但也曾低至 0.3％，低於價格最高 5 分位數的平均值。在價格最高的 1/5 市場中，表現最好的時期在 10 年間的報酬率達到 15.7％，遠遠超過了價格最低的 1/5 市場平均值。從 1 年的角度來看，市場指數本益比具有一定的預測性，但其中錯誤的線索太多，以至於我不敢拿它來做市場時機判斷。均值回歸需要時間，因此更應該將它用在長期資產配置決策，我認為這是一種緩慢變化的市場時機形式。

在某些時期，如 1999 年，大型成長股極為昂貴，市場價值加權指標最能反映此類市場的過高估值。在其他階段中，即使是普通股票也相當昂貴，等比權重指數最能夠準確反映這些市場的估值。對於等比權重的股票範圍來說，中位數比加權平均更具代表性。我透過研究 1962 年至 2016 年 6 月期間、3,000 支最大型企業股票的本益比中位數，發現其中位數低於 15 者，10 年報酬率為 317％；而本益比中位數大於 25 者，10 年報酬率卻只有 65％（表 17.2）。在這張表中，我以累計（而非逐年）的方式呈現數字，以便讓讀者體會到：（1）複利的力量；（2）低本益比方法即使在 10 年後依然有效。

基金經理人在面對令人不快的長期報酬預測時，其做法往往非常有限。資產配置者可將資金從股票轉移到債券、現金，或任何他們認為能提供更好預期報酬率的資產；但身為股票經理人，我並不應該這樣做，而是應該從一群壞股票中找出最好的幾支。

我不追求最高的潛在報酬,而是強調利潤流的持久性,以及預測的可信度。

〔表 17.2〕 不同本益比起點的遠期市場報酬
(歷史本益比中位數;1962～2016年,美國排名前3,000支股票)

初始本益比	平均 1年期報酬 本益比中位數	平均 5年期報酬 本益比中位數	平均 10年期報酬 本益比中位數
0-15	18%	102%	317%
15-20	13%	71%	188%
20-25	10%	59%	130%
25 以上	3%	38%	65%

※ 資料來源:Factset, Salim Hart (Fidelity)

　　幾乎在每個主要市場的歷史頂峰,本益比都處於歷史高位,但通常這個時候,股票已經貴了相當長的一段時間。1929 年,道瓊工業指數的本益比達到頂點的 27,標普 500 指數的本益比則達到高點的 20。標普 500 指數的本益比在 1962 年達到 22 的峰值,但在 60 年代的大部分時間裡,一直保持在 20 左右,直到 1974 年才崩跌。另一個相似的情況是,標普 500 指數的本益比在 90 年代中,有 7 年都超過 20,並在 2000 年衝上了 32;儘管在 90 年代稍微有所調整,但標普 500 指數直到千禧年才真正崩盤。一位至今仍備受推崇的價值型對沖基金經理人,依照自己的審慎判斷行動;然而,他的基金在 90 年代整整 10 年的累積表現落後,其結果甚至與將一半資金投入標普 500 指數、另一半藏在床墊底下差不多。

周期性平均本益比（CAPE）

當獲利、本益比同時達到異常高點時，真正災難性的股市崩盤就會發生。根據近幾十年來的資料，標普 500 指數的本益比在 1929 年竟「只有」20，這聽起來似乎不太合理，卻足以引發大崩盤和大蕭條。但自 1921 年以來，標普 500 指數的本益比從未達到如此高的水準，當時通貨緊縮的衰退壓垮了企業的獲利。到了 1929 年，標普 500 指數的收益相較於 1921 年已翻了 5 倍，而且本益比也很高。事實證明，1921 年的本益比飆升並不值得擔心，因為當時的利潤嚴重低迷；但 1929 年那個稍低卻仍算高的本益比，反而值得警惕，因為它是根據當時處於高峰的獲利計算的。

為了消除經濟衰退和繁榮時期的極端值，耶魯大學經濟學家羅伯・席勒（Robert Shiller）建議根據 10 年來的平均收益（也就是所謂的「席勒收益」）計算本益比。若使用這種方法計算的

〔圖 17.1〕 歷史周期性平均本益比（CAPE）與國庫券利率的關係

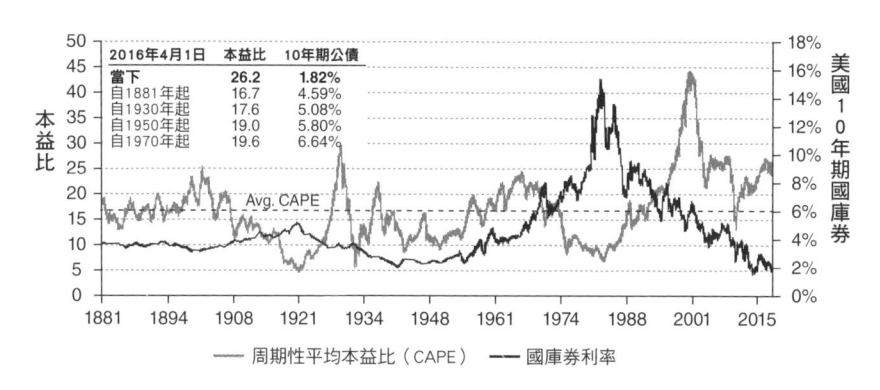

2016年4月1日	本益比	10年期公債
當下	26.2	1.82%
自1881年起	16.7	4.59%
自1930年起	17.6	5.08%
自1950年起	19.0	5.80%
自1970年起	19.6	6.64%

—— 周期性平均本益比（CAPE）　—— 國庫券利率

話，1921 年的標普 500 指數價格並不算高，甚至可說被嚴重低估，其周期性平均本益比為 5，只有在 1933、1974 年，美國股市才有類似的表現（圖 17.1）。1929 年，標普 500 指數的周期性平均本益比達到高峰的 33，直到科技泡沫時代才被超越。2000 年科技泡沫達到高峰時，標普 500 指數的周期性平均本益比為 44，而在極端情況下，周期性平均本益比是長期前景的優秀指標。

　平均而言，周期性平均本益比對未來市場指數的報酬率預測，比起當期收益率還要好一些。在 1881～2015 年間，標普 500 指數股票估值最高的 1/10 中（圖 17.2），平均周期性平均本益比為 30.3，相當於 3.3％的收益率。從此開始，標普 500 指數在接下來的 10 年中獲得了 0.5％的平均實際報酬率。而價值最低的 10 分位，其周期性平均本益比為 9.6 或更低，在未來 10 年經複利、通膨調整後的報酬率高達 10.3％。以平均狀況而言（並非在所有情況中），周期性平均本益比的警示性又一次發揮了作用。

　近幾十年來，與長期歷史平均值相比，周期性平均本益比經常過高。有人說世界和會計準則都已經改變了，因此周期性平均本益比只能給出不準確的信號，這些反對意見的出現，往往是因為拒絕接受未來幾年的報酬可能無法令人滿意的事實，但它們同時也可能是有道理的。有一種說法是，會計準則會隨著時間的推移而變化，而且並沒有體現技術創新所增加的價值，因此當前的利潤被低估了。另一個論點則圍繞著低利率——歷史上從未出現過像現在如此普遍的負利率情況——因此本益比較從前更高是正常的。還有第三個論點，但我並不認為值得細究：高速成長的網

〔圖17.2A〕 1881～2011年，美國股票平均實質複合報酬率與10年期資本報酬率的比較

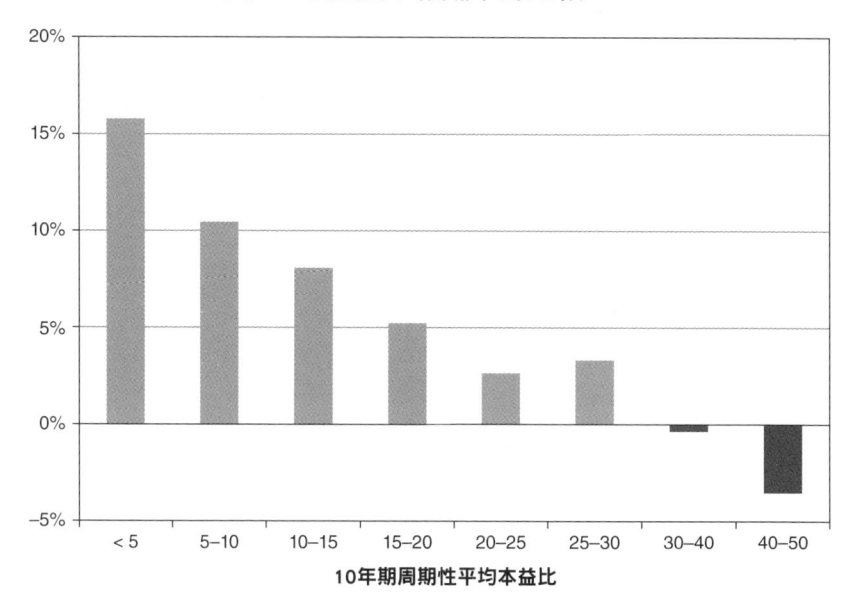

10年期周期性平均本益比	報酬率
< 5	約15.7%
5–10	約10.4%
10–15	約8.1%
15–20	約5.2%
20–25	約2.6%
25–30	約3.2%
30–40	約-0.3%
40–50	約-3.6%

〔圖17.2B〕 收入的力量。當市場中席勒本益比（周期性調整本益比）較低時，投資報酬率會更好。

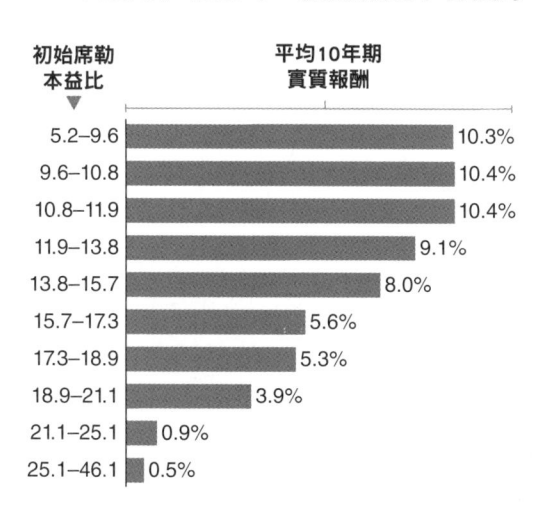

初始席勒本益比	平均10年期實質報酬
5.2–9.6	10.3%
9.6–10.8	10.4%
10.8–11.9	10.4%
11.9–13.8	9.1%
13.8–15.7	8.0%
15.7–17.3	5.6%
17.3–18.9	5.3%
18.9–21.1	3.9%
21.1–25.1	0.9%
25.1–46.1	0.5%

路企業已成為當前經濟的核心,因此更高的本益比依然是值得投資的。由於美國國內生產毛額的成長並未加速,因此在網路企業蓬勃發展的同時,其他部門必定在萎縮或成長放緩,這反而可能使本益比下降。

儘管無可否認,會計在追蹤科技進步所創造的價值方面表現極其糟糕,但對我而言,目前的公認會計準則(GAAP)會計究竟比過去更保守,還是更激進,這點並不明確。現在的調整後收益,可能會比過去更令人垂涎,但公認會計準則基本上依然持平。股票選擇權的成本在過去被忽略,現在雖已列入費用,但仍計入調整後收益,如今涉及的金額大得多——高階主管的薪酬節節高升,尤其是在股票選擇權方面的給付。在2001年之前,所有無形資產都以有限的壽命處理,攤銷期限最長為40年,這比今天的方法更為保守;而現在資產減損可以被一次性地大幅認列,使財報結果的穩定性更低。

2008～2009年全球金融危機期間,銀行、保險公司和許多其他企業承擔了巨額的減損費用,這可能會過度降低席勒收益(10年平均收益)。如果會計準則允許「以市價計價」減記,但不允許增記,則這樣的批評是合理的;相反地,如果將次級金融的所有利潤都計入,但卻在財報上規避損失,那就不合理了。隨著時間推移,貸款證券化的會計規則和出售收益的處理已逐步寬鬆。在過去的幾十年裡,許多銀行認列了巨額的未指定貸款損失準備金,這麼做能使收益曲線變得平滑,但同時也顯得保守。我的看法是,今日企業所公布的收益可能比過去更誇大,也可能更保守,但無論如何,它們的波動性一定更大。對我來說,這讓我們更有理由使用席勒公式。

股票、債券和票據

　　理論上，股票收益率應該與債券、國庫券等其他資產的報酬同步波動，但歷史紀錄卻顯示了一系列股市長期波動和均值回歸的趨勢。1959年之前（1929年除外），股票幾乎總是能提供比債券更高的股利殖利率，而企業的盈餘也保留下來用於投資成長，因此收益率會維持在高點。經濟大蕭條、兩次世界大戰，以及社會主義、共產主義在不同國家的興起，使許多人相信股票是危險的，而美國政府債券則是安全的投資。40年代，債券利率很低（就像今天一樣），照理說，這應該會使股票價格上升，但實際上當時的本益比仍相當溫和，因此反而成為一個絕佳的買股時機。而此現象是因為企業的高獲利收益率，還是因為股票相對於債券的收益率優勢？

　　長期以來，歐洲人一直對將政府債券、票據描述為「無風險」的市場習慣抱持懷疑態度。1923年，德國政府債券的投資人幾乎因通膨而損失了一切，1948年，在貨幣從帝國馬克轉換到德國馬克的過程中，德國國債大部分被取消。通貨膨脹是政府減輕沉重債務負擔最常見的方式，但違約、重組、延期償付也是可能的選項。根據羅格夫（Rogoff）和萊茵哈特（Reinhart）在《這次不一樣：800年金融危機史》（*This Time is Different*）一書中的說法，在某個時間點，幾乎每個主要國家都曾訴諸過這些手段中的一種或多種。

　　1981年，債券風險被廣泛認知，並反映在價格中；因此債券的殖利率高於股票收益率。令人困惑的預期是，這個現象準確地反映出，債券的風險調整報酬率更高。與股票相比，債券名目

收入上的風險要小得多;然而,它們提供的報酬與 80 年代的股票不相上下。就絕對值而言,雖然當時殖利率差距對債券有利,但這並未如預期般對股票造成負面影響;史無前例的債券高殖利率與可觀的獲利殖利率,實際上成功預示了股票與債券雙雙大幅上漲。當通膨調整後的公債殖利率較低時,股票報酬率也會隨之下降,反之亦然。

儘管通膨持續減弱且稅率放緩,80～90 年代直至全球金融危機期間,債券殖利率仍高於席勒收益的殖利率。1990 年的席勒殖利率,未曾預告未來 10 年股票將創紀錄成長,殖利率差也未顯示股票能跑贏債券,但事實結果就是這樣。有時均值回歸需要非常長的時間!時至 2000 年,席勒的獲利收益率創新低,債券殖利率的缺口也前所未有,而這都是對股票市場的警告。

進入千禧年,悲觀的預測徹底成真,但債券的殖利率優勢卻一直持續到 2009 年。科技股、成長股首先遭受重挫,但在利率下降的同時,債券卻反彈直上。而由於利率下降促進了房地產繁榮,許多房屋都靠次級房貸進行融資。2007 年,一位著名的券商策略師(brokerage strategist)意識到情況有些不對勁,並建議客戶專注於投資優質股票,這可是全球金融危機發生前的精準判斷。為了幫助客戶進行選擇,他提供了一份頂級優質公司的名單,其中包括嬌生、微軟等藍籌股,以及 AIG 和美國工商銀行(AMBAC)等眾多擁有 AAA 信用評級的金融公司。隨著房地產繁榮轉向蕭條,以及隨之而來的熊市,這些金融公司和其他公司遭受了重創;投資人於是再次相信股票是賭博,而政府債券是安全的。

史上最低利率確實證明了:這段時間的股票低收益率是合理

的；但股票風險溢價隨著時間推移而大幅上升，而華麗的本益比仍會產生慘淡的報酬。戰爭、蕭條、通貨膨脹、社會主義、沒收性稅率（confiscatory tax rates）此起彼落，所以我們沒有理由認為股票應該比債券提供更恆定的報酬優勢。撇開這些因素不談，當債券的殖利率微乎其微、股市的本益比又偏高時，投資人應預期，未來的報酬率相較歷史標準將會相當低迷。

各國股市

只要投資人沒有被戰爭、通膨或社會主義等總體因素擊垮，偏好投資本益比低的國家股市，通常會有良好表現。在圖 17.3 中，GMO 資產管理公司（Grantham Mayo Van Otterloo）使用 5 年平均收益與隨後 35 年的實際報酬率，繪製了 16 個已開發市場

〔圖 17.3〕 特定已開發國家市場平均 5 年實質報酬，與隨後 35 年的實際報酬率

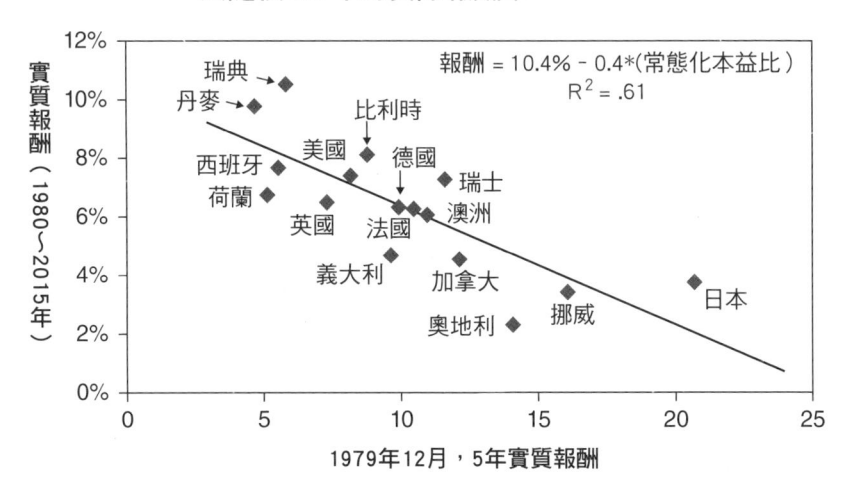

報酬 = 10.4% − 0.4*(常態化本益比)
$R^2 = .61$

實質報酬（1980～2015 年）

1979 年 12 月，5 年實質報酬

在 1980 年的國家指數本益比。35 年重新平衡一次，無疑是一種極低維護成本的投資方式！日本、挪威、奧地利這 3 個價格最高的市場最終表現最差，而統計上最被低估的 4 個市場，其報酬率都超過了中位數。

此樣本僅包括通膨下降、其領土沒有戰爭、繁榮時期實行憲政民主的已開發國家；範圍更廣、時間更長的全球投資就沒那麼幸運了。舉例來說，奧地利經濟的一個悲慘特色是──經通膨調整後的股票報酬率，連續長時間為負值。90 年來，從第一次世界大戰期間奧匈帝國的解體開始，許多事情都出了差錯。奧地利在二戰期間被納粹德國吞併，隨後被盟軍占領了 10 年，邊境上有鐵幕國家，再加上高稅收，以及政府對工業的不必要干預，難怪奧地利經濟學家對宏大的經濟理論抱持懷疑。但德國、法國、義大利也曾有超過半世紀的時間，股市沒有實際報酬。

在預測未來的報酬時，一個懸而未決的問題是：像美國這樣幸運的國家是否會繼續連勝，而像奧地利這樣不幸的國家是否會繼續低迷？身為美國公民，我絕對希望「美國例外論」能持續下去，但我知道，從統計數據來看，只有當我能具體說明「為什麼美國屬於一個獨特類別」之前瞻性原因時，我才能做出這樣的預期；否則，對未來報酬的預測，應該基於所有已開發資本主義民主國家的整體，而不僅僅是美國市場。德國的惡性通膨經驗對每個國家的投資人來說，都是潛在的風險。我認為，現今德國發生惡性通膨的風險，實際上比其他地方低得多，因為這種經歷創傷是如此地刻骨銘心。

幾乎可以肯定的是，飽受戰爭踐躪的國家、非民主國家、社會主義國家、發展中國家的股票市場，其報酬率是不同的，而且

難以得知真正的數據。研究人員大都選擇數據資料容易取得的主題；而基本上，普遍使用的美國股票價格歷史，都沒有包含內戰的破壞。我們該如何處理極端事件，例如：市場跌至谷底或交易暫停？1900 年俄羅斯股票占世界市值的 11%，1917 年股票市場被布爾什維克革命消滅；1931 年，24 個國家的股票市場中，有 10 個因戰爭關閉超過 1 年，其中有 7 家關閉不到 1 年，而只有 7 家保持交易不中斷。（以上資料來自《全球股票市場百年史》〔*A Century of Global Stock Markets*〕）。

▎收益率、折現率和報酬

災難與意外之財會在「初始收益率」和「實際報酬」之間造成落差，但應該考量這些因素的時機是在投資當下。你的投資結果將取決於你與市場對風險的評估有多準確。90 年代末，俄羅斯石油公司「尤科斯」的股票交易殖利率高達 200%，這預示著俄羅斯產權的不穩定。然而尤科斯的早期投資人可透過股利收回比投資成本更高的報酬，而晚期投資人則幾乎承受了全部損失。你的結果也取決於你如何應對。有時候，如果你沒有驚慌失措，反而可能代表你尚未理解事態的嚴重性。

在完美的世界中，人們會計算可能發生事件的頻率與嚴重程度，然後趨吉避凶，以建立從收益率到預期報酬的橋梁。但市場中沒有統一的報酬公式，我們只能從某些因素來判斷可能的調整方向，只要成長動能超過均值回歸，魅力股就會發揮作用。我購買高收益股票，希望因均值回歸帶來股價上揚，同時明白緩慢成長可能會降低報酬，只要企業不會突然倒閉，並且能產生現金而

不輕易揮霍，我就很滿意了。對於長期投資人來說，許多風險和不確定性，特別是總體經濟和產業方面的，最好視為「會發生但時間未知」的事件。

回到「大多數投資人需要一個評估投資吸引力的基準」這個觀念，我會將多個擁有類似收益率的證券進行風險與不確定性的比較，並剔除那些我無法承受的選項。原則上，這是在避免那些可能讓我出局的情況。可惜的是，我曾少量持有百科全書、鋼琴、報紙、攝影相關公司的股份──這些都是我認為文明社會的長期必需品。在技術硬體產業中，一切都在不斷變化；而周期性大宗商品的生產商，必然會在某個時候陷入困境，高負債企業也是如此。在某些地方，貪汙、徵收與裙帶關係是常規做法，而我並不想參與其中。

▋ 尋求低本益比，以及良好的成長機會

總結來說：在選擇價值投資時，第一步應該是剔除那些無法將帳面收益轉化為實際報酬的股票。如果獲利並不能轉化為股東的收益，那就意味著其財報被高估，這也為未來的負面驚喜埋下伏筆。當現金流與現值的增加不符時，你的資產就處於浪費狀態，當地性報紙就是一個例子。而隨著品牌和智慧財產權變得越來越重要，我們將越來越常看到這樣的狀況。價值也會在企業將資本浪費在愚蠢的虛耗項目上時遭到侵蝕，即使帳面現值存在，若管理階層把利益據為己有，實現的報酬也可能完全落空。

其次，收益應以一段與未來情況相似期間的平均值來考量。席勒公式採用 10 年財報收益的平均值，而通常能涵蓋數個商業

周期。對於特定股票而言，平均財報收益將使快速成長的股票看起來過於昂貴。相反地，我更喜歡透過10年平均利潤率或股本報酬率來估計正常收益，然後將其乘以當前銷售額或股東權益。將此方法運用於深度周期性產業（例如：汽車或鋼鐵）必須格外小心，因為目前產業中的銷售額可能較平均為高或低。此外，還要尋找一條有競爭力的產業護城河，以保護企業免受時間的摧殘。

第三，請嘗試檢視，是否可預見該公司在未來幾年能成長到足以支撐看似要求較高的估值，沃爾瑪未通過這項測試，但其他公司有通過。在這些情況下，折現率通常比初始收益率更能反映未來報酬。事實上，如果在交叉點之後有足夠的成長空間，預期報酬可能會更理想。此方法也可反向使用，用來評估一間正在虧損的企業，其現金流量是否會快速萎縮，以致幾年後現金流不再能支撐當初購買價格的合理性。如果有人幻想自己能預測從今天到世界末日為止的所有現金流，那麼就請用這個折現率模型來計算精準的報酬率吧，慢走不送！

最後一點，我將平均報酬率相似、可信任的股票分組，並剔除那些風險難以承受的標的。每個人的風險承受能力都不同，舉例來說，如果你是俄羅斯人或創投家，你的風險承受能力可能反映了你所具有的特殊知識。風險承受度也和投資組合的集中與分散程度息息相關。高度集中的投資組合，往往會帶來最好的表現──也可能會帶來最糟的結果；某些在小部位中看來合理的風險，在集中持股時會變得非常驚人。我也試著發掘帶有一線曙光的風險，例如成長緩慢的市場通常不會吸引太多競爭者。

大多數投資人關心未來報酬率，作為比較各種投資機會的標

準,「收益率」會是一個公平的指標。你可以透過──剔除收益可能無法轉換為股東報酬的股票、以平均收益評估、尋找能保護盈餘的護城河、考慮成長價值,並避開你已知最終會遭遇嚴重、突如其來災難的標的──來精煉這項估計。簡而言之,你要的是低本益比、具備高品質／持續成長,而且對長期前景有高度確定性的股票。

第 18 章

哪一個盈餘數字？

「客戶（指著一堆文件）：這加起來有多少？
會計師：你希望它加起來是多少？」

——會計學老笑話

　　隨著時間的推移，收益決定股票的價值，但「收益」的許多替代定義會產生截然不同的價值估計，可以參考的包括財報上的數字，但也有未來預估且可靠性不明的數字。雖然許多投資人關注季度短期的利潤，但我更願意將收益視為過去和未來現金流的動態影像。從企業所有者的角度來看，優質的收益應該與可安全支付的自由現金流一致（即理想情況下可作為股利分配的現金）。分析師對財報收益進行各種調整，常見做法包括：將股票報酬、重組費用、攤銷等成本加回淨利潤中，製造出更高的「非公認會計準則調整後收益」；而息稅折舊攤銷前盈餘則是更寬泛的指標。雖然所有這些指標在某些情況下都是有用的，但我發現「公認會計準則收益」、「股東利潤」、「自由現金流」是最明確的價值指標。

　　某些調整有助於釐清特定議題或比較單一公司不同時期的表現。分析師常剔除非經常性項目來評估當期利潤是否較之前改善。在估算持續性年化利潤時，忽略那些即將終止的業務所產生

的虧損是合理的，前提是這些虧損不會被另一個新的虧損來源所取代。評估管理階層表現時，有些分析師會將股票薪酬加回利潤。為了判斷管理階層是否表現良好，一些分析師會將股票報酬計算到利潤之中；但有時分析師也會故意選擇某種衡量標準，以使結論朝著正面的方向發展。此外，這些調整在斷章取義時可能會產生誤導。

會計調整通常會使不同公司之間的比較變得不公平；如果沒有一套商定的規則，例如公認會計準則，會計標準最寬鬆的公司在財報上就會遙遙領先。當一些公司做某些調整，另一些公司調整不同項目，還有一些公司堅持使用公認會計準則的情況下，這些公司整體的可比性就會降低。公認會計準則不見得總是正確，但大多數情況下，這會比調整後的收益更接近企業的實際經濟狀況，除此之外我找不出更好的會計原則。

雖然淨利潤和現金流的概念有一些重疊，但也有差異。淨利潤衡量的是因業務活動而產生所有者權益的增長，但利潤不一定代表現金流入，利潤的形式有可能是其他資產的增加，或是負債的減少。當現金流小於淨利潤時，通常是因為庫存堆積或未收回的應收帳款不斷增加。請記得將現金流量表與損益表進行比較，以確保兩者傳達的是一致的內容。

現金流量表從營運現金流開始，它衡量可用於維持業務、擴張業務或返還給所有者的淨現金收入。報表中的接下來兩個部分──「投資」和「融資」──則是追蹤營運現金流的實際使用情況。資本支出（cap ex）通常會將維持業務的支出（維持性資本支出）與擴展業務的支出合併計算在一起，而分析師必須將兩者分開。處於衰退產業的公司有時會停止維持性資本支出，並抽

取超出淨利的現金。這些企業終將走向凋零,而這並非大多數管理階層所樂意選擇的道路。

我將「擁有者盈餘」(owner earnings)定義為:「營運現金流減去維持性資本支出」。對大多數製造業來說,折舊是一個合理的維持性資本支出代表。在品牌、智慧財產權和壟斷產業的世界裡,維持現狀所需付出的成本就沒那麼清楚。對許多報業來說,即使將全部營運現金流用於資本改善,也無法進一步穩定其營運現金流。大多數報紙公司已得出結論:維持現金流的唯一辦法是收購廣播或網路資產;在這種情況下,用於併購的資金應被視為維持性資本支出。

擁有者盈餘可以作為公認會計準則數據和調整後收益的交叉核對,因為在完美的會計世界中,這三者應該要是相等的,它們不僅代表股東財富的增加,還代表可用於成長或股東報酬(發放股利和進行股票回購)的現金。通常這些調整後的收益數字是最容易取得的,因為它們是華爾街和法說會中溝通的主要目標,而公認會計準則數據則隱藏在官方公告的財務文件中。擁有者盈餘最不易取得,因為它不會公開揭露,必須透過計算得出,而且需要對真正的維持性支出水準做出判斷。然而,擁有者盈餘是評估價值的關鍵所在。

對非周期性企業價值的其中一種估計方法,是套用永續年金公式,將擁有者盈餘除以折現率來計算。這麼做是基於當前收益可以永遠維持的假設,而這個假設在周期性行業中是荒謬的。若要進行此種計算,則需要對平均擁有者盈餘進行某種衡量,而這些估算常常被誇大,因為投資人在繁榮時期會忘記下行周期有多可怕。我也不太用年金公式估算明顯無法永續的產業,比如高科

技、潮流與時尚，面對這些行業，投資人必須對現金流進行更詳細的逐年估計。

除非會計數字能夠或多或少地反映經濟現實，否則我們對企業內在價值的估計都不可靠。

▌通貨膨脹、無形資產和連續收購者

在某些情況下，公認會計準則會計方法會無法跟上財務現實，特別要留意：（1）在快速通貨膨脹時期；（2）涉及智慧財產權時；或面對（3）連續收購者時。在通貨膨脹時期，較低的歷史成本與目前的銷售價格不匹配，因此財報會誇大經濟利潤。研發成本通常會在發生時沖銷，而即使過程中產生有價值的發現，在資產負債表上也幾乎不會留下任何痕跡。而連續併購留下的各種模糊地帶，使先前獨立實體的營運趨勢分析也變得混亂。

在通膨時期，會計的難題是：是否要將資產價格的上升視為利潤，儘管沒有現金流入。假想有一間商店，進了兩件一模一樣的商品，其中一件的進價是 75 美元，另一件則是較早以前以 65 美元購買的。該商店以 100 美元的價格出售一件商品，產生 25 美元的銷售與營運成本，並以 80 美元的成本補充已售出的商品。整體而言，商店現金流出 5 美元，但庫存數量保持不變。根據後進先出會計方法（LIFO，該方法現已不再允許使用），商店會將售價 75 美元的商品計為已售出並實現收支平衡。根據標準的先進先出會計處理方法（FIFO），該商店會被視為已售出成本為 65 美元的商品，並報告 10 美元的利潤。政府可能會對這些虛幻的利潤納稅，反而進一步增加淨現金流出。

數十年通膨的累積效應，會扭曲長期資產（例如：房地產、廣播資產和管道設施）的會計價值。折舊和攤提準備金是基於歷史成本所計算得出──無論房產是最近購買的，還是幾十年前購買的。幾十年前購買的建築物之折舊金額，將低於以當前價格出售給新業主的折舊金額。一般來說，維護支出僅消耗長期資產息稅折舊攤銷前盈餘的一小部分，但該比例會因財產類型而異；飯店和學生公寓比倉庫和儲存設施需要更多的維護。息稅折舊攤銷前盈餘僅是一個中間數字，我們必須從中減去所有維護支出、利息和稅收，才會得出有意義的結果。

　　商譽和智慧財產權的歷史成本，通常也與其當前價值無關。無形資產的壽命可能很短，例如即將消失的專利；也可能壽命很長，例如可口可樂、迪士尼或 LV 等品牌。儘管如此，伊士曼柯達、寶麗來和西爾斯百貨（Sears）等曾經的標誌性品牌，確實已在市場中沒落。除了具有固定到期日的專利和許可證外，多數無形資產的使用壽命無法確定，這反過來又使其價值難以捉摸，因為我們無法具體估計 1 年內消耗了多少無形資產。如果會計師具備經濟學家所假設的「完美知識」，那麼他們應該能精準提列當期消耗的無形資產價值；但現實中，大多數企業的內部研發與行銷支出是在發生時即列為費用（費用化），並不會進入資產負債表。當這些投入最終成功，企業就擁有了一項未被紀錄（有時甚至龐大）的資產。

　　品牌建立與研發費用，無法直接對應特定銷售，這成為收購無形資產的一個主要問題；而在併購的過程中，這個數字會進一步增加一個量級。對一些企業來說，無形資產占其財報上資產總額的一半以上。根據現行的會計準則，財報上的商譽不再進行攤

銷，但它確實可產生稅收減免；而一些無形資產被認為具有限壽命，並應在這個期間內進行攤銷。一些公司將無形資產標記為商譽而非有限壽命，以避免攤銷費用，進而在財報擁有更高利潤。而實務上，當景氣衰退時，會計師會立即沖銷多年來實際折損的商譽。由於損失發生在過去數年中，已經是攤在陽光下的事實，投資人因此常忽略了這種沖銷。事實上，即使是短期、有限壽命的資產，許多人也會忽略其攤銷。

當併購活動如火如荼地展開時，往往沒人能清楚掌握實際狀況。企業連續併購通常會合併各項業務以實現綜效，但在此過程中，卻常常無法掌握原本各個獨立部門的具體表現與進展。被收購企業的財務狀況會被重新表述，有時會基於稅務考量而選擇某個數字，然後又向分析師提供據稱更貼近現實的數字。有時候，重組成本會被併入併購價格中，或被列入某個準備金項下（形成一個「餅乾罐」），以備未來使用。

以上所述絕非會計數字無法反映經濟現實的唯一情況，而只是其中一些最常見的例子；實際上，還有許多其他情形也會出現類似的問題。

▌威朗製藥的平行宇宙

當一位分析師興奮地推銷威朗製藥（Valeant Pharmaceuticals）的新策略時，我壓抑了自己的偏見，並要求聽取更多資訊。威朗製藥的前身「ICN 製藥公司」已被美國證券交易委員會因內線交易進行調查。拜維爾製藥（Biovail Corporation，威朗製藥於 2010 年收購）也因操縱和誤報盈餘而遭到調查，包括篡改所謂的「非

現金投資和融資活動」。

威朗製藥執行長麥可‧皮爾森（Michael Pearson）制定了一系列看似深思熟慮的企業策略，將公司的重點放在持久的專業產品、消除浪費，並且進行了能創造規模經濟的收購。皮膚科、眼科護理產品被認為是特別具吸引力的領域。威朗製藥將總部遷至加拿大拜維爾製藥的總部，進而降低了其非美國收入的稅負。皮爾森在策略顧問公司「麥肯錫」擔任醫療保健顧問已23年，所以他制定的策略理所當然地相當出色，在他的掌舵下，威朗製藥在接下來的數年中執行了100多筆併購交易。

使用威朗製藥公布的「每股現金盈餘」數據（又稱調整後盈餘），皮爾森取得了輝煌的成果。2008～2014年，威朗的每股現金盈餘漲幅驚人：分別為1.01美元、2.19美元、2.05美元、2.93美元、4.51美元、6.24美元、8.34美元。2015年，威朗的財報上以「已停用的稅務呈報方式」（譯註：discontinued tax presentation，應對已停止的業務或產品線，在財報中的稅金影響進行獨立揭露）計算下的調整後盈餘為每股10.16美元。這樣的成長主要來自威朗製藥看似勢不可擋的收購交易機制，但在威朗於2014年以580億美元收購艾爾建（Allergan）的案件失敗後，終於停止了鯨吞蠶食。但威朗也有持續創造成長的明星商品，像是治療腳指甲的艾氟康唑（Jublia）和治療腳趾真菌的盧立康唑（Luzu）軟膏。即使是成熟的產品線似乎也重新煥發生機，而威朗製藥將其歸因於行銷手法的改善，尤其是透過專業藥房進行分銷的策略。

然而威朗製藥報告的公認會計準則數據，卻投下了令人不安的陰影。2010年、2012年、2013年、2015年的每股年度虧損分

別為：1.06美元、0.38美元、2.7美元、0.85美元。2008年、2009年、2011年和2014年公認會計準則盈餘總和勉強抵消了其他年分的赤字。為了彌補現金盈餘和公認會計準則盈餘之間的差距，威朗製藥提供了一份商譽和智慧財產權沖銷、重組成本、股票補償的詳細清單。事實上，這些調整針對的是財務分析問題，但並非用於估計股票的價值。

令我惱火的是，威朗製藥自訂的現金盈餘，多年來一直是其股票表現的絕佳指標。其股價從2008年的7美元飆升至2015年的263美元以上，隨著股價飆升，看漲的鼓躁聲越來越大。在對沖基金股票投資論壇上，威朗製藥是大多數演講者最熱門的投資建議標的。

我覺得威朗製藥對現金盈餘的定義過於寬鬆，公認會計準則計算的營運現金流也持續低於現金盈餘數字。2012、2013年，威朗的營運現金流大約是現金盈餘水準的一半。一般而言，營運現金流幾乎總是大於現金盈餘，因為兩者在計算上都加回了許多相同費用，但淨利潤會反映一些折舊或資本補充準備金。實際上，威朗製藥的現金盈餘忽略了一些使用現金的營運成本。

重組成本是威朗製藥要求投資人不要計入成本的現金項目之一，這或許是為了更清楚地顯示其營運趨勢。舉例來說，管理階層可以選擇工廠合併、裁員的時間點，而單一工廠通常只會關閉一次，因此相關成本可能不應計入特定期間，否則即使業務表現良好，本季財報上的業績也會很糟糕。這些成本也不應在接下來的幾季中再次出現，因為無助於預測未來盈餘。但對於像威朗製藥這樣具有收購慾望、注重成本的公司來說，組織重整幾乎不曾停歇，因此在評估這支股票時，重組成本不應被忽略。投資人使

用經營趨勢作為預測的基礎，而董事會在設定高階主管薪酬時，會考慮這些趨勢。高階主管顯然更喜歡找到有利於自己的基準點，以證明自己表現良好，因此應該得到豐厚的薪酬。但董事會和投資人更喜歡一種無法被操縱、能夠反映價值創造的衡量標準。即使按照公認會計準則，管理層仍可挑選會計處理方式，讓盈餘看起來更高，例如將無形資產歸類為商譽，而因此無需攤銷。重組成本可以向前或向後移動，並在財務表現糟糕的年度裡，捆綁成一個大爛攤子一次處理掉。股東希望股價維持在高位，因此儘管心存疑慮，還是同意會這個灌了水的數字。

儘管調整數字最初的目的是為了避免在數字上動手腳，但這種做法實際上開啟了新的可能弊端。管理階層並沒有偽造公認會計準則的帳目，而是將支出歸入將被忽略的類別。每個人都承認利息支出是開展業務的成本，但融資的前期或後期費用往往是不穩定的。在某種程度上，借款人可用更高的費用換取更低的利率，反之亦然。威朗製藥在計算現金收入時將 2014 年 1.996 億美元和 2015 年 1.792 億美元的融資費用排除在成本之外。在非公認會計準則計算中，股票報酬經常被忽略。即使股票報酬沒有被測量或計算，且不會影響所呈現的現金流量，但它確實會減少現有股東可得的每股現金流。

重要的是，專利藥物作為專有產品的壽命是有限的，因此製藥公司必須不斷用新產品來補充收入。威朗製藥要求投資人忽略透過授權、收購更新其產品線的部分成本。傳統上，製藥公司會將實驗室中研發新藥的成本，透過研發支出直接列為費用。相比之下，威朗製藥則可能選擇授權一家生技公司已開發完成的產品，然後要求投資人忽略依一般公認會計準則計算的授權成本；

或者，威朗製藥會收購已擁有上市產品的公司，並大幅削減研發支出。實際上，它是購買了其他公司過去研發所產生的產品現金流，並削弱了自己研發替代產品的能力。當企業因其智慧財產權而被收購時，公認會計準則的會計處理就無法完全跟上其財務狀況；但如果公認會計準則確實跟上了，威朗製藥則希望投資人忽略成本。2015年，威朗製藥的現金盈餘計算，忽略了2.44億美元的有限無形資產攤銷和減損，而其購買的2.48億美元「正在進行的研發」也蒙受了損失。

　　樂觀的說法是，它的品牌消費產品線並不依賴專利保護，而且其專利產品具持續性，因此真正的產品開發成本低於會計攤銷。所以我開始尋找一個更公平的數字，當時我手上只有一長串加權平均攤銷年限的表格——從合作夥伴關係的4年到企業品牌的15年不等。如果沒有特定的產品詳細資訊，我無法判斷這些期限是否合理。我還擔心，威朗製藥在2015年底的185億美元商譽中，有一部分應該被歸類為有限壽命無形資產。

　　我希望能夠藉由檢查所有系列產品的銷售趨勢，來掌握產品組合的耐用度與成長潛力；但威朗製藥的財務做法，讓這幾乎成為不可能的任務。直到2015年，它依然拒絕依照產品類別揭露營收，且至今仍未提供單價與銷售量。在2011年時，其業務部門包含「歐洲品牌學名藥」（Branded Generics–Europe）與「拉丁美洲品牌學名藥」（Branded Generics–Latin America）；但在2012年時，這兩個部門被合併為「新興市場」（Emerging Markets）。而美國皮膚科藥品、神經類藥品、加拿大和澳洲等細分市場則在2012年被捆綁成一個「已開發市場」部門，以利於2013年的財報數字。這些重新歸類的舉動，讓我們不可能試圖區分由交易驅

動的業績成長，也不可能追蹤個別藥物的銷售成長或定價方式。

收購文件中揭露的零碎資訊暗示：威朗製藥的產品並不像聲稱的那樣，在市場中具有持續性，事實上，有些產品可能已陷入亂流。舉例來說，青春痘藥物米諾環素（Solodyn）在 2010 年的銷售額為 3.86 億美元；但威朗製藥最終揭露，其在 2015 年的銷售額為 2.13 億美元。米諾環素的零售價從 2011 年的每月 700 美元上漲到 2015 年的每月 1,060 美元，因此這個品項不只是收入下降了，銷量似乎下滑得更多。威朗製藥並沒有逐項列出實際成交價，因此，我們無從得知較高的藥品標價中，有多少實際被各種折扣、津貼、優惠券、退款、分銷費、回扣、退貨和患者援助計畫所抵消。

威朗製藥也曾表示，它透過所謂的「替代性配送」（alternative fulfillment）銷售更多產品——不管那到底是什麼。我猜想，這種替代性配送是一種新的價格差異化與折扣手段。由於數據服務公司不會追蹤這類替代方案，其實際價格也無從得知。但我當時沒有預料到的是，威朗製藥想要的是「綁定式藥局」——這些藥局會照單開立其高價藥品處方，而不像多數保險公司要求的那樣，改用便宜的學名藥替代。

雖然威朗製藥起初否認，但實際上它控制了其最大的專業藥局客戶「菲利多藥局」（Philidor）。2014 年 12 月，威朗製藥支付 1 億美元，取得以零成本收購菲利多藥局的選擇權，並同意未來支付高達 1.33 億美元的「績效獎酬」（earnouts）。2015 年第三季，菲利多藥局的銷售額為 1.9 億美元，約占威朗銷售額的 7％。實際上，菲利多藥局只販售威朗製藥的產品，且銷售幾乎全部集中在皮膚科藥品的郵購。顯然菲利多藥局在被保險公司拒

絕支付昂貴的威朗藥物後，將一些處方改寫為「按處方配藥」，並以不同的藥局編號重新提出保險支付申請，從而排除了被更便宜學名藥替代的可能。菲利多藥局可能欺騙了保險公司，但對於無保險的自費患者則給予大幅折扣，而其產業定價和銷售調查中並未說明此一情況。

一旦得知威朗製藥實際上擁有菲利多藥局，保險公司和州藥局許可委員會立刻感到不對勁。突然間，10-K 報告中長達 6 頁子公司列表（其中不包含菲利多藥局）、底部註腳的一句話才被讀者注意到：「根據 S-K 條例第 601 項的說明，部分子公司未列入上述表格。」為了安撫憤怒的保險公司和投資人，威朗製藥終止了與菲利多藥局的關係，並且因此必須重述其財務狀況。菲利多藥局最終倒閉，米諾環素和艾氟康唑的銷量大幅下滑。直至 2015 年 4 月，威朗製藥股價暴跌 65％。

這些細節讓我難以判斷，威朗製藥需要花多少錢來維持其皮膚科產品線的價值。鑑於事發後的銷量非常低迷，它勢必不可能不花錢來解決問題；而作為一個局外人，我無法預測米諾環素、艾氟康唑在其剩餘專利壽命中的銷售額和成本，因為我甚至沒有準確的歷史數據，也不知道它花了多少錢來獲得這些產品。即使是威朗製藥的內部人士，在看向未來時也不得不以猜測的方式，推估更換現有藥物的成本。

> 如果一檔股票的價值等於未來現金流的現值，而威朗製藥的真實經營現金流、擁有者盈餘、成長率和產品壽命都未知，那麼它的價值也是未知的。

然而，威朗製藥的債務是真實存在的，而且還不斷膨脹。2009～2015年間，它的長期債務暴增100倍，從3億美元飆升至超過303億美元，更別談還有60億美元的可能未來稅務負債，加上13億美元的其他長期負債。2015年底，這些負債與有形資產的平衡並不穩定，有形資產僅包括2億美元的淨流動資產和14億美元的不動產、廠房、設備。威朗製藥償還債務的能力，完全取決於其品牌和智慧財產權能產生的未來現金流，但沉重的債務壓力可能會改變其獲取現金流的路徑，以及實現這一目標的能力。

由於威朗製藥的自由現金流長期以來相對盈餘微不足道，我預期這種情況會持續，除非有重大變革。過去是我們預測未來的最佳依據，未來會有所不同，但平均來說不會太偏離。未來盈餘和現金流的預測，應該反映過去數據的穩定性與品質，這種模式在「調整後盈餘」上通常更為明顯，因為調整後盈餘往往偏高。當獲利不穩定且有周期性時，調整後數字的好處會更加明顯。但請特別注意，根據調整後的數字所進行之預測，很少考慮到下行周期的幅度和長度。

這些預測通常也無法反映出「極端數值往往會回歸平均」的趨勢。挑剔的統計學家告訴我，均值回歸（reversion to the mean）其實是與變異數、抽樣誤差有關的一種統計現象，這確實在某種程度上存在；商業人士將這種現象視為競爭壓力的結果，但真正的市場競爭卻有所不同。高獲利的產業會吸引更多競爭者，進而壓低報酬率，但除了周期性波動之外，那些嚴重虧損的公司通常不會回歸平均，而是直接失敗倒閉。然而，新創企業往往是建立在「好點子能轉換為超額利潤」的希望之上。投資人

關注的是特定實體，而不是普遍平均值。正因為投資人刻意尋找異常優秀的企業，他們必須警惕競爭所帶來的侵蝕，並在預測中納入「競爭限制」的考量。

我很樂意為各位讀者提供一種演算法，讓大家可以直接在現值計算表中輸入正確的金額，但我實際上做不到這件事。與其永無止盡地在數字上傷腦筋，不如花更多時間研究企業計畫如何發展，以及為什麼其盈利能力不會被市場競爭所壓垮。威朗製藥宣布將繼續大舉併購、減少浪費、開發延伸產品、提高價格，並開發新的行銷管道。藥品是一個奇怪的市場：藥品由醫生選擇、部分由第三方付款（卻不是消費者本人），而療效數據對病人（甚至醫生）來說未必可得。在可用療法有限的情況下，藥廠通常具有強大的定價能力，至少在專利到期前是如此。

我擔心威朗製藥的併購狂潮及快速調漲產品價格，助長了成長，但這種成長方式卻無法持續。2015 年 2 月，威朗製藥將兩種心臟藥物——樂普他諾（Isuprel）和硝普鈉（Nitropress）——的價格分別提高了 525％ 和 212％。同年稍晚，美國總統候選人希拉蕊·柯林頓呼籲對藥品價格欺詐行為進行調查，並點名了威朗製藥；而事實證明，它的大幅漲價現象非常普遍。德意志銀行於 2015 年 10 月的一份研究報告顯示，威朗製藥的藥品加權平均價格漲幅為：2012 年 19.7％、2013 年 31.6％、2014 年 52.9％，到 2015 年已上漲了 85％。而當時已不再擔任執行長的皮爾森向國會作證時聲稱，威朗製藥的部分漲價是錯誤的決定。那時，其股價已從高點下跌了 90％。

雖然威朗製藥的公認會計準則虧損和負自由現金流強烈地預示了財務災難，但懷疑論者會指出，這並不能證明公認會計準則

盈餘是比調整後的非公認會計準則數據更可靠的價值指標；畢竟威朗製藥多年來自訂的現金盈餘，曾是其股價表現的絕佳指標。而且在多數情況下，公認會計準則盈餘確實會與擁有者盈餘或經濟現實脫節，包括在處理無形資產和智慧財產權、高通膨時期、企業合併時。我在進行分析時，確實會調整企業獲利，以提高不同時期之間的可比性。儘管如此，我發現如果沒有公認會計準則的標準化，不同公司之間的比較將會是不可信的。

請對調整後的盈餘抱持警惕，務必檢查現金流量表，看看表中的數字是否與盈餘相同。請留意大額的無形資產，尤其是針對那些喜歡不斷進行收購的公司。在傳統經濟製造產業中，維持業務的成本相對容易確定；而當品牌、智慧財產權、壟斷權必須進行更新時，成本就相對難以判定，擁有者盈餘也是如此。有時財報盈餘與擁有者盈餘之間的差異，則是在提醒我們注意庫存和應收帳款已經過高。

自由現金流是實際可用於收購（如果收購成本尚未作為資本支出形式扣除）或回饋股東的現金。除非一家企業擁有令人信服的發展機會和可預期的豐厚報酬，否則我通常期望它能產生一些自由現金。（在極少數情況下，成長型企業的自由現金流會高於公認會計準則盈餘，我願意承認非公認會計準則數字更接近事實。）而企業的價值，最終取決於其能提供的自由現金流──無論是用於成長投資，還是分配給股東。

第 19 章

估計價值的藝術

> 「就數學定律與現實的關係而言,當它們指涉現實時並非確定無疑;而當它們確定無疑時,卻不指涉現實。」
>
> ——愛因斯坦

價值投資人的所作所為,都取決於證券價格與其內在價值的比較,內在價值通常是以未來現金流的折現值來進行故算。折現現金流(discounted cash flows)理論以精確而真實的方式將當前收入、成長、企業壽命和確定性聯繫在一起。舉例來說,如果一項投資 1 年支付 105 美元,2 年支付 110.25 美元,其正確的折現率為 5%,則每筆現金流的現值為 100 美元,總現值為 200 美元。如果我能以 150 美元購買這些現金流,我不僅可以獲得 5% 的公平報酬,而且由於購買的價格較低,我還能額外獲得 50 美元的現值。然而,決定哪些數字可以被合理地用來輸入這個模型——這件事本身,既不精確,也不是定義上就正確的。在本章中,我們將探討如何估計股票的價值,而在接下來的其他章節中,我們將介紹該折現哪一些現金流、正確的折現率,以及探討「價格」何時會遠離「價值」。

▌清理垃圾數據

在現值計算中使用的所有數字，都必須來自混亂、現實的經驗世界，對這些數字是否值得信賴的判斷也一樣。這裡有一個難題：我們沒有來自未來的數據，只有來自過去的。任何人類活動中，我們試圖預測的未來，都會與過去相似卻又不同，其相似與差異的程度會有所變化。

我們可以大膽去估算任何股票的折現現金流，但在許多情況下，這樣的預測毫無意義。若輸入的是毫無意義的垃圾估計值，輸出的也會是垃圾數據；除非你能準確預測遙遠未來的收益、現金流、股利、報酬率，否則進行這種複雜的操作似乎毫無意義，甚至會產生誤導。我們可以精確計算出優質債券的現值，是因為其利息、本金的支付是由合約決定的。而儘管債券的估計利率可能略有偏差，但它通常比任何關於股票折現率的預測更接近真實狀態。

將評估現值時所用的假設，依可信度、可靠性分類，不要對那些不可信的假設給予太大權重。對未來幾年內的利潤或現金流預測，通常可以相對信賴；但對 20 年後的現金流預測，只能算是猜測，尤其科技股更是如此，食品公司反而還相對可預測。而估算現值的過程是將所有數字相加，但並不去討論這些數字的可信度，只單純假設所有數字都具有相同的合理性。如果在你所掌握的資訊中，有些貼近真實，但有些則純粹是幻想，那麼將它們混合起來討論是很危險的做法。現在每個人都有電腦，所以數學計算其實是最簡單的部分，困難的是要能判斷自己是否使用了合理的假設。雖然價值投資人對超額支付的風險保持警惕，但在學

術金融理論中，這種風險並不存在，因為大家都有完美資訊，一切價格皆恰如其分。

在前面的章節中，我們回顧了許多價值估算出錯的原因。許多投資人不會費心去估算未來的現金流；相反地，他們選擇逃避不適感，追逐交易中的刺激，即便是我們這些願意試著估值的投資者，也常常對眼下發生的事給予過高的權重，而忽略了產業的歷史本質。財務欺詐和極度無能的狀況並不常見，所以我們也並沒有為這種狀況建立模型。

大宗商品類型的企業和高負債企業，特別容易因其終值為零而倒閉，而且往往比任何人想的都早。一些分析師確實對各種不同的財務狀況建立了模型，包括所謂「最壞的情況」，而在真正的股災中，除非結局已近在眼前，要不然真實情況往往比最壞的預期更加慘烈。樂觀主義者會指出，有時商業周期的結果比當初預期的樂觀情景還更好，而他們的話確實有道理。但無論如何，我們都希望為最壞的後果做好準備。

即使在更簡單明瞭的情況下，我們也很容易在估值過程中陷入數學陷阱，出現計算錯誤，並因此支付過高的費用。追求積極成長的投資人通常會認為 8% 的成長率相當平淡；若一家公司永遠以 8% 成長，而折現率也是 8%，利用折現現金流公式可計算出該股票無限期的價值。這裡的問題不在於折現現金流方法，而在於錯誤的假設。在這個例子裡，未來幾年有 8% 的成長率可能是一個合理的假設，但超出這個時間範圍的假設就完全不切實際了，更不用說永遠成長 8%。

巴菲特是折現現金流計算法的大力支持者，但他也認為，人們應該了解自己知識的界限。他對過於精巧複雜、以致於注定不

可能成真的財務預測表示懷疑。即使人們很想知道該怎麼正確地進行折現現金流分析，但巴菲特從未分享過自己的分析過程，並羞澀地指出，有些事並不應該公諸於眾。以下是我的猜測：巴菲特認為折現現金流的流程對於評估債券、優質企業的價值來說，是一項強大的工具，但在其他地方則不然。他的假設很保守，他尋找能一飛沖天的潛力股，但並不指望這些股票。而面對極少數現金流高度確定的公司，他並不需要使用很高的折現率。在評估企業價值時，他習慣使用簡便的方法，而非精心設計的複雜模型。

現值與年金公式

在評估大多數股票時，我首先使用的現值公式是「永續年金法」。經典的永續年金是英國政府曾發行的「永續債券」（Consol）：永續債券每年支付利息，且理論上永不贖回。每年3英鎊的永久收入按3％的利率折扣後，價值為100英鎊（3／0.03英鎊）。巧妙的是，折現率、當前收益率、到期收益率都是相同的，而其他不按面值交易的債務則不然。年金公式所體現的，是一個人人都知道自己地位和收入的社會，其收入既不成長也不縮水，並持續幾代都是如此。

現代商業缺乏英國貴族曾享有的經濟穩定性，但股票、永續債券都沒有固定的結束日期，而且年金公式的計算很簡單，只要將收入除以折現率（以分數表示）就能得到現值。有些人喜歡乘以分數而不是除以分數；對於3％的收益率，不用將收入除以0.03，也可以將收入乘以「1／0.03」或33又1/3來計算現值。

對於股票來說，每股盈餘與其股價的比率稱為「收益率」（earnings yield），而股價與每股盈餘的比率則稱為「本益比」。就我個人而言，會使用盈利收益率與折現率進行比較；但在華爾街，參考本益比是普遍流行的做法。

現在，我假設收入是根據公認會計準則計算的每股盈餘。某些分析師更傾向對多年的平均收益或業績進行調整，而另一些分析師則以股利為計算基礎。在撰寫本書時，我使用8%作為股票折現率，但在2010年，我使用的是10%。

我並不一定需要擁有準確的預測，才能做出正確的決定。所謂「好的決定」是指：即使我對世界將如何發展完全不了解，多數時候我的選擇也會產生令人滿意的結果。與此同時，如果我知道自己無法預測所有未來的結果，最好的決定就是退出市場。藉由避免情緒化的決定、避免自己不太了解的投資、避免惡意人士和不穩定的企業，我可以大幅縮減潛在投資名單——而且我已經這麼做了。我也研究了哪些企業在價值要素上有所不足，因此可以排除更多潛在的投資機會。

價值要素中的價值陷阱

「價值陷阱」是形容讓人失望或預期會失望的股票常用貶稱，這意味著某些投資捷徑顯示該證券的價格被低估，但它實際上的表現依然不佳。我不喜歡「價值陷阱」這個詞的地方在於：因為它給人的感覺是錯誤確實發生了，但與我無關；它無法讓我明白自己究竟在哪裡出了錯，因此我也無法避免重蹈覆轍。投資捷徑方法和折現現金流分析之所以失敗，是因為與價值四要

素——（1）獲利能力；（2）企業壽命；（3）企業成長；（4）前景確定性——其中之一的連結過於薄弱。接下來我將使用一個簡短但嚴格的清單來找出漏洞。

（1）該股票的收益率是否較高，即本益比是否較低？
（2）該公司是否做了一些獨特的事情，使其能夠利用成長機會賺取超額利潤？它擁有能防止競爭的護城河嗎？
（3）公司是否擁有持久的競爭力，還是面臨產業競爭、流行風潮、產品淘汰或過度負債的風險？
（4）公司財務狀況是否穩定，且在長期的未來呈現可預測性，還是呈現周期性、波動性和不確定性？

在回答這些問題時，我會檢查該企業的過往的成績。我還需要一個前瞻性的敘述，來解釋為什麼統計數據會如此顯示，以及這些因素是否會持續，又會持續多久。一間企業的未來，可能會因為新產品或規模經濟而變得更好，也可能因為競爭的加劇或產品過時而變得更糟。無論這個敘述多麼耀眼奪目，除非它在過去10年的大部分時間裡，都獲得了超過10%或12%的股本報酬率，否則我不會自信地認為它擁有卓越的未來盈利能力。我通常會特別觀察業績慘淡的年分和特殊支出，因為它們往往反映了企業故事中可能被忽略的不利因素。

2010年，當美國《平價醫療法案》（Affordable Care Act／ACA，俗稱「歐巴馬健保」）在國會通過時，健康保險業的前景與歷史經驗背道而馳。回顧過去，該產業目前的獲利和成長強勁，作為受監管的企業，健康保險公司歷來很少經歷商業失敗，

而且大型公司的獲利整體穩定，其獲利能力隨著保險承保周期而波動，而與整體商業周期無關。我決定將注意力集中在最大的醫療管理業者聯合健康保險（UnitedHealth Group，股票代碼：UNH）上。我們提過的4個價值要素似乎都顯示「聯合健康保險的股價被低估」，但我們不能忘記房間裡的大象──歐巴馬健保。如果美國採用了單一付款人的醫療系統，那麼管理式醫療公司可能會變得多餘。

▎測試一：低本益比

從當前利潤（價值的第一個要素）來看，聯合健康保險的股票看起來相當便宜。2010年，其稀釋後每股收益為4.1美元，股票交易價格約為30美元，收益率為13.7%，即市盈率為7.3。應用年金公式和10%的折現率，將計算出本益比為10。這表示聯合健康保險的每股價值為41美元，比每股30美元的市場價格高出37%，也就是說這個價格有相當大的安全邊際。對股票進行估值不僅是追求低本益比，我們也要探討未來成長、企業壽命和前景確定性，但它的低本益比是一個強烈訊號，表明其股票價格被低估。

儘管如此，我還是想確保：一旦《平價醫療法案》啟動後，聯合健康保險當前的利潤不會變成異常值。2010年，它的淨利潤率為4.9%，略低於過去10多年的中間水準；其淨利潤率最高為2005年的7.3%，最低為1999年的2.9%。令我感到放心的是，它當時估計（以及後來實際）在2010年每股收益為4.1美元，這或多或少是個正常的數字。

大多數投資人會將機率分布的「集中趨勢」作為股票價值的估計點，但我會考慮整體機率分布，這代表一個涵蓋多種結果的範圍，包括一些下行風險的情境。如果聯合健康保險在 2010 年的淨利潤率與 1999 年 2.9％的低點持平，那麼每股收益將達到 2.42 美元，以本益比 10 倍計算，其股價為 24.2 美元。如果我們不談機率，而只看現實世界的狀況，那麼「最佳估值是 41 美元，並且有 1/6 的機會，該股票的價值低於每股 30 美元」似乎是種前後矛盾的說法。12 年的樣本數據可能可以讓我們知道舊規則下機率分布的大致狀態，但在歐巴馬健保的影響下，這些規則正在改變。而我想了解它過去是如何失敗的，因此我需要研究更長遠的歷史紀錄。

90 年代，健康保險產業經歷了明顯的繁榮與衰退的承保周期，聯合健康保險在 1998 年虧損，從那時起，健保計畫進行了整併，產業結構也發生了變化。許多健康保險公司在 90 年代快速招募客戶，即使這麼做會損害利潤。規模較小的健康維護組織（health maintenance organizations／HMO），和優選醫療機構（preferred provider organizations／PPO，譯註：「健康維護組織」是一種美國的醫療保險形式，患者選擇一個主治醫師，在需要醫療服務時必須經過主治醫師的診斷和轉介，保險公司嚴格控制成本。「優選醫療機構」則是另一種醫療保險，患者不需要經過主治醫師的轉介就可以享有醫療服務，也不需要在特定的醫療機構就醫，彈性較大，但成本也較高）經常因各種需要理賠的情況暴增而破產，例如：早產嬰兒數暴增，或者因為擴展到新的地域、找到新的受保群體而業務不堪負荷。平時擅長獲利管理、習慣處理正常懷孕個案和哮喘個案例的健康維護組織突然發現，特殊需

求群體的精算風險完全不同。此處十分重要的問題是：《平價醫療法案》是否會以不同的形式，重新引發這些問題。

根據《平價醫療法案》，每個美國人都必須購買健康保險，否則必須支付罰款。新投保族群過去的醫療費用數據往往難以取得，而且現有的數據可能無法很好地預測未來的索賠行為。為了促進更具競爭力的費率制定，各國政府建立了新的健康保險交易所。年輕、健康會員的費率應高於其經濟成本，以補貼年長、病情較重會員的費率；保險公司擔心，這種定價制度會鼓勵滿身傷病的人先行加入保險。該法案還指示健康保險公司，將保費收入的一定比例用於醫療費用，否則必須向客戶退還差額。管理式醫療公司擔心，如果最初將保費定得太低，將無法在隨後的數年中收回成本。

由於法案中存在如此多明顯的陷阱，而且並沒有能鼓勵企業瘋狂冒險的胡蘿蔔，我的看法是，大多數健康計畫都會謹慎地進行核保，以避免將來後悔。如果法案要求向服務成本高昂的人群「保證承保」，保險公司要麼將保費調高以支付成本，要麼選擇不參與。健康保險交易所開啟了保險公司擴張地域的可能性，但區域內規模較大的管理式醫療網路通常成本更低、品質更好；新進競爭者缺乏網路和醫療成本資料庫，將必須忍受更高的成本與較低的多樣性。雖然保險交易所和新的競爭對手會擠壓所有人的利潤，但新進入者比現存企業更有可能血本無歸。

測試二：獲利成長

快速的成長步調通常表示股票的價值應該要更高；但問題

是，企業必須賺取足夠的利潤，以便為背後的股東資本提供足夠的報酬。無論一間企業發展得多快，如果它只賺取公平的利潤，折現現金流價值就不會增加。當額外資本的報酬微薄時，擴大規模實際上只會降低股東價值。然而對大多數企業來說，成長是價值的正面因素。2015年，標普500公司的股本報酬率中位數為14.5%，遠高於股權資本成本（當時我估計股權資本成本為8%）。

理論上，除非企業擁有防止競爭的產業護城河或其他競爭優勢，並因此能夠維持異常獲利，否則改變成長率並不會對價值產生太大影響。許多公司並沒有做出任何他人做不到的獨特事項，也沒有將資本投入到能發展特殊技能的領域。對於一般企業的股票來說，這表示年金公式能夠在價值估計上運作良好，無需對其成長進行任何調整。為了計算企業成長的價值，我們必須先估計一家公司保持競爭優勢以維持利潤成長的時間，然後是其利潤金額。在企業徹底失敗之前，競爭優勢會先行結束，但兩者是連動相關的。繁榮的企業能生存得更長久，如果我們有完美的遠見，要尋找的目標會是一支「相對於未來日期的收益，當前價格較低」的股票。

由於聯合健康保險公司的股本報酬率、成長率一直很具吸引力，我確信成長對其價值具有顯著的正面作用。2010年，我使用的股權折現率為10%，而聯合健康保險的投資資本報酬率經常超過這個門檻。儘管其資產負債表上存在大量商譽，且醫療成本不時飆升，但在1999～2010年間，它的平均股本報酬率仍超過20%，躋身精英股票之列。在最糟糕的1年裡，聯合健康保險的股本報酬率為14.4%，仍比市場平均高。我相信這些報酬反映了它作為最大的管理式醫療集團所具備的規模經濟，而且我預

期這種報酬將持續下去。若要預計它未來 10 年的成長，其未來收益的本益比可能低於 4，也就是說股價非常便宜。

作為覆蓋全美的最大醫療保險公司，聯合健康保險擁有龐大的談判籌碼和規模經濟，它可以從醫院龐大的收費列表中獲得最大的折扣，甚至可制定手術的報銷率。而醫師會被它所吸引，因為它可以為醫院提供大量的病患。購買醫療保險的客戶，也將聯合健康保險廣大的醫師和醫院網路視為其價值所在。近幾十年來，企業員工模式的健康維護組織之市場占有率，被優選醫療機構所奪走，因為它在醫師、醫院選擇上更為多元彈性。聯合健康保險為全美雇主提供一站式健康保險購買服務，而這樣的企業後台和銷售模式可能存在規模經濟的優勢；聯合健康保險的管理費用占銷售額的百分比低於安泰人壽（Aetna）和信諾集團（Cigna），但在管理式醫療保險中並非最低。聯合健康保險的優勢很難被競爭對手複製，而且被侵蝕的速度緩慢，也就是說，它有一條護城河來保護其獲利能力。

我對聯合健康保險不斷收購的行為是否能提高股東價值，尚無定論。它最近最大的一筆交易是 2005 年以股票、現金收購「太平洋醫療公司」（PacifiCare），雖然它在收購時支付的本益比高達 20，這意味著收購初期報酬率不會太高，但它自己的股票交易本益比也幾乎同樣高。在收購之後的幾年裡，太平洋醫療的利潤率大幅提高。而透過收購太平洋醫療及 2007 年買下「塞拉健康保險」（Sierra Health），聯合健康保險成為一家真正的全國性公司。在覆蓋全美國的情況下，它唯一感興趣的是小規模的併購標的。

聯合健康保險的收購重點轉向「歐普頓集團」（Optum），其

中包括成長速度更快的醫療保健數據分析、製藥和員工援助業務。購買這些業務的本益比都很高，這也代表著購買價格的起始報酬率很低。意料之中，2010年歐普頓的利潤與資產比率低於聯合健康保險的管理式醫療業務，所以我擔心聯合健康保險支付的價格過高。然而歐普頓的利潤隨後飆升，直到2014年，其資產報酬率終於超越管理式醫療。但我在2010年時，還未能預先知道這一點。

即使我在估算聯合健康保險的企業價值時，並沒有考慮到它是否能有效利用資本，但它卻很好地掌握了發行和回購股票的時機。在收購太平洋醫療3年之後，它的收益上升，但股價卻下跌了2/3。聯合健康保險加強了股票回購計畫，不到2年，它就回購了比收購太平洋醫療時發行還多的股份。淨利潤的上升和股票數量的下降，共同推動了聯合健康保險的每股收益。

我相信聯合健康保險的有機成長會持續強勁，它的收入從未下滑，成長最慢的1年是2007年，增幅為5.4%。管理式醫療覆蓋的美國人口比例逐漸增加，每年成長約1%。我認為隨著健康保險覆蓋面變得更加普遍，服務量的成長可能會加速。在過去的半世紀中，醫療保健支出與國內名目生產毛額一起成長，而且每年還多增加2%。進入千禧年，人均住院時間、就診次數實際上有所下降。但無論支出的增加究竟是醫療改善或醫療特定通膨，都將為聯合健康保險的成長提供推動力。而歐普頓也可能受益於歐巴馬健保所帶來的成長機會。

當企業的獲利能力和成長不斷變化時，線性估價的捷徑就不會起作用，但這是正常的。為了判斷企業成長所帶來的價值，我們無可避免地要進行完整的折現現金流分析。在一種被稱為「高

登成長模型」(Gordon growth model)的估值捷徑中,我們假設——股利或自由現金流永遠以穩定的速度成長。股票的折現率是股利殖利率加上其永久股利成長率的總和。世界上沒有永遠持續的成長率,但在接下來的幾年裡,我認為聯合健康保險的獲利和自由現金流,每年可能會增長8%。

根據強大、有理的假設,聯合健康保險的每股價值可望達123美元,是最近價格30美元的4倍。從10%的折現率減去8%的成長率,意味著它的自由現金流收益率應為2%。假設它的股本報酬率永遠為20%,它就必須將其收益的40%進行再投資,才能實現8%的成長。在每股4.1美元的收益中,每股自由現金流將剩下2.46美元。若以2%的自由現金流收益率計算,股價123美元對應本益比30倍,是我預測其10年後獲利的14倍。

採用更保守成長的預測,我計算出聯合健康保險的股價應在每股41～61美元之間。在大多數情況下,我預期成長率、額外資本報酬率將分別從8%和20%開始,然後逐漸減少。我最高興的情景是,成長和獲利能力能夠持續15年,在最悲觀的情況下,醫療保險業的利潤率會因《平價醫療法案》下降。展望未來,任何成長都不會增加價值,因此聯合健康保險的年金價值是物有所值的。股票的價值應該始終被認為是一個範圍,但我選擇了兩種情況的幾何平均值,算出每股應值50美元。除非你預見的情況比我更加慘淡,否則成長肯定會提升聯合健康保險的價值。

測試三:經久耐用

價值的第3個組成部分「企業未來壽命」,取決於企業維持

超額利潤的期限。擁有壟斷租金的永久資產很少見，因為競爭對手會不斷試圖消除你一絲一毫的優勢。一般企業賺取的利潤普通，因此大多數公司從未享受過長期的超常利潤。擁有護城河來保護其獲利能力的公司，將生存得更久，除了科技、時尚等快節奏的產業外，大多數擁有明顯競爭優勢的公司，都可因繁榮而長壽。

以現值角度來看，只要企業不會在未來 10 年或 20 年內終止營運，那麼它是在 40 年後關閉還是永遠不關閉，其實差別不大。一家企業如果每年穩定產生 8 美元的收益，而且這樣的收益可以無限持續下去，那麼在以 8% 折現率計算下，其現值為 100 美元；同樣的年收入持續 75 年也約略等於 100 元；若是持續 30 年、20 年、10 年，現值分別約為 90 元、79 元、54 元。當然你要避免經營期間短、環境惡劣的公司；然而在超過某個時間點後，延長壽命帶來的益處有限，公司在該期間內的表現才是關鍵。

聯合健康保險似乎具有競爭優勢，可以使其保持超額盈利並持續經營數十年。管理式醫療公司的失敗率低於一般企業，健康保險公司受到美國政府的嚴格監管，因為若倒閉將會使公眾無法受到保護，而這並不符合公共利益，政府監管也通常會限制產業內的競爭。一般健康保險公司常會遇到麻煩，因為它們規模太小且缺乏多樣化的客源，因此無法處理大量昂貴的索賠，這與聯合健康保險的狀況恰好相反。在沒有進行全面研究的情況下，據我所知，唯一規模較大的健康維護組織破產案，是在 1989 年破產的「瑪克西醫療保險」（Maxicare），以及在 2001 年破產的瑪克西的加州子公司。瑪克西醫療保險曾藉由大量借債、買進表現不佳的小型醫療保險，一度成為美國最大的健康維護組織。

雖然我在競爭優勢期、整體壽命方面，都對聯合健康保險給予優良評價，但我對其價值的估算仍維持在每股 50 美元。由於競爭優勢期的價值已經包含在成長價值中，所以我沒有重複計算。我預計聯合健康保險的生存時間會比大多數企業更長，以現值計算的觀點來看，這幾乎和永不倒閉的企業一樣好。實際上，企業壽命主要作為投資的負面過濾器，篩選掉那些不太有存續性的企業；但這並不是聯合健康保險的情況，它擁有強大的競爭地位和財務狀況，並提供重要服務。

對許多企業來說，最終的結局是被收購，而不是破產。當公司被收購時，管理者通常會失去工作，因此收購的合約必須好得令人難以拒絕——也就是說，比保守的現金流折現價值更豐厚。選擇特別有利的賣出時機，對於韌性企業而言，是一種價值極高的選擇權。

▎測驗四：不確定如何衡量確定性

有時我們會使用外部觀點對不確定性進行分類，並將其歸類為風險，這是因為不確定性具有一部分的統計基礎，可以事先評估發生的機率。在《默克手冊》（譯註：*Merck Manual*，是默克藥廠出版的醫學參考書，涵蓋範圍廣泛的醫療相關課題，包括疾病、測試、診斷和藥物）中，我發現許多以前根本不認識的疾病；然而即使讀完這本書，我也不確定自己可能會患上哪些疾病，或者接下來會遭受什麼打擊。如果你需要知道自己何時會生病、怎麼生病，那麼你就會陷入不確定性之中。相較之下，保險公司只需要知道數百萬人的醫療保健總成本，因此可以管理風

險，而非注意細節上的不確定性。

管理式醫療是一項收入極為穩定、可預測的業務，會員繳交提前1年設定的保費簽約，對許多人來說，健康保險是必需品，因此其需求幾乎不受經濟變動影響。大多數被保人年年續保，因此保險公司承保的總人數變化是緩慢的。醫師和醫院的醫療報銷費率，也都會在前1年預先簽訂合約，進而對成本趨勢進行前瞻性觀察。一般來說，患者通常會在醫療事件發生後的幾周內，提交醫療理賠申請，因此保險公司能很快發現異常情況；若一位客戶的醫療理賠量意外暴增時，其保費將在次年提高。自從《平價醫療法案》通過以來，主要的健康維護組織或優選醫療機構，每年都沒有虧損，而一些小型的醫療保險則不幸倒閉。

我的觀點是，聯合健康保險相較於同產業的其他公司，享有更多的確定性，但對於衡量確定性（或未知事情）的數字工具卻很缺乏。聯合健康保險不僅在全美國實現了多元化分布，而且在客戶類型上也實現了多元化：包括大型企業、小型企業、個人、醫療保險、聯邦藥物補助計畫、醫療補助等。它對科技的投資，是為了能夠盡早發現各種意外。從統計上來看，它的獲利和股本報酬率變異數，均低於同業。如果我的推論就此打住，那麼我會說：聯合健康保險相對較高的營運確定性，應該要對應到較低的折現率，以及每股價值超過50美元的股票。

但我也必須考慮完全不同的生存風險。《平價醫療法案》可能會徹底摧毀醫療保險的商業模式，如果美國政府成為所有醫療費用的「單一付款人」，保險公司可能會變得多餘；這確實有可能發生。像英國、加拿大都有「單一付款人」的全民健保系統；而在美國，聯邦醫療保險（Medicare）本來就是由政府為65歲

以上的民眾支付醫療費用，但聯邦醫療保險不支付某些項目，其他部分也不是全額給付，因此像「補充保險計畫」（Medigap coverage）這類產品便有了龐大的市場。此外，許多民眾是透過健康保險計畫（health plan）來享有聯邦醫療保險的福利。

對於這種風險，可以用兩種方式來反映——主觀機率、β值（Beta）——這兩種方法都讓我覺得苗頭不對。我主觀地猜測「歐巴馬健保」扼殺管理式醫療業務的機率約為10％。老實說，對無法知道的風險強加數據是愚蠢的，但如果不嘗試估計，整個現值估價體系就會瓦解，所以我選擇繼續推算。在美國歷史中，曾有不只一項蓬勃發展且合法的產業被美國政府關閉：第一個例子是《沃爾斯泰德法案》（Volstead Act）中的禁酒令；而自從半個世紀前衛生部長發出警告以來，政府一直在試圖禁止香菸銷售。聯邦政府有時會為了公共福利而關閉產業，雖然不常見，也不會很快。

聯合健康保險有10％的機率完全虧損、90％的機率（其股價）維持在50美元，這表示每股價值應為45美元，但我必須準備面對最壞的狀況。如果你只擁有幾支股票，並且缺乏巴菲特那樣的冷靜和財富，就不要購買與2010年的聯合健康保險面臨相同生存風險的企業股票。我個人無法在擔心主要資產可能變得一文不值時保持客觀，這也就是為什麼我的基金投資組合會盡量地分散，甚至有人說我分散過頭，但這麼做能允許我對風險進行統計加權。

評估風險的另一種方法，是使用「資本資產定價模型」（CAPM）公式，根據其β值（股票價格的波動性）調整股票的折現率。β值為1代表股票波動與大盤相同。我不認為β值可

以衡量商業風險,但它是個現成指標,而且學校裡也有教授相關知識,所以在沒有更好方法的情況下,這是一個值得考慮的觀點。商業風險有太多不同層面,因此無法輕易簡化為單一數字;對於交易者來說,β 值能準確地衡量短期價格風險。然而投資人的估值風險——支付過高價格的風險——與 β 值則無關。當聯合健康保險的股價突然暴跌,且其內在價值下降幅度較小時,投資人支付過高價格的風險就會降低;但與此同時,聯合健康保險的 β 值可能會增加,這意味著它的風險變得更大。

當我將 1.11 的 β 值代入資本資產定價模型公式時,聯合健康保險的價值為 45 美元。由於 β 值已將各種系統性風險合併為單一指標,理論上無需為歐巴馬健保單獨進行調整。儘管我認為聯合健康保險的商業模式風險較低,因此 β 值和貼現率應該低得多,但我接受了這個結論,因為它確實考慮了歐巴馬健保所帶來的風險。聯合健康保險的主觀機率方法和 β 值都達到了 45 美元,這或許是一個巧合,也或者可能不是。現值模型是很複雜的東西。

我的股票估值結果良好:在 2010～2016 年的 6 年裡,聯合健康保險的股價翻了 5 倍,從 30 美元增加到 150 美元,而標普 500 指數則大致翻了 1 倍。我們永遠不會知道管理式醫療被《平價醫療法案》摧毀的實際機率,或者是聯合健康保險股票的真實價值。事後看來,我對歐普頓集團的期望過於謹慎。而其他投資人可能會使用更保守或更激進的假設。這些估值模型的扭曲有時會荒謬到令人尷尬,結論也常常與事實相去甚遠,以至於我可以理解為什麼巴菲特不願意公開他的現金流折現方法。

我最喜歡的投資,是那些可以使用本章前面介紹的基本檢核

清單,來發現價值低估的投資。我再重述一遍這些問題:

(1) 該股票的收益率是否較高,即本益比是否較低?
(2) 該公司是否做了一些獨特的事情,使其能夠利用成長機會賺取超額利潤?它擁有能防止競爭的護城河嗎?
(3) 公司是否擁有持久的競爭力,還是面臨產業競爭、流行風潮、產品淘汰或過度負債的風險?
(4) 公司財務狀況是否穩定,且在長期的未來呈現可預測性,還是呈現周期性、波動性和不確定性?

這份清單並沒有涵蓋所有被低估的股票,但它確實剔除了最常見的失敗原因。它並不能保證不好的事情不會發生,但它確實提高了你賺錢的機率。當我可以用滿足上述4項條件的股票組成我的投資組合時,就沒有必要去考慮那些有缺陷的股票。大多數股票都會經歷失敗,但這並不代表著它們沒有被低估。在這些情況下,你必須執行完整的現金流折現法,並警惕來自弱點可能造成的預測誤差風險。

第 20 章

雙重泡沫困境

> 「泡沫經濟不會憑空產生,而是建立在堅實的現實基礎之上,只不過此現實已被種種誤解所扭曲。」
>
> ——喬治・索羅斯

泡沫經濟是人們所厭惡的巨大市場反彈,但這個定義可以被證明,也可以被推翻。如果你想在泡沫形成的過程中辨識出它,就必須先提出正確的問題:「這值多少錢?」而非詢問「接下來會發生什麼?」即使是頑固的效率市場信徒也會承認,如果價格相差 2 倍,也就是某件商品的售價是其價值的 2 倍(或一半),那這價格肯定有問題。要形成泡沫經濟,真正主要資產類別的價格必須高得非常離譜,否則所謂的高價也只是一些荒謬的成交價而已;市場中總是有一些異常值,如果不是這樣,價值投資就行不通。

無論好壞,股票的價值是無法直接觀察的,它永遠是一種有根據的判斷。但效率市場的信徒聲稱,沒有人能在泡沫破裂前辨識出它;股價暴跌超過一半後,這些人可能才會承認泡沫經濟。如果你真的很在意市場的可觀察性,那麼你該知道歷史上的市場平均本益比是 14 或 15,若在其 2 倍以上就是泡沫經濟。每當一系列引人注目股票其本益比超過 30 倍時,最終都會以淚水收

場。整體市場也是如此，例如 1990 年的日本，即使你不稱之為泡沫，避開它仍是明智之舉。

在親身經歷之前，泡沫經濟聽起來很荒謬。我讀過有關咆哮的 20 年代和搖擺的 60 年代之報導，以及前面描述的鬱金香狂熱，以及南海貿易的古早狂熱。金融巨頭將股票操縱到令人髮指、不合理的水準，發行極其複雜的證券，並背負過多的債務；公司高層自肥拿過高薪資；龐大的控股公司草率拼湊而成；一堆瘋狂的大眾買進、參與各種浮誇而愚蠢的行為。從這些故事看來，好像大家都在某個時間點突然集體發瘋，至少在財務層面是這樣。根據這些敘述，你可能會以為泡沫是無緣無故發生的；但當你親身經歷過一次，你會發現泡沫一開始的基本論點通常是正確、有說服力的。

▌免費資金

免費的資金，或至少能輕鬆賺入口袋的金錢，是每次泡沫經濟形成的必要成分。儘管央行可能希望透過寬鬆政策來刺激經濟的快速成長，但首先被推升的會是資產價格。當聯準會創造貨幣時，它會以銀行存款的形式出現，因此它的第一站是金融市場。將現金交到金融人士手中，在大多數情況下，他們會首先投資於金融資產中。根據泡沫的性質，現金最終可能會變成實體資產，就像房地產一樣。如果現金留在虛擬的「金融世界」裡，泡沫經濟就會持續更久；如果產生了某些實體資產，例如：光纖電纜或拉斯維加斯的公寓，就有可能會抑制熱錢。熱衷的交易者會轉向買賣那些波動最快的資產；但如果這些資產完全脫離現實，那對

投機者來說反而更有利。

一開始，由於通膨放緩，聯準會在 90 年代維持長期寬鬆，為金融體系提供大量流動性。10 年期美國公債殖利率在 1981 年曾逼近 15％的高點，到 1990 年已降到 8％，1996 年更降至 6％；而聯準會受到 1987 年股市崩盤的陰影，以及 90 年代初期高失業率的困擾。當折現率或利率下降時，股票與債券價格就會上漲，這對金融資產價格是極大利多。對一檔沒有成長且殖利率穩定的股票來說，折現率從 15％降到 6％，其理論價值會提升至原本的 2.5 倍（15／6），成長型公司的股價可能漲得更多。如果你心裡一直記著起始的估值，這一切會讓你覺得像是泡沫。

後來聯準會注意到，活躍的股市在政治上很受歡迎。每當經濟或股市面臨崩潰的威脅時，聯準會都會向系統注入資金，以達到預期的效果。儘管勞動力數量有所增加，但失業率卻下降了，而且通膨保持溫和。經濟學家表示，隨著美國經濟「大溫和」（great moderation）的到來，商業周期可能成為過去式。券商策略師熱切地支持「葛林斯潘賣權」（Greenspan Put），因為他們假設聯準會主席艾倫・葛林斯潘（Alan Greenspan）永遠會在股市出現動盪時出面支撐股價；萬一他真的停止提供資金援助，交易活躍的大型股票就可能會被匆忙拋售。

根據華爾街的傳說，散戶總是會犯錯，在股價高點蜂擁進場。而股票分析師當年曾被認為和會計師一樣無聊，現在卻成為電視上的紅人。

1996 年，聯準會主席葛林斯潘問了一句話：「但我們怎麼知道，什麼時候是不理性的繁榮，導致資產價格過度膨脹，然後如同日本過去 10 年般出現預料之外且持久的收縮？」我當時想，

葛林斯潘總算意識到，就算是正確的觀念也可能一不小心矯枉過正；但他的言論並不預示著即將發生的事情。在大蕭條結束後直到 1974 年，每當聯準會想壓抑投機氣氛，就會提高股票的保證金要求；可是在葛林斯潘發表「非理性繁榮」言論後，聯準會並未採取行動，而到了 2017 年，50％的保證金要求依然存在。

由於「格林斯潘賣權」的存在，經濟和股市似乎比過去安全得多。市場策略師談論所謂的「聯準會模型」，並認為股票的收益率應與優質債券的收益率相同。在 1999 年出版一本名為《道瓊 3 萬 6,000 點》(Dow 36,000) 的書中，經濟學家葛拉斯曼（Glassman）和哈塞特（Hassett）擴展了這個想法。他們認為，從長遠來看，股票的風險確實低於債券，因此將股票定價為「與債券產生相同的總報酬」是合理的做法。股票的總報酬率──也就是折現率──的一種估算方式，是股利殖利率加上股利成長率的總和。此處的總報酬率和成長率被通常假設為給定數字，使股利成為公式求解的變數。

但當投資人的折現率低於公司的成長率時，這個公式就不成立了。由於標普 500 指數股票的股利每年成長 6％，債券殖利率為 6％，因此根本不需要股利殖利率；這尤其適用於思科（Cisco）等快速成長的股票。1998 年 6 月，思科股票交易價格為 64 美元，即本益比的 86 倍，但他們計算出每股實際價值為 399 美元。葛拉斯曼、哈塞特對使用範圍來估計價值的明智做法，提出了令人眼界大開的新觀點，他們寫道：思科的價值可能低至 122 美元、高至 1,652 美元。估計價值最高時，思科股票的本益比應該超過 2,000，這讓我覺得頭暈目眩。

因此，如果聯準會要永無止盡地提供流動性並壓低利率，那

我就知道不該與它作對。儲蓄貸款和小型銀行是利率下降、流動性充裕的明顯受益者，有數十家金融機構的本益比僅為個位數，其股票交易價格低於其帳面價值。而事實證明，儲蓄和貸款是 90 年代表現較好的股票類別之一。同樣地，支付高利率的公司可以用較低的利率為債務再融資，從而提高獲利。如果有一些股票即使沒有受到額外的刺激，價格也很便宜，那麼我就會大量買進。

全球化與美國的復興

90 年代，改變世界的事件正在發生，就如同史上最大的泡沫經濟曾改變世界一樣。90 年代的繁榮有點像雙重泡沫，建立在兩大趨勢之上：全球化、科技發展。沒有人能夠猜測這些趨勢究竟有多強大，但每一個預測看起來都過於保守。很明顯地，跨國公司和科技股擁有無限的獲利潛力，而任何值得用力去做的事，也都值得過度用力。

放鬆管制和貿易全球化，再次將美國經濟放在世界首位；而在科技發展的部分，則是個人電腦、手機、網路的廣泛使用。以全球化而言，資本主義贏了，美國再次登頂；「邪惡帝國」崩潰，柏林圍牆倒塌，兩德統一。世界各國政府停止了產業國有化，並開始私有化的腳步；許多產業都放鬆了管制，尤其是電話、公用事業公司。各地稅率大幅調降，大公司最有能力透過將業務轉移到美國以外的低稅率司法管轄區（例如：香港、愛爾蘭、盧森堡）來進一步減稅。

英國經濟學家亞當‧斯密在 1776 年寫道，國際貿易使雙方貿易國家都受益，每個國家都會生產較具優勢的產品，並進口那

些自己不具優勢的產品,而非自行生產。這套理論的前提是各國採行金本位制(gold standard),也就是貿易最終必須平衡。

70年代石油價格衝擊之後,全球貿易加速發展;某種程度上,貿易總值的增加,僅反映石油價格上升,也可能反映出德國、日本與其他需要大量進口石油國家的因應措施,例如,日本在70年代末期出現了貿易逆差。為了支付更高的石油成本並維持貿易平衡,這些國家必須加強出口,德國、日本成為冠軍出口國。沙烏地阿拉伯與其他產油國累積龐大的貿易順差後,通常會將資金再投資至美國,或至少投入以美元計價的資產(即「歐洲美元」〔Eurodollar〕,譯註:是指儲蓄在美國境外的銀行,不受美國聯邦準備系統監管之美元,由於這種境外存款、借貸業務開始於歐洲,因此稱為歐洲美元)——這對美國資本市場而言,是個令人愉快的驚喜。但這也導致了經濟學家羅伯特・特里芬(Robert Triffin)所指出的一個兩難問題。作為全球儲備貨幣的發行國,美國必須持續發行美元以供應世界需求,這將使美國長期出現貿易逆差,對出口產業不利,但對金融市場有利。而透過對外借貸來資助當前消費,意味著美國人如今的消費能力超過了生產能力。

透過借入外國資本,美國將貿易基礎從「比較優勢」轉變為「絕對優勢」。如果進口不必與出口相匹配,美國公司就可以在全球範圍內,以盡可能低的價格購買產品,而世界上許多國家的時薪遠低於美國。到了90年代,製鞋、紡織、成衣產、大部分電子製造業都轉移到了亞洲,進口量的大增使這些商品價格出現通貨緊縮,也使聯準會得以維持寬鬆的貨幣政策。

即使世界上其他國家的人並不喜歡美國,但他們依然會購買

美國的消費品和科技產品。他們想看米老鼠與迪士尼，也想喝可口可樂、百事可樂和百威啤酒；想抽萬寶路香菸，並穿 Nike 球鞋。

這對於擁有全球供應鏈的美國公司來說，是非常棒的一件事，因為這表示它們可以擁有價格競爭力，並打通許多新市場。新技術將世界各地的人和企業串聯起來，開闢了新的全球市場並降低了銷售、行銷、物流成本。新技術的售價不斷下跌，但生產成本下降得更快。低通貨膨脹、產出增加和利潤成長，是有可能同時實現的。

標普 500 強中的大公司，完全有能力從全球化中受益。沃爾瑪曾宣傳其大部分商品是「美國製造」，但後來卻成為美國最大的進口商。1998 年，沃爾瑪的股價翻了 1 倍，其他幾家企業巨頭的股價也同時飆漲。標普 100 指數跑贏了標普 500 指數，納斯達克 100 指數跑贏了納斯達克綜合指數。

許多小公司的成本水漲船高，並且無法離開越來越不被世界需要的美國供應鏈，對快速成長國際市場的接觸也較少。一位專注於這些產業巨頭的基金經理人曾對我怒吼：小公司是一種過時且無關緊要的資產類別。由於我的基金專注於小型股，因此我曾購買具有國際業務的美國公司和外國小型股，例如一家名為諾基亞（Nokia）的芬蘭中型電視和電話公司，當時諾基亞對其新發明的手機感到興奮，而這是理所當然的。事實證明，即使是外國的小型科技公司，也常將製造業務設在亞洲。而如果美國消費者喜愛某一樣產品，它通常也會在歐洲熱賣——法國除外。

個人電腦、電話和網路

　　也許每一次股市的大繁榮，都依賴新科技的大規模應用。1890年代的鍍金時代，實際上是在建立於鐵軌的普遍應用之上；汽車、家用電器、電話和電力在20年代遍布歐美；60年代出現了電腦、彩色電視、靜電複印、即時攝影，以及航空客運和貨運。這一切都令人目不暇給，以至於1970年艾文‧托夫勒（Alvin Toffler）出版了暢銷書《未來的衝擊》（Future Shock），描述過多社會變化對人類的影響。

　　每一項創新都會吸引大批競爭對手，而其中大多數最終都會失敗；但從泡沫經濟的頂峰來看，即使是勝利者也會令人失望。美國廣播公司（RCA）是20年代牛市的吉祥物，股價在1年半的時間裡上漲了5倍。自廣播發明以來，新聞和音樂從此走上了一條嶄新的道路。但如果你在1929年買了美國廣播公司的股票，就會在接下來的半個世紀中落後於市場；同樣地，寶麗萊、伊士曼柯達、全錄等這些60年代的明星公司，若你從鼎盛時期便長期持有，其財務結果都會是災難性的；而今日的思科、美國線上也將遭遇類似的命運。

　　當我還是個孩子時，就知道電腦很重要，並且會以完全無法預料的方式改變人類生活。但我唯一完全忽略的未來面向是「電話網路」：它的發展始於AT&T的解散，這使得競爭性營運商得以進入市場。之後出現了手機、光纖電纜、網路和一系列其他創新。虛構的電視偵探迪克‧崔西（Dick Tracy）和曼尼克斯（Mannix）使用手機，但一般人為什麼會想要使用手機呢？長途電話服務當時已經如此便宜，以至於打電話給奶奶或父母聊天不

再被限制只能講 10 分鐘，也不需要特地安排在周末晚上；現在這是一件值得合理感到興奮的事。

科技公司與大型跨國企業，成為這些主題下的明顯贏家。科技公司銷售的是將世界連結起來的設備，而這些公司的最佳客戶往往也是其他科技公司。全球企業則能大幅降低銷售與行銷成本，特別是在跨國業務上。奇異公司便宣布透過電子採購、電子行銷來節省數十億美元；思科、戴爾、英特爾、微軟等公司處於這兩個類別的核心，被稱為「四騎士」（Four Horsemen）。

試著理解這個新世界

事情變化太快，我一時之間無法完全掌握發生了什麼。我不能忽略科技與通訊產業，因為它們不僅是當時科技發展的主要領域，更提供了我前所未見的機會；所以我決定開始研究、觀察科技公司。報紙、財經電視對我理解新產品或研究科技發展藍圖毫無幫助；公司年報告訴我關於「吉赫」（gigahertz／GHz）和「面積密度」的資訊，但卻讓我一頭霧水，不知道那些是什麼，也搞不清楚為什麼我要在意。

證券交易公司不斷增加科技股的專業銷售人員，其中包括一位名叫維尼（Vinnie）的業務。維尼一直興高采烈地告訴我科技股的好處，但我一直聽不懂，而他也不厭其煩地一再闡述其中要點：這種經濟模式與過往都不一樣，科技股是全新的東西，我們必須採用不同的方式對科技股進行估值，因此你無法從過去經驗中吸取教訓，舊標準不能反映新的現實。他還告訴我，在一個不斷變化的世界中，曾對市場最了解的分析師同時也需要忘記最多

的東西；但這不是我的錯，我只是早生了 5 年。但我依然對以下兩個觀點抱持懷疑：應該對科技股採用不同的估值方法；過去的經驗在未來毫無用處。

總部位於舊金山的漢鼎投資（Hambrecht & Quist）是最酷的科技證券公司，在矽谷擁有深厚的人脈，我喜歡這間公司隨意、充滿活力的氛圍。漢鼎的執行長丹尼爾·凱斯（Daniel Case）與我同年出生，是當時最年輕的券商執行長之一，而他的兄弟史蒂芬（Steven）是美國線上的執行長。漢鼎舉辦了最好的投資會議，有 6 家公司同時出席，並進行了半小時輕鬆的討論。參與投資會議和股票交易有同樣的感覺——同時與 200 個最親密的朋友擠在一個狹小的空間裡。

我無法確切地證明，道德倫理標準會在泡沫經濟時期崩壞，但我相信這是真的。投資人會在會議空檔聚集聊天、交換產業八卦，其中有些人似乎一整天都在做這件事。在投資技術會議上，我多次遇到一位聰明、友善的女士，名叫盧米（Roomy），她在英特爾工作，與拉傑·拉賈拉特南（Raj Rajaratnam）關係特別好。拉賈拉特南是一位對沖基金經理，據我所知，他是尼達姆公司（Needham & Company）備受推崇的半導體分析師。10 多年過去了，我們沒怎麼聯絡，我已經忘記了盧米和拉傑，然後有一天我看到有關一家名為帆船集團（Galleon Group）的對沖基金面臨內線交易起訴的新聞報導：盧米被判 1 年監禁，拉傑被判處 11 年監禁。我很慶幸那時候就與他們斷了聯繫。

▌IPO（首次公開發行）

此處有一個重點：隨著新創科技公司源源不絕地湧入市場，經紀人急於向各方買家介紹新創企業的 IPO。投資銀行心照不宣地將大多數 IPO 的承銷費用維持在發行收益的 6％左右；因此，如果 IPO 定價為 15 美元，他們基本上會賺取每股 90 美分的費用。維尼非常愛這些 IPO。在普通股票交易中，當時機構能賺取的佣金大約是每股 5 美分（今天甚至更低）；而在 IPO 交易中，維尼將收穫更高的佣金，而且通常能進行大額交易。此外，大家都更樂於參與這種新鮮又令人興奮的故事。

在正常情況下，僅因為某檔 IPO 超熱門就去買，是很危險的行為，但如今並非股票市場的正常時期。許多 IPO 啟動後，都隨即跌破了發行價。隨著 90 年代過去，幾乎所有由小型科技投資銀行承銷的 IPO 都會飆漲，這些股票非常熱門，但股票越是熱門，分配到的額度就越小。對於像我所操盤的 10 億美元基金來說，獲得 800 股價值能翻倍的股票並沒有太大幫助；舉辦 IPO 說明會有時能爭取到更多配股，不過無論如何，這也是我判斷自己是否想真正持有該股票的好方式。

我錯過了 1989 年 LDDS（Long Distance Discount Services）的 IPO 上市說明會，但後來我與他們的高層會面。LDDS 是在 1983 年 AT&T 被司法部拆分後成立的，其規模比斯普林特（Sprint）或 MCI 小得多，但成長非常快速，且持續收購競爭對手。以預估獲利計算，LDDS 的本益比約在十幾倍的低位，我買了一些股票（數量不多），也沒持有很久，漲了一段時間後，我覺得價格太高就賣了。到了 1998 年，這檔股票已經漲了 70 倍，

公司也改名為世界通訊公司。

我一再後悔太早賣掉那些後來變成「10倍股」的股票。1992年，我主持了美國線上的IPO會議，此次發行價格為11.5美元，首日收盤價為14.75美元，而大多數投資人都忽視了這次事件。美國線上擁有約600萬股股票，其市值仍然很小，不到9,000萬美元，它最初提供的服務叫做「Game Line」，它看起來很有趣，但並無法為公司賺進收入。美國線上的規模應該要發展得更大，公司高層提到了法國的「迷你電報」（Minitel），它原本是用來處理付款、訂票的相關業務，但現在已拓展到浪漫約會和許多其他用途。美國線上此時已實現盈利、收入大增，而且我喜歡他們的管理方式，於是我決定嘗試一下。到了1995年，美國線上的股價上漲20倍，但我依然只獲得了其中很小的一部分收益。

美國線上後來出現了會計糾紛，並且受到損害，主要是關於：處理新用戶註冊時，郵寄磁碟片的費用。該企業發展迅速，但為了吸引新客戶而消耗了大量現金。美國線上需要多久才能完全攤提這些成本？這個數字將取決於客戶流失率，而客戶流失率會出現反彈。美國證券交易委員會不斷追蹤它的會計流程，導致其多次被處以罰款，並重新編列財務報告。

但美國線上的股價仍持續上漲，銷售額也逐年飆升，1994年翻了1倍多，1995年又翻了1倍，1996年再度翻了1倍。到1999年，其股票已拆股6次，換算後的IPO價格只剩18美分，此時，美國線上的市值是時代華納（Time Warner）的2倍，其本益比高達數百倍，但沒有人關心這件事，因為點擊率和頁面瀏覽量更重要。2000年，美國線上和時代華納合併時，合併後的

公司市值超過 3,000 億美元。

有許多投資人也和我一樣，由於對 IPO 過於謹慎，而留下了遺憾，於是他們做了類似報復性消費的舉動，購買越來越垃圾的股票。到了 1999 年，有超過 3/4 的 IPO 都在虧損，而在 80 年代和 90 年代初，只有不到 1/3 的 IPO 出現虧損，而幾乎每檔 IPO 一上市都會出現驚人的溢價。1999 年某一段時間內，IPO 的平均價格在發行首日就翻了 1 倍，那一年，共有超過 400 檔 IPO。

1999 年 10 月，西卡摩網路公司（Sycamore Networks）以 38 美元的價格上市，首日收盤價為 184 美元；在接下來的 4 個月裡，其股價又上漲了 2 倍，2 位創始人幾乎立即成為億萬富翁。波士頓媒體議論紛紛，因為西卡摩的總部位於波士頓郊區的切爾姆斯福德（Chelmsford）。那時，維尼已換了 3 家公司，最後創立了自己的對沖基金和創投公司。維尼不知何故購買了大量的西卡摩股票，他的小基金像火箭一樣起飛，資金不斷湧入。在巔峰時期，西卡摩的市值達到了 440 億美元，這實在令人難以置信，因為在業績最好的 1 年裡，銷售額也只有 3.74 億美元，而且隔年的銷售額還暴跌了 4/5。這並不是說這些數字有多重要，重點是——西卡摩並沒有從這些銷售中獲得任何營業利潤。

這一切看起來很荒謬，但如果新創公司可以用離譜的價格出售，創業家自然會去創立那些他們明知道永遠賺不到錢的公司。2000 年，在富達投資年輕一代之間，科茲摩（Kozmo）網站是大家的最愛。它在線上販售所有 20 幾歲年輕人需要的東西，而且是用零售價：DVD、電玩、雜誌、食物、星巴克咖啡等。最棒的是，它提供 1 小時內到貨服務，無最低消費門檻，也不收運

費。有位同事喜歡宅在家跟女友窩在一起,然後花幾塊錢就可以讓娛樂、汽水、口香糖送上門——他完全不用動。

一時之間,所有有想法的人似乎都變成億萬富翁。我的一位大學同學一下子與他人共同創立了一家網路雜貨配送服務公司,身價高達數千萬美元。而我一位年輕同事的同學,年僅28歲,就靠一筆價值1億美元、但無法交易的網路公司股票暴富;1、2年後,我的同事去打聽——那筆股票已變得一文不值。

非信徒保持沉默

平均而言,我的基金在繁榮的牛市中表現落後,但在市場下跌時抗跌能力較強。經歷了一段接一段不間斷的熱絡行情之後,牛市中的落後表現看起來就像是「慢性績效不佳」。我一直試圖告訴自己,除非我是個卑鄙的人或騙子,否則我不會在牛市被解僱;但看到技術分析師因不夠樂觀而被降職後,我似乎現在也對此存疑。

我不斷告訴自己,客戶在市場崩盤時最有可能急需資金,我應該保護他們。但我的共同基金股東可以隨時把資金贖回,等同於「開除」我;而很多人都決定這麼做,因此在網路泡沫經濟期間,我大約流失了一半的資金。

股東寄來的信件和電子郵件明顯充滿不滿;不過,大多數語氣仍算友善,有些甚至還頗具建設性。我所說的建設性,是指其中有些信實際上還附帶股票建議,而這些建議後來真的變成不錯的投資;其中有些股票對我來說是新的,但大多數都是基金當下持有的股票,或至少是我所熟悉的股票。印象深刻的一封信寫

道：「我擁有一些低價股及 1,000 股 CMGI，我並不在 CMGI 工作，但你可以去研究一下——你會賺大錢的。」這是一個極其良好且及時的消息，我於 1998 年收到，此後 CMGI 在 1 年半內再度取得了驚人的收益。我當時已經知道 CMGI 的潛力，但還是掌握得太少、太短暫。

CMGI 最初名為「College Marketing Group／CMG Inc.」，專門銷售大學生的郵寄名單，之後發展成一家網路事業集團。它於 1994 年以每股 8.5 美元的價格上市，從 Lycos 中分拆出來，並多次進行股票分割，總計大約是 24 股合併為 1 股，因此調整後的價格可能只有 25 美分。到 1999 年底，這些分割的股票已飆升至 238 美元，5 年間翻了 1,000 倍。CMGI 總部位於麻州，我認識很多住在其董事長家附近的人。我的同事尼爾．米勒（NealMiller）一直關注 CMGI 和其他網路相關類股；1999 年，他的千禧年基金價值翻了 1 倍以上。

但我卻完全錯過了。我的低價股基金在 1999 年只上漲了 5.1%，很多人堅信我是個不折不扣的蠢蛋。當時我的基準指數是羅素 2000 指數，其中包含了數十家網路公司；不僅如此，CMGI 還成了整個指數中最重要的一檔股票。每個人都告訴我，不持有這些股票是極其危險的行為，我的一位上司甚至懇求我至少買進 CMGI 一半的權重，但我還是沒照做；如果我當時這麼做，CMGI 將會是我基金中最大的持股，比第 2 名還多出 3 倍。CMGI 從來沒有產生過正的營運現金流，我也實在不知該怎麼看待它那些名稱奇特的子公司，例如：「綠女巫」、「憤怒的公牛」和「部落之聲」。

一位價值導向的投資組合經理，是前科技分析師，處境與我

不同。他比我年長 10 歲，他擁有優異的長期投資績效，但近年的表現平平，建議總是中肯。他有一句口頭禪：「避開大虧損。」他的基金規模比我大，主要持有小型公司與不受青睞但成長穩健的標的。我不知道他是否因為個人原因選擇退休，但他曾多次公開批評市場像「鬱金香狂熱」，因此成為眾人批評的焦點。他退休幾週後，新接手的經理人立刻把基金裡的消費必需品股、低本益比股與小型股清倉，以新穎、閃亮的新創企業取而代之——就在泡沫開始洩氣之際。

相較之下，維尼則風光無比，雖然我並不在意，但他總愛向我更新他激增的個人淨值。有次我不小心抱怨基金績效太差，他回我：「這是你該受的懲罰，誰叫你買那些垃圾。你是未來的敵人。」他非常認同喬治・吉爾德（George Gilder）在《華爾街日報》（1999 年 12 月 31 日）上的一句話：「那種非得等到財報證實選股正確才開始行動的投資人，終將毀於對虛假理性的迷信。」

泡沫經濟的心理學讓我聯想到博弈理論家馬丁・舒比克（Martin Shubik）設計的惡魔般的「1 元鈔票拍賣」遊戲。1 張 1 美元的鈔票以每次加價 1 分錢的方式開始進行拍賣，出價最高者可得；但規則是，出價第二高的人也必須付款，他卻什麼都得不到。即使出價超過 1 美元，第二高的出價者為了避免虧損，仍會不斷加碼。這是一場注定會輸的遊戲——但他們就是停不下來。意識到這種行為瘋狂，並不代表它會停止。同理，不持有膨脹資產的投資者，可能會覺得被迫購買才能跟上市場。舒比克的遊戲與投資泡沫，最終都會讓所有參與者遭遇慘敗。

泡沫崩盤

隨著納斯達克 100 指數在 2000 年達到本益比 100 倍以上的峰值,並在接下來的 2 年裡暴跌 78%,幾乎所有人都同意,那確實是一場科技泡沫。儘管標普 500 指數的本益比超過 30 倍(超過 1929 年和 1966 年的水準)並且市值損失了一半,但許多人質疑是大型成長股中存在泡沫。正如《道瓊 3 萬 6,000 點》的作者所提出的觀點,價值估計得出的數字範圍可能非常廣,但對我來說,此處很明顯存在雙重泡沫。要這麼說很容易,但這對價值投資人來說,並不是一個非常有用的結論,因為我們試圖以低於企業價值的價格購買股票,並以公允價值或更高的價格出售它們。如果一組股票的售價是其內在價值的 2 倍,價值投資人早就應該消失才對。

真正困難的部分,是處理泡沫經濟中的從眾心理。這往往起始於一個正確的前提:世界確實在劇烈改變,而由於事情的結果遠好於預期,因此基於過去長期歷史所做出的預測似乎過於保守。當人們在傳播錯誤理解時,這些誤解會被進一步放大,進而傳播更多錯誤。此時嘗試對企業進行估值似乎毫無意義,因為金融的歷史就是無盡的繁榮和蕭條。任何研究過這項問題的人都會想知道,大眾是否有一天能做對選擇。泡沫經濟的故事裡並沒有對錯,但代價卻難以承受。

沒有人能準確預測泡沫經濟會在何時結束。正如教授們所說:認為自己的判斷是對的,而數百萬投資人都錯了,這是種傲慢。不過,大多數人關注的不是泡沫是否存在,而是它何時會破裂。就像花旗集團執行長查克·普林斯(Chuck Prince)後來在

另一個相似但不同的情境下所說的:「只要音樂還在放,你就必須站起來跳舞。」歷史上的每一場金融泡沫最終都會破裂,但那一刻永遠是出其不意。

「接下來會發生什麼?」這個問題無法被預測,最清楚的證據就是,幾乎所有人只猜對了泡沫的單一階段。相信的人永遠相信,而懷疑者仍然懷疑。不是搭上漲勢,然後在崩盤中遭殃;就是抗拒泡沫,最終在後期獲利。我屬於後者。當然,馬克·庫班(Mark Cuban)在接近高點時賣掉 Broadcast.com,依然身價億萬;但有更多交易者則是錯過大部分的漲幅,進場太遲,最後在崩盤中被擊潰。

當處於泡沫經濟之中時,你必須明白自己無法直接控制報酬;你唯一可以控制的是自己的投資風險、購買時間,以及所支付的費用,這些因素將影響你最終獲得的報酬,但市場會按照自己的時間表行事。投資周期在貪婪和恐懼之間搖擺,雖然你可以感覺到鐘擺在哪裡,但試圖猜測接下來會發生什麼是沒用的,因為周期沒有標準尺寸。你可能感覺目前的狀況將永遠持續下去,但金融記憶其實極為短暫。2008、2009 年,垃圾債券的收益率都超過 10%;但 2 年後,它們的收益率就跌到歷史新低。

第 21 章
兩種投資典範

「理性的人使自己適應世界；不理性的人則堅持讓世界適應他⋯⋯而所有的進步都仰賴這種不理性的人。」
　　　　——喬治・蕭伯納（George Bernard Shaw，美國文豪）

「我此生的一大遺憾，就是——我不是別人。」
　　　　——伍迪・艾倫

巴菲特與傑克・伯格（Jack Bogle），這兩位現代投資的偶像，其智慧雖指向截然不同的方向，卻仍能在某種程度上具高度一致性。巴菲特代表一種極為獨特的主動投資風格，而伯格則創立了先鋒標普 500 指數基金（Vanguard S&P 500）。顯然，你的投資組合不可能同時完全像市場，也同時截然不同，但這兩種方法都是為了降低本書所談及的各種後悔而設計的系統。指數投資的天才之處，在於透過「平均」分散風險，避免因極端情緒、無知、信託瀆職、產品過時、槓桿過高或估值過高所帶來的深刻遺憾。任何人都可以根據指數投資！指數投資者不會因為錯過機會而感到後悔，因為指數涵蓋了各種不同類型的資產。巴菲特的方法要求更高，因為他的目標是完全避免後悔；他不會買入任何證券，除非從多個角度看都有充足的安全邊際。

巴菲特和伯格並不代表唯一能想像到的安全投資方式，有些人可能偏好更具投機性的方法。你選擇發展的投資道路取決於你的情感特質、知識、好奇心，理性檢視自己的動機、能力和限制永遠是令人痛苦的，但這樣做很重要。許多人寧願選擇輕鬆實用的滿足感，而不願追逐（並且常常錯過）明日之星。如果你不適合像巴菲特那樣忍辱負重，就不要折磨自己！

很久以前，巴菲特說過，1張投資終身卡上，應該只有20個機會；我的基金從未持有這麼少的股票。即使我找不到巴菲特會完全認可的標的，我仍有責任採取投資行動。我的世界觀不是非黑即白，而是灰色的；此外，我好奇且願意學習，因此經常挑戰自己能力圈的界限。我嘗試從別人的角度看事情，並在評斷前發掘人們的優點；過程中，我也曾遇過幾個壞人。永續性與韌性讓我著迷，但實驗精神和適應力更令我著迷。雖然我比許多人更有耐心，但我也無法完全免疫於意外之財帶來的興奮感；不過，我依然希望能安全投資。

我不會購買資產，除非我能夠：

（1）避免草率決定；
（2）避免誤解事實；
（3）避免可預見的信託濫用；
（4）避免產品過時、商品化、過度槓桿化；
（5）當未來不如預期時，依然能感到安全

(1) 瘋狂的市場先生

伯格和巴菲特試圖讓他們的投資決策過程不受情緒左右，目標是做出更少、更理性的判斷。他們培養的是以專注、冷靜態度觀察市場的藝術，他們不希望情緒導致自己做出魯莽的行動。為了避免痛苦影響決策，一些「伯格頭」（Bogle-heads，伯格投資派的粉絲）每月定期投入固定金額，不論市場表現如何。他們會在市場高點買入，也會在低點買入，相信長期來看一切都會平衡。指數基金基礎廣泛且表現平淡，不像個股那樣容易激起熱情消息或幻想。打個比方，我會說沖泡式奶昔、芹菜、豆腐的飲食之所以有效，不僅因為熱量少，還因為它們降低了食慾誘因。話雖如此，指數型交易所買賣基金中，仍有大量當日交易者，這正是伯格嚴厲斥責的。最大限度地減少交易總額可以避免錯誤的決策、佣金和費用，並推遲資本利得稅。

幸福的祕訣之一，是選擇性忽視和懶散。失去 1 塊錢的痛苦大於賺到 1 塊錢的喜悅，因此你看越多價格波動，心情就會越沮喪。請花更多時間收集影響投資價值的資訊，而非盯著價格走勢；如果它是在 1 年後就不再重要的新聞，請別理它。有時你會錯過真正的市場轉折點。我的長期決心是閱讀更多書籍、年度財報和《經濟學人》等出版物，減少查看電子郵件和社群媒體。有人說，好的婚姻始於睜大眼睛，但隨後則必須學會幾乎故意忽略小缺點；股票也一樣。為何急著做決定？明天你可能會知道更多。

巴菲特不僅克制自己不做出下意識的情緒反應，等到事實令人信服時，他還會藉由在其他人感到不舒服（甚至痛苦）時買入，來獲取利潤。通常，市場先生在感受到生死存亡的威脅時，

價格反應最劇烈。巴菲特在 1973 年購買了《華盛頓郵報》的股票，當時該報揭露了水門事件。據稱尼克森總統曾想關閉這家報社，並撤銷其佛羅里達的廣播執照；在一個運作正常的民主社會，這種事不該發生，但若一切循規蹈矩，水門事件根本不會發生。當時經濟正陷入衰退，部分廣告商撤回預算。在短期內，認為報紙收益會受損，甚至認為《華盛頓郵報》可能被迫關門，並非毫無道理；但事後看來，這些擔憂被過度放大了。事實上，《華盛頓郵報》的聲望反而提升，水門案的記者伍華德（Woodward）和伯恩斯坦（Bernstein）也成為民間英雄。

　　巴菲特的所有重大投資中，沒有哪一筆的背景比 70 年代中期購入蓋可保險公司的股票更令人膽戰心驚。與巴菲特其他成功投資不同，蓋可當時正大幅虧損，有些人認為它快死了。這些虧損來自蓋可超出其核心能力圈——為低風險政府員工提供汽車保險——的擴張。巨額承保損失迫使蓋可不得不在市場低迷時拋售證券，以籌措資金支付理賠。美國保險業監理處準備宣布蓋可的資金無法抵償債務，蓋可的執行長被解職，而創辦人夫妻倆相繼過世，後來他們的兒子疑似自殺身亡。這一切有哪一點不讓你覺得應該「快跑！」？但就像成功的癌症手術一樣，這位患者其實大部分是健康的，惡性部分能被分離切除；儘管如此，許多年來沒人敢鬆一口氣。

▌（2）投資你所理解的範圍

　　界定你的能力圈有助於避免──因誤解而造成的投資風險。選擇那些你能辨識出未來幾年將決定其收入關鍵因素的公司，了

解這些因素如何互相影響，並預測它們幾年後的收益表現。對指數投資人來說，這些因素更容易因總體經濟而受到影響。分析師通常會先判斷企業利潤率是否周期性地高於或低於大盤，以及均值回歸會帶來幫助還是阻礙。接著，他們會考慮成長率，通常會以實質國內生產毛額成長率加上通膨來估算。但此一成長率往往被高估，因為它沒有考慮股票選擇權的稀釋，或者來自未納入指數的新創公司／小型企業的國內生產毛額成長（想想 Google、臉書和 Uber）。最後，還需要找出合理的折現率。如果你已讀到這裡，應該有足夠的財務知識，可以將標普 500 指數納入你的能力圈。

　　投資標普 500 指數基金的投資人持有涵蓋所有產業的股票，因此他們不會參與自上而下的產業輪動；但身為市場所有者，他們會發現自上而下的經濟分析方法，為市場時機操作打開了大門。我的偏見是，基本上沒人有能力在不同產業或時間市場之間轉換，尤其是高頻率的轉換，即便是較緩慢的資產配置時機判斷，也很難正確把握，而且很少人有耐心持續執行。如今的經濟運作過於複雜，隱藏太多環節，常涉及人類行為改變，以至於機械式系統無法可靠地運作。巴菲特與伯格藉由貶低產業輪動和市場時機，試圖讓你待在自己的能力圈內投資。

　　標普 500 指數並沒有高度集中投資總部位於外國的企業，或是神祕的衍生品，此兩者都有可能超出了你的能力圈，但其他指數基金卻有這些部位。我們可以說，你不會需要外國指數基金來進一步分散風險，因為標普 500 指數中的公司通常在海外擁有廣大業務。如果你想要出國冒險，就應考慮該國是否有足夠的法治和政治穩定，足以使中期未來的預測具有可信度。請考慮如何翻

譯金融訊息,特別是當一個國家的文化、制度、語言與你的截然不同時。

　　與標普指數不同的是,波克夏‧海瑟威並未投資所有產業,而且顯然認為許多產業超出了其能力圈。根據他的投資紀錄,巴菲特在品牌消費品與服務,以及保險與金融方面擁有豐富的技能;他的投資組合中可能存在製藥業,但不存在醫療設備或醫療服務業;除了 IBM 之外,也不存在科技股,這幾乎就好像個人電腦、智慧型手機和網路從未存在過一樣!原物料、採礦業及農產品,也幾乎完全被忽視。即便是波克夏‧海瑟威通常不涉足的產業,例如汽車製造業,它仍會在某些子領域中參與,例如汽車經銷商;巴菲特也投資了鐵路,但沒有投資卡車運輸和航運類股。

　　巴菲特否認有任何預測經濟數據的能力,也不利用經濟預測來做投資決策。平均而言,波克夏旗下的業務不特別具有周期性,因此他(巴菲特)不需要依賴經濟預測。巴菲特願意押注的經濟趨勢是,美國經濟會隨時間會持續成長,這將帶來包括「伯靈頓鐵路貨運量增加」在內的多項發展,而貨運量的成長將有助於攤銷固定成本,進而提升獲利。

　　儘管波克夏‧海瑟威經營複雜的金融衍生性商品業務,但巴菲特似乎不太熱衷於將其納入自己的能力圈。他稱這些衍生性產品為「金融大規模殺傷性武器」,並花了數年時間逐步縮減向再保險巨頭「通用再保險公司」(Gen Re)收購的衍生性商品投資組合。波克夏‧海瑟威擁有像阿吉特‧賈因(Ajit Jain)這樣出名的傑出員工,我認為,如果有哪家公司能勝任衍生性商品交易,那一定只能是波克夏‧海瑟威,而且還必須十萬分小心地

進行。

波克夏‧海瑟威偶爾也會涉足海外股票，主要是在歐洲，投資了健力士（Guinness）、葛蘭素史克（Glaxo）、特易購（Tesco）和賽諾菲（Sanofi）；這些企業大多是非周期性的，而且不是過於複雜的企業，並擁有強大的品牌、專利或競爭地位。它們所在的產業已存在了幾十年，而且似乎不太可能過時，同時也立足於法治國家。也許這是我個人的傾向，但巴菲特似乎更喜歡英語系國家。我的看法是，他認為發展中國家不屬於他的能力圈，包括拉丁美洲、非洲、西亞等。

蓋可保險公司和華盛頓郵政公司都是相對簡單、易於理解、穩定、有彈性的企業。與許多類別的保險相比，汽車保險更像是「所見即所得」；保險費是在支付索賠之前收取的，因此只要有適當的承保方案，現金流幾乎總是為正。由於採用直銷模式，蓋可的管理成本比使用保險業務員的保險公司低。蓋可的保單金額很小，雖然一些特殊的索賠案可能需要數年時間，但大部分都會在幾個月內解決。保戶發生事故後，其保費會上調。從其歷史數據上看，蓋可專注於承保安全駕駛員，這使其索賠損失低於平均水準；而作為報酬，蓋可只收取適度的保費。大多數投保人會持續投保，因此蓋可對未來的保費收入有了很好的預測基準。我們不需要請教管理大師，就能發現蓋可需要做什麼才能扭虧為盈：它需要擺脫無利可圖的保單持有人或提高保費。

70年代，《華盛頓郵報》等報紙的訂閱收入相當可預測，但廣告銷售卻呈現周期性反彈。華盛頓特區的政府員工人口持續成長，使得報紙發行量、廣告呈穩定上升趨勢。作為該鎮的主要報紙，《華盛頓郵報》擁有最廣泛的讀者群，因此吸引了其他報紙

的廣告商。它可以花更多錢聘請優質的新聞編輯團隊，或將成本分攤給更多讀者以追求更好的收益率，甚至兩者兼具。報紙和墨水的成本有些變化，但《華盛頓郵報》購買了造紙廠的股權。巴菲特不需要建立一個 3,000 行的試算表來了解《華盛頓郵報》或蓋可發生了什麼事，這些公司絕對在他的能力範圍之內。

(3) 誠實、有能力、可信任的股票中介

無論好壞，我們都無法從頭到尾控制自己的資本配置；在某些時候，我們必須依賴自己信任的代理人。說得更誇張一點，如果完全不用代理人，那你就得自己完成所投資公司每一位員工的工作。最令人心碎的狀況是被自己完全信任的人背叛。金融的其中一個目的，是將代理人彼此連結，最終連結到真正的所有者，建立起一張信任網；當信任得到應得的報酬時，一切都會完美進行。但對於我們這些只想不費吹灰之力就獲得收益的人來說，事情又該如何呢？每個人都可能按照自己的利益行事，但並非每個人都以同樣的方式定義自身利益。

投資指數基金的人，其資金不會被完全挪用，但卻會遇到精算方面的其他問題。如果 500 名執行長中有 2 名是騙子、20 名是無能之輩，那麼指數基金的投資人就會平均承受這些損失。除非整個制度極為腐敗或失能，這類損害通常會被分散到整體表現中而不易察覺。大多數指數基金的管理費約為資產的 0.1％，在報酬率中的占比相對較小，但即使是被動投資人也需要注意，以確保受託人保護的是投資人的利益。近年來，一些指數基金的發起人越來越重視這些擔憂，在股東會投票時致力於改善公司的治

理方式，例如，當日本企業囤積現金，這些現金既無收益、不再投資，也不發放為股利時，這些經理人服務的對象就不再是公司股東的利益，而是其他利益。

整體來看，標普 500 指數中的公司普遍遵守相當嚴格的標準，這些公司是美國最大型的企業，如果沒有良好的管理，就不可能達到目前的主導地位，至少從歷史上看是如此。利基型公司通常比標普公司擁有更獨特的產品和文化，而且適應性更強；不過在資本配置方面，優勢通常屬於產業巨頭。處於聚光燈下可能會使管理階層產生篡改數字的壓力，就像安隆或威朗那樣，但透明度要求往往有助於抑制不當行為。

波克夏全資收購定位良好、管理良好的公司，並鼓勵它們保持這種狀態。對巴菲特管理風格最大的批評，是他過於信任子公司。子公司帳目會接受嚴格審計，多餘的現金被轉移到奧馬哈（波克夏總部）進行大規模資本配置，但日常管理手法非常寬鬆，其總部只有 20 名員工，負責管理數十萬名員工的營運。波克夏不追求詳細的預算和目標，而是指示管理人員「擴大護城河，建立持久的競爭優勢，令顧客滿意，並不懈地減少成本。」巴菲特的 ABC 三大敵人是傲慢（Arrogance）、官僚主義（Bureaucracy）和自滿（Complacency），警惕的目的是避免導致資本配置不當或欺詐的壓力與誘惑。我的結論是：除非有適當的激勵措施，否則不要投資。若管理層擁有企業大量股票，這是一個好兆頭。

波克夏出色地通過了良好管理的兩項測試——為客戶提供獨特的產品，並合理分配資本；前者靠各子公司達成，後者則是高度集中管理。巴菲特的許多投資選項，幾乎都是其產業類別的代

名詞，例如：美國運通卡之於高級信用卡、吉列之於刮鬍刀、迪士尼之於家庭娛樂、可口可樂之於汽水飲料。波克夏全資擁有的企業也各具特色，但通常範圍較窄，其中包括：油漆廠商班傑明・摩爾（Benjamin Moore）、乳業女王（Dairy Queen）、金頂電池（Duracell）、鮮果布衣（Fruit of the loom）、飛航安全公司（Flight Safety）和時詩糖果（See's Candies）。只要企業能持續讓顧客滿意，就會產生超過成長所需的現金。順帶一提，專注於讓顧客滿意的策略，也能有效篩選出不良經營者，因為那些會剝削顧客的企業，也往往會以同樣的方式對待其他利害關係人，包括股東。

（4）避免產業競爭、產品過時

沒有人願意投資那些過時的、毫無特色的、負債累累的企業，但這正是許多投資故事的結局。標普500指數總是會包含一些正在下滑的企業股票，但也會包含一些閃亮的新興股票。由於大多數標普500指數企業已經歷了幾十年考驗，因此它們有高於平均水準的機會能再生存幾十年。1960年左右，標普指數成分股的平均壽命約為60年；但近期的數字則是16年。公司壽命較短對投資人來說並非全是壞事，它們主要反映了併購的增加。由於標普500指數是按市值加權，因此它不斷地由上漲的股票、下跌的股票進行重新平衡，而保持在平均水準可以保護你免受極端情況的損害。

再平衡與資本配置的重要性，可透過一個假設性的案例來說明：假如你在1958年以每股43美元投資通用汽車，這筆投資的

結果可能獲得9％的報酬率，也可能完全虧損殆盡。通用汽車於2009年破產，其股票被註銷。如果投資人將所有股利、衍生收益重新投資於通用汽車，他將血本無歸。半個多世紀以來，通用汽車已派發每股超過190美元的股利和衍生收益，旗下投資包括德爾福（Delphi）和休斯電機（Hughes），如果當時立即出售，總收益還會增加36美元。只要你當初將這些收益花掉，或是再投資到更好的資產上，整體報酬其實仍算是令人滿意的。這並不完全是標普指數基金所做的事情，但它們確實會將收入再投資於標普500支股票的投資組合中。

當巴菲特買下波克夏·海瑟威時，那只是一家注定失敗的紡織廠，其設備陳舊、銷售的產品沒有足夠的差異化。如果沒有這次慘敗，巴菲特可能仍對護城河和企業獨特能力所提供的安全性視而不見。波克夏是當時最大的西裝襯裡生產商，但襯裡並不是西裝買家尋求的品牌特徵。隨著進口競爭的加劇，波克夏不再是低成本生產商，但又無法按照需求調漲售價，它知道關閉工廠會破壞當地社群，而且海外生產商最終不可避免地會占上風，因此波克夏沒有對工廠進行再投資，而是在虧損的情況下讓工廠繼續運作多年。

由於美國採取了容忍巨額貿易逆差的永久政策，任何缺乏強大品牌、可在海外更便宜製造的產品，都注定會失敗。雖然西裝襯裡和德克斯特（Dexter）系列鞋款並沒有過時，但「美國製造」這一點卻過時了。波克夏在品牌紡織品方面更為成功，旗下品牌包括：鮮果布衣內衣、嘉瑞尼莫童裝（Garanimals）。波克夏投資於可在國際上交易的大宗商品業務，它偏好低成本且位於工資較低國家的生產商。舉例來說，韓國鋼鐵生產商「浦項鋼

鐵」（POSCO）符合日本汽車製造商嚴格的品質標準，但其成本卻低於日本鋼廠。

為了防止產品過時或淪為同質化競爭（商品化），波克夏轉向投資人經常購買的品牌服務和產品，這些服務、產品不會快速變化，也不會面臨進口競爭。對於迪士尼、吉列、可口可樂等消費品牌來說，國際市場是個絕佳機會，而非威脅。巴菲特努力尋找的另一項元素，是產業進入壁壘或護城河。我起初對波克夏在鐵路、電力等大宗商品服務領域的收購感到困惑，但由於多種原因，這些產業不太可能看到新進業者擾亂市場，其需求穩定且具經常性。除非自動駕駛卡車或再生能源等技術出現並具商業價值，否則這些產業暫時不會被淘汰，而到那時，鐵路和公用事業可能也已適應了新世界的規則。

多數科技企業不符合巴菲特「漸進變革、差異化產品、忠誠習慣顧客、競爭者稀少」的模式，少數同時具備後三項的科技巨頭（字母控股、蘋果、亞馬遜、臉書、網飛）是少數的巨大成功者。變革持續不斷，公司也需不斷自我創新，曾稱霸全球的企業最終常會陷入巴菲特所稱的失敗 ABC：傲慢、官僚主義、自滿。賺錢變成了比滿足顧客更重要的目標。總之，科技業極具挑戰；迄今為止，巴菲特唯一涉足的科技股是 IBM，但成績不佳。

《華盛頓郵報》仍是具有影響力的全國性報紙之一，但巴菲特沒有預見報紙會被網路削弱，因為當時網路還不存在。事實上，該報於 2013 年以 2.5 億美元的價格，賣給了亞馬遜創始人傑夫‧貝佐斯，這並不高於 40 年前的價值。巴菲特正確判斷出該報擁有穩健成長的特許經營權，並藉現金購買廣播和有線電視資產，以應對當時可見的報紙競爭威脅。《華盛頓郵報》後來將

業務擴展到教育服務領域（透過收購史丹利・卡普蘭〔Stanley Kaplan〕）；之後，又收購了網路雜誌 Slate。直到《華盛頓郵報》出售時，其所得收益還不到控股公司資產的 1/10。雖然沒有人能預測網路的出現，但《華盛頓郵報》卻透過良好的適應性而生存下來，並繁榮發展。因為我不是個好預言家，所以我更看重擁有學習心態的主管。

網路對蓋可是意外的助力，使行銷、報價、客服變得更容易且便宜，進一步強化成本優勢；這是「買科技用戶，不買科技股」的又一案例。蓋可持續追趕競爭對手，目前是美國汽車保險市場位列第 2。汽車保險特性未有太大變化，在自動駕駛技術完全成熟之前，汽車保險不會消失。巴菲特找到一個抵抗過時與商品化的企業，且因變革受益已逾 40 年。作為波克夏一部分，蓋可擁有強大的財務支持，可根據企業需求隨時調整。值得注意的是，若非巴菲特沒有在 70 年代中期對蓋可進行資本重組，蓋可可能無法靈活抓住後續出現的商業機會。

許多人認為波克夏的低負債策略過於保守且效率不佳，但這反而讓它避免被迫做出錯誤決策，並保留了在意外機會出現時出手的選擇權。周期性產業的矛盾在於：當機會最大時，沒有人手頭上有現金。在全球金融危機期間，很少有人同時具備足夠的風險承受能力與充裕的現金，去購買帶有股權激勵條款的高收益優先股。讓我們往後快轉幾年，高盛支付的 10％ 票面價格，是優質固定收益證券中所沒有的，而且附帶的認股權證價值數十億美元。我的結論是：在任何快速變化的行業，或是機會來來去去的行業中，我更喜歡降低負債的做法。

▎（5）千萬別付全額價格

你怎麼看待投資的安全價格，很大程度上取決於你對效率市場假說的信仰程度。根據真正的信徒觀點，股價總是公平的，因此是安全的，或者至少和股票所能達到的安全性一樣高。投資狂熱和泡沫經濟並不存在，或者即便存在，也沒有人能從中賺錢。依此邏輯，投資者應該專注於設定適當的報酬預期。效率市場假說為發展標普指數基金提供了理論基礎，而伯格則在此基礎上提出了「成本重要假說」，來擴展效率市場假說：投資人應預期獲得市場平均報酬，扣除費用與稅收。

這麼說的其中一個意義是：個別證券的持有者，應該預期會獲得相同的市場報酬，但其波動性遠高於指數基金。伯格會說，有鑑於相同的報酬和較低的風險，請選擇指數基金！由於指數基金的管理費較低，因此特定證券的持有者如果很少進行交易，其成本可能會較低。但對於像我這樣的積極型基金經理人來說，這是一次成功的嘗試。積極型基金收取較高的管理費，而且有些基金的換手率很高。（近年來，我的基金的換手率低於我的基準羅素 2000 指數。）當所有積極型管理基金的權重相同時，大多數調查發現，表現不佳的企業與伯格的預測一致。然而，但若挑選低費用、由經驗豐富的經理人操盤且隸屬於大型基金集團的基金，績效明顯較佳。

在我看來，隨著時間的推移，對於普通股票來說，其價格將大致與其公允價值相匹配，但那些極端異常值又該如何解釋呢？且讓我們稱之為「草率」版本的效率市場假說。效率市場假說是一個警示故事，警告我們證券分析是一項艱苦的工作，你不該輕

率地自以為「自己比市場了解更多》」。如同所有人類活動一樣，能力與投入程度呈現一個光譜，普通的參與者大多是中庸的，但在極端的情況下，有些人是大師級高手，有些人則是麻瓜。同樣在極端情況下，也會出現泡沫股票和泡沫股票市場，以及令人難以置信的好運氣（撿便宜機會）。大多數時候，事情或多或少都是平均的，所以「伯格頭」們大多時候都能全身而退。

我擔心的是市場不正常、瘋狂無序的時候。日常的集體錯覺往往集中在少數寵兒股票，而非整體市場，但泡沫確實會出現，而且是可以被識別出來的——只不過破裂的時間難以預測。沒錯，如果你長期與市場主流觀點不一致，除非最終被證明是對的，否則通常會被當成瘋子。舉例來說，如果你在 2000 年思考股票的預期報酬，當時美國公債殖利率超過 6%，那麼 3.2% 的收益率、2.3% 的席勒收益率應該會發出警告。同樣的道理，日經指數於 1989 年達到令人瞠目結舌的高度時，收益率為 1.3%，而日本政府債券的收益率為 4.5%。還有像奧地利這樣的悲慘案例，那裡的人為事件比市場現象更毫無意義。在這些情境下，指數基金投資人之所以安全，僅是因為當所有人都一起做出錯誤判斷時，就不需要感到羞愧。

巴菲特靠著別人的愚蠢行為致富，並表示他很感謝教授們的教導，讓他知道尋找便宜貨是毫無意義的。具體而言，他特別尋找的，是市場對一家本身表現優異的企業中某個可解決的重大問題，所做出的過度反應。巴菲特選定的投資，結合了 4 項價值要素：高收益、成長前景、護城河或競爭優勢，以及對未來的確定性。除了蓋可保險案例中停止的活動之外，巴菲特所投資的公司，通常具備財報透明、調整項目極少的特性，而「擁有者盈

餘」與財報上呈現的「報告盈餘」幾乎一致。像這樣的公司實屬罕見。

機器人完全可以執行巴菲特的第一步：以標準化收益的低本益比購買股票。當巴菲特收購《華盛頓郵報》時，其本益比是 8。波克夏以相當於先前峰值收益 1.5 倍的價格，收購了蓋可的部分股票，其中大部分是透過收益率為 7.4％的優先股購買的，該優先股的兌換價格相當於先前峰值收益的 2.5 倍。富國銀行（Wells Fargo）的帳面價值低於本益比的 5 倍。1965 年，美國運通的本益比為 10；可口可樂當時是明星股，本益比 15。如果以歷史獲利為參考，那麼購買價格提供了足夠的安全邊際。

神奇且難以形容的部分是，在所有情況下，巴菲特選定的股票盈利都迅速突破先前的紀錄，並使波克夏的收購價格看起來令人震驚。到了 80 年代初，蓋可的每股盈餘高於第一批股票的購買價格；5 年後，《華盛頓郵報》的收益僅為收購價格的一半；4 年來，美國運通的每股收益從 3.33 美元飆升至 12 美元；在接下來的 10 年裡，可口可樂的營收翻了 2 倍等。在所有情況下，問題實際上都是暫時的，公司正在為不斷擴大的客戶群提供獨特、有價值的東西；除了某些一次性的問題之外，這些企業的業務都相當可預測。總結來看，這些公司的真正價值遠高於單純從盈餘殖利率所能看出的水平，它們理應享有較高的溢價倍數（premium multiples）。

對於《華盛頓郵報》來說，巴菲特的收購價格可能有 75％的安全邊際。媒體資產的私人市場非常活躍，《華盛頓郵報》的估價集中在 4～4.5 億美元之間。該公司的市值約為 1.1 億美元，最低時曾觸及 7,500 萬美元。唯有假設 3/4 的機率《華盛頓郵報》會

倒閉且其他資產一文不值,才能用效率市場假說來解釋這個現象。

安全邊際相互保障

在某一個面向有安全邊際,往往能支持其他面向的安全邊際。舉例來說,如果你注意理性思考的好處,就更容易看到並接受自己的能力範圍限制。如果你訓練自己、了解自己的限制並承認錯誤,你也將更能夠發現他人的能力限制與道德錯誤。如果你尋找熟練的管理者,他們可能已經預見了產品過時、商品化和過度負債的威脅,並且會更成功地做出應對。如果你避開了投資人在試圖預見未來時所走入的常見死胡同,那麼你對價值的估計就更容易顯得可靠。

沒有什麼是絕對的

人生和投資在本質上都不安全,因此我們討論的所有安全邊際都是相對的、相關的,並且涉及權衡。以理性思考為例,有些人拒絕投資菸草、酒精、賭博等罪惡股票,這在我看來並非不合理,他們是將個人價值觀置於這些活動可能帶來的利益之上。若巴菲特經過極少量的研究之後,就決定購買了一籃子幾十支的韓國股票,這是不合理的嗎?或者他得出的結論是,即使花時間研究這些擁有良好業績紀錄、本益比為個位數的股票,也不足以改善它的結果,而這是合理的嗎?我們所有人都可能會在某些時刻成為喜怒無常的市場先生——只但願這樣的情況不會太多。

不同類型的「安全邊際」之間往往需要取捨,例如俄羅斯的

尤科斯石油公司案例，其資產價值明顯被大幅低估，這暗示在俄羅斯，財產權根本不安全；相反地，那些擁有明星執行長和看似勢不可擋成長力的「光環股」（glamour stocks），往往被高估，幾乎沒有安全邊際。有些安全邊際你可以控制，這些是絕對不能妥協的，包括：你的理性、你的能力圈。如果你像我一樣，在能力圈方面稍顯寬鬆，那麼「終身學習」就是最好的防線。在你仍在收集資訊的階段，小額投注與分散投資可以降低風險（沒錯，這些指的是指數型基金也具備的優勢）。在投資之前，你應該先找出自己安全邊際中最薄弱的一環，思考它是否有可能單獨決定你的投資成敗。

無論你的投資道路更接近伯格還是巴菲特，都可以透過 5 個步驟尋求安全邊際，進一步減少你的遺憾：（1）明確列出你的動機，不要讓情緒左右財務決策；（2）認知到有些事是他人無法理解的，而有些事是你無法理解的。請專注於投資自己最了解的企業；（3）投資於誠實可信，並且在做獨特且有價值事情的人；（4）尋找不會因時代變遷、商品化、過度債務而被摧毀的企業；（5）最重要的是，永遠尋找那些價值遠高於你所支付價格的投資標的。

致謝

本書的完成，仰賴許多人的協助和指教。如果沒有彼得‧林區，我可能永遠不會任職於富達投資，也就不會擁有寫這本書所需的經驗和討論。更廣泛地說，富達給了我學習、成長的自由；阿比蓋爾‧強生（Abby Johnson，富達投資董事長兼執行長）繼承了內德‧強生和其父的傳統。非常感謝 Tom Allen、Justin Bennett、Richard Beuke、Elliott Mattingly、Peter Hage、Emily McComb、Maura McEnaney、Derek Janssen、Arvind Navaratnam、Leslie Norton、F. Barry Nelson、Brian Peltonen 和 Charles Salas，以及整個富達小型股團隊為本書提供的豐富評論。也要感謝 Jeff Cathie、Daniel Gallagher、Sean Gavin、Scott Goebel、Salim Hart、Mark Laffey、Joshua Lund-Wilde、Chris Lin、Sumit Mehra、Karen Korn、Ramona Persaud、Doug Robbins、Ken Robins、Jeff Tarlin 和 John Wilhelmsen 提供技術性的專業知識。我也非常感激哥倫比亞大學出版社 Myles Thompson 的鼓勵，還有 Jonathan Fiedler、Meredith Howard、Ben Kolstad、Leslie Kriesel 和 Stephen Wesley 的編輯，以及校對和建議。最重要的是，感謝我的父母，以及 Anne Croly、Erick Montgomery 和 Valerie Tillinghast 在寫作過程中，對我的支持和包容。

國家圖書館出版品預行編目 (CIP) 資料

大利從小：少錯穩贏的 5 大選股心法 / 喬爾．提靈赫斯特 (Joel Tillinghast) 著；Geraldine Lee 譯 . -- 初版 . -- 臺北市：今周刊出版社股份有限公司, 2025.07
352 面 ; 14.8 × 21 公分 . -- （投資贏家 ; 86）
譯自 : Big money thinks small : biases, blind spots, and smarter investing
ISBN 978-626-7589-47-2（平裝）

1.CST: 證券投資 2.CST: 資產管理 3.CST: 個人理財

563.53　　　　　　　　　　　　　　　114008278

投資贏家 86
大利從小
少錯穩贏的 5 大選股心法
Big Money Thinks Small: Biases, Blind Spots, and Smarter Investing

作　　者	喬爾・提靈赫斯特 Joel Tillinghast
譯　　者	Geraldine LEE
總 編 輯	蔣榮玉
資深主編	李志威
特約編輯	鍾瑩貞
校　　對	鍾瑩貞、李志威
封面設計	賴維明@雨城藍設計
內文排版	薛美惠
企畫副理	朱安棋
行銷專員	江品潔
業務專員	孫唯瑄
印　　務	詹夏深
出 版 者	今周刊出版社股份有限公司
發 行 人	梁永煌
地　　址	台北市中山區南京東路一段 96 號 8 樓
電　　話	886-2-2581-6196
傳　　真	886-2-2531-6438
讀者專線	886-2-2581-6196 轉 1
劃撥帳號	19865054
戶　　名	今周刊出版社股份有限公司
網　　址	http://www.businesstoday.com.tw
總 經 銷	大和書報股份有限公司
製版印刷	緯峰印刷股份有限公司
初版一刷	2025 年 7 月
定　　價	480 元
ISBN	978-626-7589-47-2

BIG MONEY THINKS SMALL by Joel Tillinghast
Copyright © 2017 Joel Tillinghast
Chinese Complex translation copyright © 2025 by Business Today Publisher
Published by arrangement with Columbia University Press through Bardon-Chinese Media Agency 博達著作權代理有限公司
ALL RIGHTS RESERVED

版權所有，翻印必究
Printed in Taiwan